相続・遺言

判例ハンドブック

仲　隆
浦岡由美子 【編】

青林書院

はしがき

　相続事件の紛争解決の手段としては，遺産分割をはじめとして多くの場合に調停前置主義が適用される。調停前置主義は，家庭に関する事件については，家庭・親族生活の平和を維持することを目標とし，家庭裁判所のもとで柔軟な解決を図るべきであるという見地から採用されている制度である。

　そして，事件を依頼された法律実務家の立場からみても，相続事件においては，離婚事件などと同様，当事者の感情の対立を解消することが重要な業務であることが少なくないし，相続法に関する理論的な問題が生じない事案も多々存するであろう。

　しかし，少しイレギュラーな事案に遭遇すると，途端に自らの思考では解決できない事態に陥ることが多い。つまり，相続法は難解であると言われる。それは家族法の1つになぞられながら財産法が交錯し，むしろ財産法の応用編となるからである。

　相続法を難しくしているのは次の2点にあろうかと思う。

　1つは，遺産共有の性質である。これについて最高裁は物権法上の共有であると明言する。さりとて，遺産たる不動産について共有物分割請求をすることは認めない。調停制度が現に存するからである。しかし，各共同相続人は，不動産の共有持分権を第三者に譲渡することができる。その第三者と他の共同相続人との共有関係の解消方法は共有物分割である。これに対し遺産全体に対する共有持分（相続分）を第三者に譲渡した場合は当該第三者は相続人の地位を取得するのである。一方，銀行預金などの可分債権は被相続人死亡と同時に各共同相続人に法定相続分に応じて当然承継される，したがって遺産分割の対象とはならないというのが最高裁の終始一貫した態度である。このことから，預貯金しか遺産がない場合には原則として調停申立ても認められないことになる。このように遺産共有の性質論は簡単に論ずることができない。

　いま1つは，相続させる遺言である。平成3年4月19日の最高裁判決以

降，完全に定着した遺言事項である。特定の相続人に特定の遺産を相続させる旨の遺言があるとき，それは遺産分割の方法を指定したものであるが，原則として，当該相続人は遺産分割手続を経ずして，当然に当該遺産を取得するというのである。遺贈については遺産分割を経ずして当然に受遺者が権利を取得する。しかし，相続させる遺言は，遺贈ではない，遺産分割の方法の指定である，と言いつつも結論が同じになっている。このことが様々な場面に影響を与え，いまもって解決されていない理論上の問題が存する。

　さて，法律実務家としては，かように相続法が難解であることを十分に認識しておくことが大切であろう。相続事件は，家庭裁判所における調停手続によって解決されることが多いので，判例の蓄積は十分でないように思われるが，それゆえに基本的かつ重要な判例を習得していないと依頼者を誤った方向に導きかねない。

　そこで，本書は，最高裁判決を中心に相続・遺言に関する60件の判例を厳選し，事案を判りやすく紹介し，ポイントの解説を付したものである。本書が相続事件に携わる法律専門家の良きアドバイザーとなることを切に願う次第である。

　平成28年（2016年）1月

編集者一同

編集者・執筆者

【編集者】

仲　　　隆　（弁護士　東京不二法律事務所）

浦岡由美子（弁護士　ふなぼり駅前法律事務所）

【執筆者（執筆順）】

池田　大介（弁護士　池田・高井法律事務所）

面川　典子（弁護士　わかば法律事務所）

岩井　婦妃（弁護士　かえで通り法律事務所）

佐々木好一（弁護士　田中・石原・佐々木法律事務所）

小林　智子（弁護士　かえで通り法律事務所）

仲　　　隆　（弁護士　東京不二法律事務所）

関口　慶太（弁護士　関口・梶法律事務所）

瀬川　千鶴（弁護士　青南法律事務所）

大植　幸平（弁護士　鈴木武志法律事務所）

市川　静代（弁護士　吉原特許法律事務所）

出口　裕規（弁護士　ユウキ法律事務所）

大原　良明（弁護士　東京みらい法律事務所）

吉川　佳子（弁護士　宇多法律事務所）

大八木葉子（弁護士　城北法律事務所）

岡田　侑子（弁護士　貞友義典法律事務所）

小松　雅彦（弁護士　多摩オアシス法律事務所）

髙橋　幸一（弁護士　東京不二法律事務所）

長濱　晶子（弁護士　長濱・水野・井上法律事務所）

小西　麻美（弁護士　小西法律事務所）

南部　朋子（弁護士　弁護士法人リバーシティ法律事務所）

日原聡一郎（弁護士　弁護士法人ベリーベスト法律事務所）

川口　幸作（弁護士　弁護士法人北村・加藤・佐野法律事務所）

編集者・執筆者

生方　麻理（弁護士　弁護士法人 Bridge Roots ブリッジルーツ東京事務所）
佐藤　正章（弁護士　芝綜合法律事務所）
宮田　百枝（弁護士　しいの木法律事務所）
三ツ村英一（弁護士　青南法律事務所）
村松聡一郎（弁護士　扶桑第一法律事務所）

凡　例

1　法令の摘記
　法令名は，地の文では原則として正式名称で表記し，かっこ内における法令条項の引用は，以下の要領で行う。
　①　法令条数を列記するに当たっては，同一法令の場合は「・」，異なる法令の場合は「,」を用いる。
　②　法令条文番号は，後掲の「法令略語」を用いて表記する。
　　〔例〕　民法第887条第2項
　　　　→　民887条2項

2　判例の摘記
　判例の引用は，次の〔例〕により，後掲の「判例・文献関係略語」を用いて行う。
　　〔例〕　最高裁判所平成9年1月28日判決（平成6年(オ)第804号），最高裁判所民事判例集51巻1号284頁
　　　　↓
　　　　最判平9・1・28民集51巻1号284頁

3　文献の摘記
　文献は，原則として次のように表記し，一部の主要な文献については，後掲の「判例・文献関係略語」を用いました。
　　〔例〕　著者名『書名』頁数
　　　　　編者名編『書名』頁数〔執筆者名〕
　　　　　執筆者名「論文タイトル」編者名編『書名』頁数
　　　　　執筆者名「論文タイトル」掲載誌　頁数
　　　　　執筆者名・掲載誌　頁数

【法令略語】

家手	家事事件手続法	民	民法
戸	戸籍法	民執	民事執行法
投信	投資信託及び投資法人に関する法律	民訴	民事訴訟法
不登	不動産登記法		

【判例・文献関係略語】

大	大審院	東高民時報	東京高等裁判所民事判決時報
最	最高裁判所		
高	高等裁判所	下民集	下級裁判所民事裁判例集
控	控訴院	家月	家庭裁判月報
地	地方裁判所	金判	金融・商事判例
家	家庭裁判所	金法	金融法務事情
支	支部	新聞	法律新聞
判	判決	ジュリ	ジュリスト
決	決定	判時	判例時報
審	審判	判タ	判例タイムズ
民録	大審院民事判決録	判評	判例評論
刑録	大審院刑事判決録	評論	法律学説判例評論全集
民集	最高裁判所(又は大審院)民事判例集	法協	法学協会雑誌
		法教	法学教室
裁判集民	最高裁判所裁判集民事	民商	民商法雑誌
高民集	高等裁判所民事判例集	LLI/DB 判例秘書	LLI/DB 判例秘書インターネット(LIC 法律情報サービス)

目　次

はしがき
編集者・執筆者
凡　例

第1章　相続人の確定

第1　相続欠格
1　民法891条5号（欠格事由）の主観的要件…………（池田　大介）…3
最判平成9年1月28日（平成6年(オ)第804号）最高裁判所民事判例集51巻1号184頁

第2　相続人廃除
2　民法892条「廃除」の基準 ………………………（面川　典子）…8
東京高決平成8年9月2日（平成8年(ラ)第301号）家庭裁判月報49巻2号153頁

第3　相続放棄
3　熟慮期間の起算点 …………………………………（岩井　婦妃）…13
最判昭和59年4月27日（昭和57年(オ)第82号）最高裁判所民事判例集38巻6号698頁

第2章　相続の対象

第1　保険金請求権
4　「被保険者またはその死亡の場合はその相続人」とする保険金請求権の遺産性 ……………………………………………………（佐々木好一）…21

最判昭和40年2月2日（昭和36年(オ)第1028号）最高裁判所民事判例集19巻1号1頁

5　旧商法676条2項「保険金額を受け取るべき者の相続人」の解釈
　　　　　　　　　　　　　　　　　　　　　　　　　　（佐々木好一）…26
最判平成21年6月2日（平成21年(受)第226号）最高裁判所民事判例集63巻5号953頁

第2　死亡退職金請求権

6　「遺族」と定める死亡退職金規定の解釈と死亡退職金請求権の相続財産性
　　　　　　　　　　　　　　　　　　　　　　　　　　（小林　智子）…32
最判昭和60年1月31日（昭和59年(オ)第320号）最高裁判所裁判集民事144号75頁

第3　ゴルフ会員権

7　ゴルフ会員権の遺産性　………………………………（仲　　隆）…38
最判平成9年3月25日（平成6年(オ)第1593号）最高裁判所民事判例集51巻3号609頁

第3章　相続と登記

第1　登記手続請求権の可否

8　不動産所有権が順次移転した場合における中間省略登記の可否
　　　　　　　　　　　　　　　　　　　　　　　　　　（関口　慶太）…45
最判平成22年12月16日（平成21年(受)第1097号）最高裁判所民事判例集64巻8号2050頁

第2　対抗問題

9　遺産分割により取得した不動産持分の第三者への対抗の可否
　　　　　　　　　　　　　　　　　　　　　　　　　　（瀬川　千鶴）…51
最判昭和46年1月26日（昭和45年(オ)第398号）最高裁判所民事判例集25巻1号90頁

第4章 相続分の確定

第1 法定相続分
10 民法900条4号但書前段の合憲性 ……………………（仲　　　隆）…59
　　最決平成25年9月4日（平成24年（ク）第984号・同第985号）判例時報2197号10頁

第2 特別受益
11 死亡保険金請求権が特別受益として持戻しの対象財産となるか
　　……………………………………………………………（大植　幸平）…64
　　最決平成16年10月29日（平成16年（許）第11号）最高裁判所民事判例集58巻7号1979頁

第3 寄与分
12 寄与分と超過特別受益との関係 ……………………（市川　静代）…70
　　東京高決平成22年5月20日（平成21年（ラ）第617号）判例タイムズ1351号207頁

第4 相続分の譲渡
13 特定不動産の共有持分権の譲渡と民法905条の適用の可否
　　……………………………………………………………（大植　幸平）…77
　　最判昭和53年7月13日（昭和52年（オ）第1171号）判例時報908号41頁

第5 共有持分権の譲渡
14 遺産共有持分と他の共有持分とが併存する場合の共有関係解消手段と全面的価格賠償をする場合の賠償金の性質 ……………（出口　裕規）…82
　　最判平成25年11月29日（平成22年（受）第2355号）最高裁判所民事判例集67巻8号1736頁

第6 内縁配偶者の権利
15 内縁配偶者死亡の場合の民法768条の類推適用の可否
　　……………………………………………………………（大原　良明）…88
　　最決平成12年3月10日（平成11年（許）第18号）最高裁判所民事判例集54巻3号1040頁

第5章　遺産分割手続

第1　遺産分割協議

16　債務不履行に基づく遺産分割協議の解除の可否 ……（吉川　佳子）…95
　　最判平成元年2月9日（昭和59年（オ）第717号）最高裁判所民事判例集43巻2号1頁

17　遺言の存在を知らずになした遺産分割協議の錯誤主張の可否
　　………………………………………………………（大八木葉子）…101
　　最判平成5年12月16日（平成2年（オ）第1828号）最高裁判所裁判集民事170号757頁

18　遺言内容と異なる遺産分割協議の効力 ………………（吉川　佳子）…107
　　東京高判平成11年2月17日（平成10年（ネ）第3864号）金融・商事判例1068号42頁

第2　遺産分割の対象財産性

19　再転相続における共同相続人の地位と遺産共有の性質
　　…………………………………………………………（岡田　侑子）…113
　　最決平成17年10月11日（平成17年（許）第14号）最高裁判所民事判例集59巻8号2243頁

20　遺産が預金債権のみの場合の遺産分割審判申立ての適否
　　…………………………………………………………（市川　静代）…120
　　福岡高決平成8年8月20日（平成8年（ラ）第97号）判例タイムズ939号226頁

21　投資信託の遺産分割対象財産性 …………………（佐々木好一）…127
　　最判平成26年2月25日（平成23年（受）第2250号）最高裁判所民事判例集68巻2号173頁

第3　遺産からの収益

22　相続開始後に発生した賃料債権の帰属 ………………（仲　　隆　）…134
　　最判平成17年9月8日（平成16年（受）第1222号）最高裁判所民事判例集59巻7号1931頁

第4　遺産の代償財産

23 相続開始後に遺産を売却して得られた売却代金の遺産性
　　　　　　………………………………………………（小松　雅彦）…140
　　最判昭和54年2月22日（昭和50年(オ)第736号）最高裁判所裁判集民事126号
　　129頁

第5 遺産分割の方法

24 代償分割の要件 ………………………………………（髙橋　幸一）…144
　　最決平成12年9月7日（平成12年(許)第13号）家庭裁判月報54巻6号66頁

第6章 遺　　　言

第1 遺言の解釈

25 遺言の解釈の指針(1) ………………………………（岩井　婦妃）…153
　　最判昭和58年3月18日（昭和55年(オ)第973号）最高裁判所裁判集民事138号
　　277頁

26 遺言の解釈の指針(2) ………………………………（長濱　晶子）…159
　　最判平成13年3月13日（平成10年(オ)第936号）家庭裁判月報53巻9号34頁

第2 遺言書の真否

27 筆跡鑑定結果の証明力 ………………………………（関口　慶太）…165
　　東京高判平成12年10月26日（平成12年(ネ)第1389号・同3451号）判例タイム
　　ズ1094号242頁

第3 遺言書の方式の瑕疵

28 公正証書における「口授」 …………………………（小西　麻美）…172
　　最判昭和51年1月16日（昭和50年(オ)第859号）最高裁判所裁判集民事117号
　　1頁

29 自筆証書遺言における「添え手」 …………………（小西　麻美）…179
　　最判昭和62年10月8日（昭和58年(オ)第733号）最高裁判所民事判例集41巻7
　　号1471頁

30 自筆証書遺言における日付の誤記と遺言の効力 ……（出口　裕規）…185
　　最判昭和52年11月21日（昭和52年(オ)第696号）家庭裁判月報30巻4号91頁

31　自筆証書における「押印」……………………………（大原　良明）…188
　　　最判平成元年2月16日（昭和62年（オ）第1137号）最高裁判所民事判例集43巻
　　　2号45頁

　32　自筆証書における加除訂正…………………………（小林　智子）…191
　　　最判昭和56年12月18日（昭和56年（オ）第360号）最高裁判所民事判例集35巻9
　　　号1337頁

　33　死亡危急時遺言における「口授」……………………（関口　慶太）…196
　　　最判平成11年9月14日（平成9年（オ）第2060号）最高裁判所裁判集民事193号
　　　717頁

第4　遺言能力

　34　公正証書遺言における遺言能力………………………（仲　　隆　）…202
　　　東京高判平成25年3月6日（平成24年（ネ）第6567号）判例時報2193号12頁

　35　自筆証書遺言における遺言能力………………………（出口　裕規）…206
　　　東京高判平成21年8月6日（平成19年（ネ）第5482号）判例タイムズ1320号228
　　　頁

第5　公序良俗違反

　36　不貞の相手方に対する遺贈の効力……………………（南部　朋子）…211
　　　最判昭和61年11月20日（昭和61年（オ）第946号）最高裁判所民事判例集40巻7
　　　号1167頁

第6　遺贈の効力

　37　特定遺贈と対抗力………………………………………（吉川　佳子）…222
　　　最判昭和39年3月6日（昭和36年（オ）第338号）最高裁判所民事判例集18巻3
　　　号437頁

　38　遺言と異なる内容の遺産分割協議から除外された特定遺贈の効力
　　　……………………………………………………………（日原聡一郎）…227
　　　最判平成12年9月7日（平成12年（受）第135号）金融法務事情1597号73頁

第7　相続させる遺言

　39　相続させる遺言の性質…………………………………（仲　　隆　）…231
　　　最判平成3年4月19日（平成元年（オ）第174号）最高裁判所民事判例集45巻4
　　　号477頁

40 相続させる遺言と対抗力……………………………（川口　幸作）…236
　　最判平成14年6月10日（平成11年（受）第271号）最高裁判所裁判集民事206号445頁

41 遺言者より先に受益相続人が死亡した場合の遺言の効力
　　………………………………………………………（長濱　晶子）…242
　　最判平成23年2月22日（平成21年（受）第1260号）最高裁判所民事判例集65巻2号699頁

42 相続させる遺言における債務の帰属………………（日原聡一郎）…248
　　最判平成21年3月24日（平成19年（受）第1548号）最高裁判所民事判例集63巻3号427頁

第8　遺言の撤回

43 撤回遺言を遺言で撤回した場合の旧遺言の効力……（川口　幸作）…253
　　最判平成9年11月13日（平成7年（オ）第1866号）最高裁判所民事判例集51巻10号4144頁

第7章　遺　留　分

第1　遺留分減殺請求権の性質

44 目的物返還請求権と時効……………………………（生方　麻理）…261
　　最判昭和57年3月4日（昭和53年（オ）第190号）最高裁判所民事判例集36巻3号241頁

45 遺留分減殺請求権の代位行使の可否…………………（岡田　侑子）…266
　　最判平成13年11月22日（平成10年（オ）第989号）最高裁判所民事判例集55巻6号1033頁

第2　遺留分減殺請求の対象財産

46 遺留分減殺の対象となるべき生前贈与の範囲………（川口　幸作）…272
　　最判平成10年3月24日（平成9年（オ）第2117号）最高裁判所民事判例集52巻2号433頁

47 遺留分減殺請求の対象財産に対する取得時効の効力

....（瀬川　千鶴）…279
　　　　最判平成11年6月24日（平成8年（オ）第2292号）最高裁判所民事判例集53巻
　　　　5号918頁
　　48　生命保険金受取人を変更する行為の対象財産性 ……（佐藤　正章）…284
　　　　最判平成14年11月5日（平成11年（受）第1136号）最高裁判所民事判例集56巻
　　　　8号2069頁

第3　遺留分侵害額の算定
　　49　相続債務がある場合の算定方法 ………………………（池田　大介）…288
　　　　最判平成21年3月24日（平成19年（受）第1548号）最高裁判所民事判例集63巻
　　　　3号427頁
　　50　持戻し免除がある場合の算定方法 ……………………（生方　麻理）…293
　　　　最決平成24年1月26日（平成23年（許）第25号）判例時報2148号61頁

第4　遺留分減殺請求の順序・割合
　　51　遺留分減殺請求の相手方が複数人いる場合の減殺額の算定方法
　　　　…………………………………………………………………（宮田　百枝）…299
　　　　最判平成10年2月26日（平成9年（オ）第802号）最高裁判所民事判例集52巻1
　　　　号274頁
　　52　死因贈与・生前贈与・遺贈の遺留分減殺の順序 ……（岩井　婦妃）…304
　　　　東京高判平成12年3月8日（平成11年（ネ）第4965号）判例時報1753号57頁

第5　価額弁償
　　53　価額弁償における目的物の評価基準時 ………………（三ツ村英一）…309
　　　　最判昭和51年8月30日（昭和50年（オ）第920号）最高裁判所民事判例集30巻7
　　　　号768頁
　　54　目的物返還を免れるための価額弁償の履行の程度
　　　　…………………………………………………………………（佐々木好一）…312
　　　　最判昭和54年7月10日（昭和53年（オ）第907号）最高裁判所民事判例集33巻5
　　　　号562頁
　　55　遺留分減殺請求訴訟における価額弁償を命ずる判決主文の内容
　　　　…………………………………………………………………（村松聡一郎）…318
　　　　最判平成9年7月17日（平成5年（オ）第342号）最高裁判所裁判集民事183号

995頁

56 　目的物を第三者に譲渡した場合の価額弁償の額の算定
　　　………………………………………………………（小松　雅彦）…325
　　　最判平成10年3月10日（平成8年（オ）第20号）最高裁判所民事判例集52巻2号319頁

57 　価額弁償の対象目的物の選択の可否 ……………（佐藤　正章）…329
　　　最判平成12年7月11日（平成11年（受）第385号）最高裁判所民事判例集54巻6号1886頁

58 　価額弁償請求権の取得時期と遅延損害金の起算点
　　　………………………………………………………（長濱　晶子）…333
　　　最判平成20年1月24日（平成18年（受）第1572号）最高裁判所民事判例集62巻1号63頁

59 　価額弁償の額の確定を求める訴えの適法性 ……（髙橋　幸一）…338
　　　最判平成21年12月18日（平成21年（受）第35号）最高裁判所民事判例集63巻10号2900頁

第6　遺留分減殺請求権の消滅時効

60 　遺留分減殺請求権の消滅時効の起算点 …………（日原聡一郎）…345
　　　最判昭和57年11月12日（昭和54年（オ）第907号）最高裁判所民事判例集36巻11号2193頁

《判例索引》………………………………………………………………………351

第1章
相続人の確定

第1 相続欠格

1 民法891条5号（欠格事由）の主観的要件

最判平成9年1月28日（平成6年(オ)第804号）
最高裁判所民事判例集51巻1号184頁，家庭裁判月報49巻6号24頁，裁判所時報1188号5頁，判例時報1594号53頁，判例タイムズ933号94頁，金融・商事判例1016号3頁

☞ 概　　要

■ 問題点

民法891条5号の主観的要件として，同号所定の行為についての故意のほかに，相続に関して不当な利益を得ようとする動機・目的（二重の故意）を要するか否か

判決の内容

■ 事案の概要

遺産の全部を相続人Yが相続する旨の遺産分割協議がされた後，他の共同相続人2名（X_1, X_2）が，他のすべての共同相続人を被告として，①Yは遺言書を破棄・隠匿したため相続欠格者である，②遺産分割協議はYの詐欺によるもので取り消されるべきであり無効である，と主張した事案である。

本件判示に係る相続欠格事由は，被相続人の「A社に売却した土地の売却代金は（Yの経営する）B社に寄付するから，債務の弁済に充てること」という内容の遺言書（売買代金債権又は受領した代金相当額をB社に遺贈する趣旨と考えられる）をYが破棄又は隠匿したというものであった。同土地については，

相続開始前にA社から代金全額が支払われたが，移転登記未了のまま相続が開始したので，A社への移転登記義務をYが責任をもって履行するという趣旨で，Yが同土地をも相続する旨の遺産分割協議がなされた。

原判決は，遺言書の破棄・隠匿についての事実認定をせず，仮にYが破棄又は隠匿したとしても，遺言書の内容がYに有利なことなどから利得目的が認められず，このような者は相続欠格者にあたらないとして原告らの請求を棄却した。

■ **判決要旨**

上告棄却

相続人が相続に関する被相続人の遺言書を破棄又は隠匿した場合において，相続人の右行為が相続に関して不当な利益を目的とするものでなかったときは，右相続人は，民法891条5号所定の相続欠格者にはあたらないものと解するのが相当である。

けだし，同条5号の趣旨は遺言に関し著しく不当な干渉行為をした相続人に対して相続人となる資格を失わせるという民事上の制裁を課そうとするところにあるが，遺言書の破棄又は隠匿行為が相続に関して不当な利益を目的とするものでなかったときは，これを遺言に関する著しく不当な干渉行為ということはできず，このような行為をした者に相続人となる資格を失わせるという厳しい制裁を課することは，同条5号の趣旨に沿わないからである。

解　説

1　相続欠格の要件としての二重の故意の要否

(1)　本件の問題点

民法891条5号は，相続に関する被相続人の遺言書を隠匿した者は，相続人の資格を失う旨規定しているところ，相続欠格の要件として，同号の該当行為についての故意の他に，相続に関して不当な利益を得る動機・目的（いわゆる二重の故意）を要するか否かが本件の問題である。

(2)　判例の状況

従来の下級審裁判例には二重の故意必要説を採用したと理解されているもの（東京地判昭41・12・17判時476号43頁，その控訴審判決である東京高判昭45・3・17判タ248号129頁，大阪高判昭61・1・14判時1218号81頁等）があったが，二重の故意必要説をとるのか否かは曖昧であったり，二重の故意に関する部分は傍論にすぎないと思われるものもあった。また，民法891条に関する最高裁判決には最高裁昭和56年4月3日判決（民集35巻3号431頁）及び最高裁平成6年12月16日判決（判タ870号105頁）があるが，偽造や隠匿にあたるか否かについての判断を示したもので，二重の故意の問題を直接判示したものではなかった。

(3) 学説の状況

学説上は，二重の故意を必要とする見解（幾代通「相続欠格」中川善之助教授還暦記念『家族法大系Ⅵ』70頁等）が通説であるとされているが，不要説（中川善之助＝泉久雄『相続法〔第4版〕』84頁等）も有力であり，また，二重の故意の存在を要件としないものの，動機や行為態様等を総合的に評価して行為の違法性を判断する見解（総合判断説。伊藤昌司・判評276号31頁，床谷文雄・阪大法学46巻1号181頁）もあるなど，学説上見解が分かれていた。

(4) 本判決の考え方

本判決は，民法891条5号が相続人となる資格を剥奪するという非常に厳しい内容である反面，同号に該当する相続人の行為が常に遺言に対する著しく不当な干渉行為にあたるとはいえないことを考慮し，相続に関して不当な利益を目的とするものでないときは相続欠格事由にあたらないとして，遺言書の破棄・隠匿行為について二重の故意必要説を採用した。

2 家裁実務への影響

(1) 本判決の意義

本判決は，二重の故意の要否の解釈上の問題に関し，破棄・隠匿についての故意に加えて二重の故意が必要であるとして，初めて最高裁の立場を明らかにしたものであり，その意義は大きい。

(2) 不当な利得目的の判断基準

本判決によって示された準則では，遺言書の破棄又は隠匿行為が「相続に関して不当な利益を目的とするもの」でないときは相続欠格とはならないとされているが，具体的にいかなる場合がこれに該当するのかについては，本

判決の一般論のみからでは必ずしも明らかでない。そのため，不当な利益を得る目的の存否の認定は，「遺言に関し著しく不当な干渉行為をした相続人に対し相続人となる資格を失わせるという民事上の制裁を課す」という同号の趣旨を考慮した上で，個別に判断する必要がある。

この点につき，調査官解説は，①自己に対する全部包括遺贈の趣旨が記載された自筆証書遺言書につき，法定相続分の取得でよいと考えて破棄した場合や，②その遺言書を敢えて示さずに他の共同相続人すべてがその遺留分額以上のものを取得するという遺産分割協議を成立させた場合などにおいては，遺言に対する著しく不当な干渉行為があったとは認められないとする（野山宏・最高裁判所判例解説民事篇平成9年度(上)128頁）。

遺言書に従って生じるべき状態との比較からすれば，自身にとって有利な内容の遺言書を破棄・隠匿した場合においては，それにより他の共同相続人に遺留分相当額に満たないものしか帰属しないような結果が意図されていたのかどうかという点が，不当な利得目的を判断する上での基準となると考えられる（石川博康・別ジュリ225号107頁）。

なお，本判決のいう相続に関する不当な利益は，自己の利益に限定されるものではなく，例えば後妻が自らの子についての相続上の不当な利益を図って遺言書の破棄・隠匿等をした場合なども含まれると解される。

(3) **主張立証責任の分配**

二重の故意の存否の主張立証責任に関しては，当事者の公平や証拠との距離を考慮すると，相続欠格を主張する側が民法891条5号記載の破棄・隠匿行為の存在について，相続欠格を争う側がこれに対する抗弁として相続に関して不当な利得を得る目的を有しないことについて，それぞれ主張・立証責任を負うと解するのが相当であろう。

(4) **本判決以降の裁判例**

本判決以降に現れた大阪高裁平成13年2月27日判決（金判1127号30頁）は，本判決の準則に従ったものであるが，「遺産にかかる最終的な処分意思を害したものとはいえない」から，「不当な利益を得る目的に出たものとはいえ」ないとして，被相続人の「遺産にかかる最終的な処分意思」を害するものであるかどうかという点を考慮している点が特徴的である。しかし，遺言

者の最終意思を害したものとはいえない破棄・隠匿行為であり，さらに他の共同相続人の遺留分相当額以上の財産帰属を肯定する結果を伴う場合においても常に不当な利益を得る目的が否定されるかという点については検討の余地があると思われる。今後，本判決によって示された準則の適用を通じて，以上の諸点などを考慮した，より具体的な判断枠組が構築されることが期待される。

【池田　大介】

第2　相続人廃除

2　民法892条「廃除」の基準

東京高決平成8年9月2日（平成8年（ラ）第301号）
家庭裁判月報49巻2号153頁

☞ **概　要**

■ **問題点**

「廃除」が認められる基準

決定の内容

■ **事案の概要**

　被相続人Aの推定相続人は妻B，長女，二女，三女X，そして長男Yがいた。Yは，Cと結婚後，AB夫婦と同居をしたが，BC間が不和となり，一旦は別居した。別居中もYは実家を訪れ農作業の手伝いをしていた。その後，Aが自宅の改築と同居を提案したことから，同居をすることとなった。
　同居後BC間に再び不和が生じ，同居しながらも，食事や家事は別々に行い，AB夫婦とYC夫婦の間の口論が絶えず，CがBを突いたことからBが接骨院への通院を余儀なくされたこともあった。そのためAはYを推定相続人から廃除する旨の公正証書遺言を作成し，その意思を撤回することなく死亡した。遺言執行者に就職したXが相続人廃除の申立てをした。
　原審は，YC夫婦のAB夫婦に対する侮辱等は，長期間にわたって継続され，手段及び態様とも陰湿かつ軽度とはいえず，Yは被相続人Aに対し同人との継続的家族協同生活関係を破壊するに足りる虐待及び重大な侮辱を加え

たものとして，被相続人の推定相続人から廃除されるべきと判断した。

■ **決定要旨**

1 本決定は，Xの申立てを認容した原審を取り消し，申立てを却下した。

2 推定相続人の廃除は被相続人の主観的，恣意的なものであってはならず，相続人による虐待，侮辱，その他の著しい非行が相続的共同関係を破壊する程度に客観的に重大なものであるかどうかの評価は，相続人がそのような行動をとった背景の事情や被相続人の態度及び行動も斟酌しなければならない。

3 本件相続人の力づくの行動や侮辱的言動は，嫁姑の不和に起因し，被相続人にも相応の責任があり，家族としての協力関係も保たれていたから，廃除事由にあたらない。

解　説

1 廃除制度の趣旨

民法892条が定める廃除制度は，推定相続人の相続欠格事由ほどではないが，被相続人との相続的共同関係を破壊ないし破壊する可能性のある程度の事由があった場合に，被相続人の請求により家庭裁判所が審判によって，その相続権を喪失させるものである（家手188条）。

審判の確定により相続権剥奪の効果が生じる。戸籍の届出が必要であるが（戸97条・63条1項），これは報告的届出である。

当該被相続人との関係での推定相続人の相続権の剥奪であり，その子らが相続人を代襲して相続人となる（民887条2項・3項）。

なお，一度審判によって廃除の効果が生じても，被相続人はいつでも廃除の取消しを家庭裁判所に請求できる（民894条1項）。取消しにより相続資格を回復した時にも，被相続人は戸籍の届出をしなければならない（戸97条・63条1項）。遺言で廃除をした場合は後の遺言でこれを取り消すこともできる（民894条2項）。

相続人廃除の判断を家庭裁判所に委ねた趣旨については，「形式上要件に該当する場合であっても，なお家庭裁判所をして被相続人側の宥恕，相続人側の改心等諸般の事情を考慮して廃除することが相当であるかどうかを判断せしめようとしたもの」とされる（最決昭59・3・22家月36巻10号79頁）。

2　廃除の基準

廃除事由として，虐待，侮辱，著しい非行と区別されているが，精神的虐待と侮辱の区別は難しく，虐待と侮辱を区別しないで判断しているものが多い。

刑法上の名誉棄損罪や侮辱罪を構成する行為やだれが見ても極悪非道な行動は廃除事由にあたるが，その程度までいかない行為でも，推定相続人の行為が，被相続人との家族的共同生活の継続を困難にさせるものであれば廃除事由にあたる。

そして，本東京高裁平成8年9月2日決定は，廃除事由にあたるかどうかは「相続人がそのような行動をとった背景の事情や被相続人の態度及び行動も斟酌しなければならない」とした。

なお，被相続人に対する直接の行為でなく，第三者が被害者となる行為の場合でも，被相続人に精神的な苦痛を与えるような行為は著しい非行として廃除事由になるとするのが多数説である。

3　裁 判 例

(1)　虐待，重大な侮辱が問題とされた事例

(a)　東京高裁平成4年12月11日決定（判時1448号130頁）

民法892条にいう虐待又は重大な侮辱は，被相続人に対し精神的苦痛を与え又はその名誉を毀損する行為であって，それにより被相続人と当該相続人との家族的協同生活関係が破壊され，その修復を著しく困難ならしめるものをも含むとし，相手方の在学中の盗み等の問題行動について親として最善の努力をしたが，その効果はなく，結局，相手方は，家族に対する帰属感をもつどころか，反社会的集団への帰属感を強め，かかる集団である暴力団の一員であった者と婚姻するにいたり，しかもそのことを抗告人らの知人にも知れ渡るような方法で公表したものであって，相手方の行為により，抗告人らと相手方との家族的協同生活関係が全く破壊されるにいたり，今後もその修

復が著しく困難な状況となっているといえるとして廃除の申立ては理由があるとした。

　(b)　名古屋高裁金沢支部平成2年5月16日決定（家月42巻11号37頁）

　暴行の事実を認定しつつ、「暴行・傷害……は、（相続人）だけに非があるとはいえず、被相続人にもかなりの責任がある」として廃除を認めなかった。

　(c)　東京高裁平成4年10月14日決定（家月45巻5号74頁）

　被相続人にぬるい湯が入ったやかんを投げつけ、「早く死ね」と罵倒し、被相続人に対する扶養義務も尽くさなかった事案で、暴言等は一過性の侮辱であり、廃除事由にあたらないとした原審（東京家八王子支審平3・10・31家月45巻5号86頁）を取り消し、「重大な侮辱」があったとして廃除を認めた。

　(d)　釧路家裁北見支部平成17年1月26日審判（家月58巻1号105頁）

　末期がんで自宅療養中の妻に対し、療養に極めて不適切な環境を作出した上、その人格を否定するような暴言をした夫について、虐待により廃除を認めた。

(2)　著しい非行が問題とされた事例

　(a)　京都家裁平成20年2月28日審判（家月61巻4号105頁）

　父が長男に対して推定相続人からの廃除を申し立てた事案において、長男はこれまで窃盗等を繰り返して何度も服役し、現在も在監中であり、ほかにも交通事故を繰り返したり借金を重ねたりして、父に多大の精神的苦痛と多額の経済的負担を強いたのであり、これらは著しい非行というべきであり、両名の親子関係に改善の見込みはないとして廃除を認めた。

　(b)　東京高裁平成23年5月9日決定（家月63巻11号60頁）

　養子に対する離縁訴訟を提起した養親が、養子を相続人から廃除する旨の遺言を残して死亡したため、遺言執行者が養子の廃除を求めた事案の抗告審において、養子は、養親が10年近く入院及び手術を繰り返していることを知りながら、看病したり面倒をみたりしなかったこと、離縁訴訟が提起されたことを知った後、養親の体調も意に介さず訴訟の取下げを執拗に迫ったこと、信義に従い誠実に訴訟を追行すべき義務に違反し離縁訴訟をいたずらに遅延させたことなど、養子の一連の行為は民法892条にいう「著しい非行」

に該当するとして，養子の廃除を認めた。

　(c)　福島家裁平成19年10月31日審判（家月61巻4号101頁）

　被相続人（母）が介護を要する高齢者であるにかかわらず，その介護を自分の妻に任せて出奔し，扶養料も支払わなかった事案で，相続的協同関係を破壊するに足りる著しい非行だとして廃除を認めた。

　(d)　大阪高裁平成15年3月27日決定（家月55巻11号116頁）

　被相続人の財産をギャンブルにつぎ込み，被相続人の自宅を売却せざるを得ない状況に追い込むなどして，高齢の被相続人に多大な心労を背負わせたとして，著しい非行に該当するとした。

【面川　典子】

第3　相続放棄

③ 熟慮期間の起算点

最判昭和59年4月27日（昭和57年(オ)第82号）
最高裁判所民事判例集38巻6号698頁，判例時報1116号29頁，判例タイムズ528号81頁

☞ **概　要**

■ **問題点**

民法915条1項所定の熟慮期間の起算点

判決の内容

■ **事案の概要**

〔時系列〕
昭和55年2月22日	X→A　1審認容判決
同年3月5日	A死亡
昭和56年2月9日	Yらにつき訴訟手続受継決定
同年2月12日～3月2日	Yらに1審判決正本送達
同年2月26日	Yらが家裁へ相続放棄申述
同年4月17日	相続放棄受理

　XはAに対し，貸金の連帯保証債務の履行を求める訴訟を提起し，全部認容判決が言い渡された．Aは判決言渡し後，判決正本送達前に死亡したため，訴訟手続が中断，Yら（Aの子）により受継後，同人らに判決正本が送達された．

AとYらとは親子間の交渉が長年途絶えており，Yらは，Aの死亡の事実は死亡直後に知ったものの，Aは当時生活保護と医療保護を受け，一人暮らしで積極財産はなく，判決正本を受領して初めて連帯保証債務の存在を知った。Yらは判決正本の送達を受け，控訴を行うとともに，家裁に相続放棄の申述を行った（申述は受理）。

　控訴審は，民法915条1項の「自己のために相続の開始があったことを知った時」とは，相続人が単に相続開始の原因となる事実を知り自己が法律上相続人となることを覚知したときだけではなく，そのほかに自己が現実に積極・消極財産を相続すべき立場にあることを認識したとき，すなわち相続すべき積極又は消極財産の全部あるいは一部の存在を認識したときであると解するのが相当であるとし，Yらの相続放棄の申述を熟慮期間内になされたもので，申述及び家裁の申述受理は有効適法であるとして，原判決を取り消し，Xの請求を棄却した。Xが上告。

■　判決要旨

　上告棄却

　民法915条1項本文が相続人に対し単純承認若しくは限定承認又は放棄をするについて3か月の期間（以下「熟慮期間」という）を許与しているのは，相続人が，相続開始の原因たる事実及びこれにより自己が法律上相続人となった事実を知った場合には，通常，右各事実を知った時から3か月以内に，調査すること等によって，相続すべき積極及び消極の財産（以下「相続財産」という）の有無，その状況等を認識し又は認識することができ，したがって単純承認若しくは限定承認又は放棄のいずれかを選択すべき前提条件が具備されるとの考えに基づいているのであるから，熟慮期間は，原則として，相続人が前記の各事実を知った時から起算すべきものであるが，相続人が，右各事実を知った場合であっても，右各事実を知った時から3か月以内に限定承認又は相続放棄をしなかったのが，被相続人に相続財産が全く存在しないと信じたためであり，かつ，被相続人の生活歴，被相続人と相続人との間の交際状態その他諸般の状況からみて当該相続人に対し相続財産の有無の調査を期待することが著しく困難な事情があって，相続人において右のように信ず

るについて相当な理由があると認められるときには，相続人が前記の各事実を知った時から熟慮期間を起算すべきであるとすることは相当でないものというべきであり，熟慮期間は相続人が相続財産の全部又は一部の存在を認識した時又は通常これを認識しうべき時から起算すべきものと解するのが相当である。

（※本判決には反対意見がある）

解　　説

1　相続放棄について

民法915条1項本文は，「相続人は，自己のために相続の開始があったことを知った時から3箇月以内に，相続について，単純若しくは限定の承認又は放棄をしなければならない。」と定めている。

この熟慮期間は，相続人が相続財産を調査して（民915条2項），承認（単純承認・限定承認）か放棄かを決定するためのもので，法定除斥期間と解されている。相続人が3か月の熟慮期間内に相続放棄も限定承認もしなかったときは，単純承認をしたものとみなされる（法定単純承認事由。民921条2号）。熟慮期間は，相続人が数人いる場合は，各相続人について各別に進行するというのが判例である（最判昭51・7・1家月29巻2号91頁）。また，この熟慮期間は，例えば，相続財産の構成が複雑でその内容を調査するのに相当の期間を要すると見込まれるなどの特別の事情がある等の場合は，利害関係人又は検察官の請求によって，家庭裁判所において伸長することができる（民915条1項但書）。

限定承認・相続放棄の申述先は，相続開始地，すなわち被相続人の最後の住所地を管轄する家庭裁判所であるが（家手201条1項），限定承認・相続放棄の申述の受理の審判は，それぞれの有効無効を実質的に判断してこれを確定するものではなく，意思表示を受領し，それが相続人の真意に基づくものであることを公証する作用を果たすものであると解されている（＊1）。相続放棄の受理の審判があった場合も，後日訴訟で相続放棄の無効を主張することは妨げられないとするのが判例であり（最判昭29・12・24民集8巻12号2310頁），

本件でも，1審判決後に相続放棄の申述受理の審判があり，その後の訴訟で，相続放棄の申述の有効性・適法性が問題となった。

2　熟慮期間の起算点について

熟慮期間の起算点（「自己のために相続の開始があったことを知った時」）について，古い判例は，当初，相続人が相続開始の原因たる事実（被相続人の死亡・隠居の事実）を知った時と解していたが（大判大10・10・20民録27輯1807頁），次いでこれを改め，相続人が相続開始の原因たる事実と，それによって自己が相続人となったことを覚知した時をいうとした（大決大15・8・3民集5巻679頁）。

現行法のもとでも，このような相続人覚知時説の立場からの裁判例が多く見られたが（＊2。本判決の反対意見もこの立場によっている），その一方で，相続財産の存在の認識を必要とする遺産覚知時説の裁判例が登場するにいたった（＊3。本件の原判決はこうした立場からのものである）。

かかる状況のもと，本判決は，熟慮期間は，原則として，相続人が，相続開始の原因となった事実及びこれにより自己が法律上相続人となった事実を知った時から起算すべきであるとしつつ，例外的に，相続財産が全く存在しないと信じ，かつそのように信ずるにつき相当な理由がある場合には，熟慮期間の起算点についての上記の原則を緩和し，相続人が相続財産の全部若しくは一部の存在を認識し又は通常であれば認識しうべかりし時から起算することができると判断したものである。

なお，本判決は，原判決が相続すべき積極又は消極財産の全部あるいは一部の存在を認識することを要すると判断した点は，法令解釈を誤った違法があるとしつつ，結論において正当とした。

3　本判決の射程について

例外的に相続放棄の熟慮期間の起算点を遅らせることが認められるのは，いかなる場合かにつき，①相続財産が全く存在しないと信じた場合に限られるとする限定説と，②一部の相続財産の存在を認識していたが，通常人がその存在を知っていれば当然相続放棄をしたであろうような債務が存在しないと信じた場合も含まれるとする非限定説がある。最高裁は，限定説をとっている（最決平13・10・30家月54巻4号70頁・判時1970号30頁，最決平14・4・26家月

55巻11号113頁・判時1838号26頁)。もっとも，近時の下級審裁判例の中には，①被相続人の死亡を知った当時，被相続人に不動産があると認識していたものの，被相続人が一切の財産を他の相続人に相続させる旨の公正証書遺言を遺していること等の事情から，相続人が自らも相続すべき財産はないと信じたことについて相当の理由があった等として，熟慮期間は，別件訴訟の訴状を受け取って相続人が相続債務の存在を認識した時から起算するとしたものや(名古屋高決平19・6・25家月60巻1号97頁)，②本判決の趣旨は，相続人において被相続人に積極財産があると認識していてもその財産的価値がほとんどなく，一方消極財産について全く存在しないと信じ，かつそのように信ずるにつき相当な理由がある場合にも妥当し，熟慮期間は，相続人が消極財産の全部又は一部の存在を認識した時又はこれを認識しうべかりし時から起算するのが相当であるとしたもの(東京高決平19・8・10家月60巻1号102頁)，③相続人は，被相続人が死亡した当時，被相続人に不動産があることを知っていたものの，長男が不動産を含む相続財産一切を相続したので，自らには相続すべき相続財産がないものと信じ，そのように信じたことについて，相当の理由があった等とし，熟慮期間の起算日は，金融機関への問合せ等により連帯保証債務の存在を認識した日とするのが相当としたもの(東京高決平26・3・27判時2229号21頁)等も見られる。

【岩井　婦妃】

〔注〕

＊1　斎藤秀夫＝菊池信男編『注解家事審判規則・特別家事審判規則〔改訂版〕』372頁

＊2　大阪高決昭48・3・13家月25巻11号96頁，大阪高判昭51・9・10家月29巻7号43頁，東京高決昭51・10・26判タ350号313頁等

＊3　東京家審昭47・6・2家月25巻5号50頁，大阪高決昭54・3・22判時938号51頁，佐賀家審昭54・5・10家月31巻9号38頁，大阪高判昭56・2・24判時1010号52頁

第 2 章
相続の対象

第1　保険金請求権

4　「被保険者またはその死亡の場合はその相続人」とする保険金請求権の遺産性

最判昭和40年2月2日（昭和36年(オ)第1028号）
最高裁判所民事判例集19巻1号1頁，判例時報404号52頁，判例タイムズ175号103頁

☞ **概　　要**

■ **問題点**

1　「被保険者またはその死亡の場合はその相続人」との指定の有効性と解釈

2　被保険者死亡の場合の受取人を特定人の氏名を挙げることなく抽象的に指定している場合の保険金請求権の遺産性

判決の内容

■ **事案の概要**

1　被相続人Aは，昭和30年，保険会社であるYとの間で，以下のような内容の養老保険契約を締結した。

被保険者	A	
保険金受取人	保険期間満了の場合	被保険者
	被保険者死亡の場合	相続人

Aの法定相続人は，姉と弟の2名のみであった。

2 Aは，昭和35年2月17日，公正証書遺言を作成し，その中で，自身の財産のすべてをXに包括遺贈することとした後，同年5月20日，死亡した。

3 Xは，Yに対し，保険金請求権を自己が取得したとして，保険金の支払を求め，訴訟を提起した。

■ 判決要旨

上告棄却

1 本件養老保険契約において保険金受取人を単に「被保険者またはその死亡の場合はその相続人」と約定し，被保険者死亡の場合の受取人を特定人の氏名を挙げることなく抽象的に指定している場合でも，保険契約者の意思を合理的に推測して，保険事故発生の時において被指定者を特定し得る以上，右の如き指定も有効であり，特段の事情のない限り，右指定は，被保険者死亡の時における，すなわち保険金請求権発生当時の相続人たるべき者個人を受取人として特に指定したいわゆる他人のための保険契約と解するのが相当である。

2 保険金受取人としてその請求権発生当時の相続人たるべき個人を特に指定した場合には，右請求権は，保険契約の効力発生と同時に右相続人の固有財産となり，被保険者（兼保険契約者）の遺産より離脱しているものといわねばならない。

3 特段の事情の認められない本件においては，保険金請求権が相続人の固有財産に帰属し，その相続財産に属するものではない。

■ 解　　説

1 保険金受取人の指定方法

そもそも，保険金の受取人として，特定の氏名を挙げることなく，抽象的に「相続人」とのみ指定することは有効な指定といえるかという問題がある。

この点，本判決の1審（東京地判昭36・1・31民集19巻1号6頁）は，指定の文言自体の解釈により客観的に決定することが相当であるとした上で，保険金請求権を遺産とする趣旨であれば，保険金受取人を指定しなければよいので

あって，あえて指定している以上，それは相続人が受取人であると評価できるとして，特定が可能であるからこのような指定も有効であるとしている。

この点，原審（東京高判昭36・6・28民集19巻1号10頁）は，大審院昭和13年12月14日判決（民集17巻2396頁）を引用し，「元来，養老保険契約において，被保険者死亡の場合の保険金受取人を単に『相続人』と定めその氏名を表示しなかつた場合は，他に特段の事情のないかぎり，保険金請求権発生当時の相続人たるべき者個人を保険金受取人に指定したものと認めるのが相当である」として，このような受取人指定も有効としている。

本判決も，同様の見解に立ち，特段の事情のない限り，被保険者が死亡した時における相続人たるべき個人を受取人として特に指定したいわゆる他人のための保険契約と解し，かかる指定も有効であると述べている。

2 保険金請求権の相続財産性

(1) 問題点

保険金請求権は，被相続人の死亡によって生じるものであることから，上記のような指定が有効である場合，これを相続財産と解するのか，それとも保険契約に基づいて取得したもので相続財産とは別の固有のものと解するのかが問題となる。

(2) 保険金受取人として，特定個人が指定されている場合

被保険者が自己を被保険者とし，相続人のうちの特定の者を保険金受取人と指定した場合は，その相続人が保険契約に基づく固有の権利として保険金請求権を取得することについて，争いはない。

本判決も，特定の者を指定した場合には，その者が固有の権利として保険金請求権を取得することを前提に論じている。

(3) 保険金受取人を，「相続人」とのみ指定している場合

次に，本判決の事例のように，保険金受取人を抽象的に「相続人」とのみ指定した場合に，保険金請求権を遺産と考えるかが問題となる。

この点，相続人が保険金請求権を相続財産として取得するとする学説もあるが，多数説は，上記のとおり他人のためにする保険契約と解することができることを前提に，固有の権利として取得すると解している。

また，原審が引用する前掲大審院昭和13年12月14日判決は，養老保険契約

において，被保険者死亡の場合の保険金受取人を単に「相続人」と定めその氏名を表示しなかった場合は，他に特段の事情のない限り，保険金請求権発生当時の相続人たるべき者個人を保険金受取人に指定したものと解すべきであるとしている。

　本判決は，多数説の見解及び上記大審院判決を採用することを明らかにしたものである。そして，保険金請求権が被保険者死亡時に発生するものであるとして，保険金受取人を抽象的に「相続人」とのみ指定した場合には，保険契約の効力発生と同時に右相続人の固有財産となり，被保険者（兼保険契約者）の遺産より離脱していると判示した。

(4) 遺言による相続人の指定の可否

　Xは本事案で，「自分は包括受遺者であり，遺言により相続人と指定されたのであるから，相続人として保険金請求権を取得した」旨の主張もしている。

　この点，1審も原審も，包括遺贈は遺贈の一種であって相続ではないし，現行法上遺言による相続人の指定は認めていない，として，Xが相続人として保険金請求権を取得するとの主張を否定している。

　本判決もこの結論を維持している。

3　家裁実務への影響

　本判決以後に出された後記参考判例もあり，特定の者が保険金受取人に指定されているとき，受取人として「相続人」とされているとき，受取人の記載がないとき，の保険金請求権については，相続人の固有の権利であり，遺産分割の対象とはならないことで確定している。

　なお，片岡武＝管野眞一編著『家庭裁判所における遺産分割・遺留分の実務〔新版〕』149頁では，保険契約者が被保険者及び保険金受取人の資格を兼ねる場合の保険事故による保険金請求権についても，相続人の固有財産となるとしているが，井上繁規『遺産分割の理論と審理〔改訂版〕』173頁では，保険金受取人が被相続人に指定されている場合には，生命保険金請求権は遺産となるとしており，この点についての判例も見当たらないため，この場合の家裁実務の運用は未だ確定していないものと思われる。

【佐々木好一】

〔参考判例〕
- 大判昭13・12・14民集17巻2396頁
- 最判昭48・6・29民集27巻6号737頁
- 最判昭58・9・8民集37巻7号918頁
- 最判平21・6・2民集63巻5号953頁

〔参考文献〕
- 榎戸道也「生命保険金」判タ1100号『家事関係裁判例と実務245題』334頁
- 片岡武＝管野眞一編著『家庭裁判所における遺産分割・遺留分の実務〔新版〕』
- 井上繁規『遺産分割の理論と審理〔改訂版〕』

5 旧商法676条2項「保険金額を受け取るべき者の相続人」の解釈

最判平成21年6月2日（平成21年(受)第226号）
最高裁判所民事判例集63巻5号953頁，判例時報2050号148頁，判例タイムズ1302号105頁

☞ 概　要

■ 問題点

1　指定受取人と被保険者が同時に死亡した場合の旧商法676条2項の適用の可否
2　旧商法676条2項「保険金額を受け取るべき者の相続人」の解釈
3　指定受取人と当該指定受取人が先に死亡したとすればその相続人となるべき者との死亡の先後が明らかでない場合の取扱い
4　指定受取人と当該指定受取人が先に死亡したとすればその相続人となるべき者との死亡の先後が明らかでない場合，その者が保険契約者兼被保険者であるとき民法32条の2の適用が排除されるか

判決の内容

■ 事案の概要

　A（夫）は，Y（保険会社）との間で，被保険者をA，保険金受取人をB（妻）と指定して生命保険契約を締結した。
　平成13年7月20日にAとBは死亡した。
　しかしながら，AとBの死亡の先後は明らかではなかった。
　両名が死亡した当時，AとBとの間には子はなく，またいずれの両親も死亡しており，Aの相続人は弟であるC，同じくBの相続人は兄であるXであ

●図表1　親族関係図

った（親族関係は●図表1のとおりである）。

　Xは，指定受取人であるBが死亡したことにより，自身のみが旧商法676条2項に基づき保険金請求権を取得したとしてYに保険金の支払を求めた。

■　判決要旨

　1審及び原審は，いずれも保険金受取人はXのみであることを前提にした判断をした（ただし，認容額は異なる）が，本判決も，以下のとおり述べてYの上告を棄却した。

　1　旧商法676条2項の規定は，保険契約者と指定受取人とが同時に死亡した場合にも類推適用される。

　2　旧商法676条2項にいう「保険金額を受け取るべき者の相続人」とは，指定受取人の法定相続人又はその順次の法定相続人であって被保険者の死亡時に現に生存する者をいう。

　3　ここでいう法定相続人は民法の規定に従って確定されるべきものであって，指定受取人の死亡の時点で生存していなかった者はその法定相続人になる余地はない（民882条）。

　4　したがって，指定受取人と当該指定受取人が先に死亡していたとすればその相続人となるべき者とが同時に死亡した場合において，その者又はその相続人は，同項にいう「保険金額を受け取るべき者の相続人」にはあたらないと解すべきである。

　5　指定受取人と当該指定受取人が先に死亡したとすればその相続人となるべき者との死亡の先後が明らかでない場合に，その者が保険契約者兼被保険者であったとしても，民法32条の2の規定の適用を排除して，指定受取人がその者より先に死亡したものとみなすべき理由はない。

解　説

1　保険金の指定受取人と被保険者が同時に死亡した場合の旧商法676条2項の適用の可否

　保険金受取人が死亡した場合の取扱いについて，生命保険に約款がある場合にはその内容に従うこととなるが，約款に規定がない場合には旧商法676条が適用されることになる。

　そして，旧商法676条は，保険金受取人が死亡した場合に保険契約者に保険金受取人のさらなる指定権を与え（同条1項），同条2項は，死亡保険金を受け取るべきものが死亡した後も指定がなされないままに，保険事故が発生した場合には，「保険金額を受け取るべき者の相続人」が保険金受取人となる旨規定している（現在は保険法46条及び75条が同様の規定を置いている）。

　本件の第一の争点は，被保険者と指定受取人が同時に死亡した場合と旧商法676条2項の適用関係である。この点につき，XもYも同条が適用される旨主張していたが，本判決も，保険契約者兼被保険者と保険金受取人とが同時に死亡した場合に，旧商法676条2項が類推適用されるとした。

　これは，旧商法676条2項の趣旨が，保険金受取人が不存在となる事態をできるだけ避けるため，保険金受取人についての指定を補充するものと考えられるところ（最判平5・9・7民集47巻7号4740頁），同時死亡の場合でも保険金受取人が不存在となる事態を避ける必要があることは同じであって，類推適用が可能と考えられたからである。

2　旧商法676条2項の解釈

　そうすると，次に，「保険金額を受け取るべき者の相続人」の解釈が問題となる。

　Xは「指定受取人の法定相続人または順次の法定相続人であり，被保険者の死亡の時に現に生存するもののことをいう」と主張し，Yは，旧商法676条2項の趣旨が契約者の意思を実現させるために受取人の順位を決定した補充規定であり，保険契約者の合理的意思を排除するものではないとして，本件のように被保険者と指定受取人が同時に死亡した場合には，指定受取人が先に死亡したものと扱うべきであるから，保険金額を受け取るべき者の相続

人においても，これを前提に判断されるべきであると主張した。

この点，従前の判例では，「保険金額を受け取るべき者の相続人」とは，保険契約者によって保険金受取人として指定された者の法定相続人又は順次の法定相続人であって被保険者の死亡時に生存する者をいうとされており（前掲最判平5・9・7），学説においても特に異論は見られない。

上記最判は，その理由につき，旧商法676条2項を上記のとおりの補充規定であるとした上で，指定受取人が死亡した場合において，その後保険契約者が死亡して同条1項の規定による保険金受取人についての再指定をする余地がなくなったときは，指定受取人の法定相続人又はその順次の法定相続人であって被保険者の死亡時に現に生存する者が保険金受取人として確定する趣旨のものと解すべきであると判断している。

本判決も，旧商法676条2項について上記判決と同様に解し，Xの主張を容れている。

3 同時死亡の場合の処理

旧商法676条2項を上記のように解するとして，指定受取人と当該指定受取人が先に死亡したとすればその相続人となるべき者とが同時に死亡した場合には，どのように処理することになるか。

民法32条の2は，数人の者が死亡した場合において，死亡の先後が明らかではないときは，これらの者が同時に死亡したものと推定しており，当該規定が適用されるとすれば，本件ではB死亡時にはAは死亡していることになるため，Xのみが「保険金額を受け取るべき者の相続人」となり，保険金請求権を取得することになると考えられる。

この点，Xは，法定相続人とは，民法によって決まることになるとして本件の場合も民法32条の2が適用されると主張したが，Yは，前記のとおり，保険契約者の合理的意思を理由に，民法32条の2の適用を排除すべきであると主張した。

しかしながら，本判決は，指定受取人と当該指定受取人が先に死亡したとすればその相続人となるべき者が同時に死亡した場合に民法32条の2を適用しない理由はないとしてその適用を認めた上で，民法882条により指定受取人の死亡時に生存していない者は相続人となる余地はないことから，指定受

取人と同時に死亡した者は旧商法676条2項により保険金受取人とはならないことを明らかにした。
　「法定相続人」とは，民法の規定により確定されるべきものであることからすれば，本判決のような解釈が自然であると考えられる。
　もっとも，本判決の考え方を前提にすると，夫であるAの死亡にかかる死亡保険金を，Aとは本来は無関係ともいえるBの相続人のみが取得し，Aの相続人が全く取得できないことになるという結論の不都合性が指摘されるところである。本判決の1審及び原審の判決に対しては，かかる結果の不都合性を指摘し，これを批判する見解も見られる。
　しかしながら，これに対しては，他人のためにする生命保険契約については，保険金受取人の相続人を保護する趣旨があるのではないかとして，かかる結論を正当する見解も存在している（岡田・後掲〔参考文献〕参照）。
　いずれにせよ，理論的には本判決のように考えざるを得ないのであって，結論の不都合性については，約款等で対応することしかないように思われる（判タ1302号105頁の判例解説参照）。

4　同日付の最高裁判決について

　なお，同日付で，「死亡保険金受取人の死亡時以後，死亡給付金受取人の変更が行われていない間に死亡給付金の支払事由が発生したときは，死亡給付金受取人の死亡時の法定相続人（法定相続人のうち死亡している者があるときは，その者については，その順次の法定相続人）で死亡給付金の支払事由の発生時に生存している者を死亡保険金受取人とします。」との規定のある年金共済約款において，死亡給付金の指定受取人と当該指定受取人が先に死亡したとすればその相続人となるべき者とが同時に死亡した場合の当該相続人となるべき者について，当該規定のいう「法定相続人」に該当するかが争われた事案の判決が言い渡された（最判平21・6・2（平19（受）1349号）判時2050号151頁）。
　同判決も，本判決と同様の解釈に基づき，指定受取人と当該指定受取人が先に死亡したとすればその相続人となるべき者とが同時に死亡した場合において，その者は，上記条項にいう「死亡給付金受取人の死亡時の法定相続人」にあたらず，その者の相続人が同条項にいう「その順次の相続人」として，死亡給付金受取人になることもないと解すべきであると判示した。

5　実務への影響

　本判決及び上記 4 記載の同日付の判決は，旧商法676条2項の規定及び共済約款の規定に関し，指定受取人と被保険者が同時に死亡した場合にどのように解釈するかという点について，初めて最高裁として判断を下したものである。

　この判決により，同種事案の取扱いについては確定したといえるところ，今後の実務においては，本判決の考え方を前提に対応をする必要があると思われる。

【佐々木好一】

〔参考判例〕
- 最判平 4・3・13民集46巻 3 号188頁
- 最判平 5・9・7 民集47巻 7 号4740頁
- 最判平21・6・2 （平19(受)1349号）判時2050号151頁

〔参考文献〕
- 岡田豊基「指定受取人とその者の相続人となるべき者とが同時に死亡した場合における『保険金額ヲ受取ルヘキ者ノ相続人』（改正前商法676条2項）および，給付金受取人の確定方法を定める共済約款の規定にいう『相続人』の意義」判時2069号202頁
- 谷口知平＝石田喜久夫編『新版注釈民法(1)』493頁〔谷口知平＝湯浅道男〕

〔参考条文〕
- 旧商法676条
  1　保険金額ヲ受取ルヘキ者カ被保険者ニ非サル第三者ナル場合ニ於テ其者カ死亡シタルトキハ保険契約者ハ更ニ保険金額ヲ受取ルヘキ者ヲ指定スルコトヲ得
  2　保険契約者カ前項ニ定メタル権利ヲ行ハスシテ死亡シタルトキハ保険金額ヲ受取ルヘキ者ノ相続人ヲ以テ保険金額ヲ受取ルヘキ者トス

第2　死亡退職金請求権

6　「遺族」と定める死亡退職金規定の解釈と死亡退職金請求権の相続財産性

最判昭和60年1月31日（昭和59年（オ）第320号）
最高裁判所裁判集民事144号75頁，家庭裁判月報37巻8号39頁

☞ **概　要**

■ **問題点**

1　退職金の法的性質
2　死亡退職金請求権の相続財産性

判決の内容

■ **事案の概要**

　被相続人Aは，Yと，昭和41年6月頃，事実上の婚姻をしたが，婚姻の届出はしなかった。Aには実子がなかったため，Aは，昭和46年4月17日，Xと養子縁組をし，同53年1月26日，婚姻の届出をしないまま死亡したため，XがAの唯一の法定相続人となった。Aは，死亡当時，B大学の教授であり，同大学から死亡退職金が支払われることとなったが，当時，同大学退職金規程6条には，死亡退職金は，「遺族にこれを支給する」との定めがあるのみで，遺族の範囲及び順位を定めた規定は存在しなかった。本件退職金の受給権を巡り，XY間に争いが生じたため，B大学は，同退職金を供託した。Xは，Yに対し，本件供託金の還付請求権がXにあることの確認を請求する訴訟を提起し，Yは，同請求権がYにあることの確認を求める反訴を提

起した。原審は、死亡退職金は死亡者の生存中の勤続に対して支給されるものであって、死亡者の相続財産又はこれに準ずる性質を有するものと解し、受給権者につき単に遺族とのみ規定されている場合には、受給権の範囲及び順位について民法の相続の規定に従うものと解するのが相当であり、本件退職金の受給権者は、Aの唯一の法定相続人たるXであるとして、Xの本訴請求を認容し、Yの反訴請求を棄却したため、Yが上告した。

■ 判決要旨

1 本判決は、原審を破棄し、1審判決を取り消し、次のとおり判断して、Xの本訴請求を棄却し、Yの反訴請求を認容する旨自判した。

2 「B大は、昭和54年3月、規程6条を改正し、ただし書として、新たに『遺族の範囲及び順位は、私立学校教職員共済組合法25条の規定を準用する。』旨追加したというのである。そして、私立学校教職員共済組合法25条……が準用されると、同条により国家公務員共済組合法2条、43条が準用されることになり、その結果、改正後の規程6条によれば、B大の死亡退職金の支給を受ける遺族は、(1)職員の死亡の当時主としてその収入により生計を維持していたものでなければならず、(2)第1順位は配偶者（届出をしていないが、事実上婚姻関係と同様の事情にある者を含む。）であり、配偶者があるときは子は全く支給を受けない、(3)直系血族間でも親等の近い父母が孫より先順位となる、(4)嫡出子と非嫡出子が平等に扱われる、(5)父母や養父母については養方が実方に優先する、ということになる。すなわち、改正後の規程6条は、死亡退職金の受給権者の範囲及び順位につき民法の規定する相続人の範囲及び順位決定の原則とは著しく異なつた定め方をしているのであり、これによつてみれば、右規程の定めは、専ら職員の収入に依拠していた遺族の生活保障を目的とし、民法とは別の立場で受給権者を定めたもので、受給権者たる遺族は、相続人としてではなく、右規程の定めにより直接これを自己固有の権利として取得するものと解するのが相当である（最高裁昭和54年(オ)第1289号同55年11月27日第一小法廷判決・民集34巻6号815頁参照）。のみならず、改正前の規程6条においても、死亡退職金の受給権者が相続人ではなく遺族と定められていたこと、改正前も前記私立学校教職員共済組合法25条及び国家公務員共済組

合法2条，43条が施行されていたことを考慮すると，他に特段の事情のない限り，改正前の規程6条は，専ら職員の収入に依拠していた遺族の生活保障を目的とし，民法上の相続とは別の立場で死亡退職金の受給権者を定めたものであつて，受給権者たる遺族の具体的な範囲及び順位については，前記各法条の定めるところを当然の前提としていたのであり，改正によるただし書の追加は，単にそのことを明確にしたにすぎないと解するのが相当である。……そうすると，改正前の規程6条にいう遺族の範囲及び順位に関しては，前記各法条の定めるところによるべきであり，右遺族の第1順位は，職員の死亡の当時主としてその収入により生計を維持していた配偶者（届出をしていないが，事実上婚姻関係と同様の事情にある者を含む。）と解すべきことになる。」

解説

1 退職金の法的性質

退職金請求権が相続財産に含まれるか，それとも受給権者固有の権利であるかについては，退職金の法的性質と関連して議論されることがある。

退職金の法的性質については，①功労報償説（労働者の勤続に対する使用者からの恩恵的給付とみる説），②生活保障説（使用者が現在の生活保障の不備を補う意味で労働者の退職後の生活保障を図るためにする給付とみる説），③賃金後払説（在職中に支払われなかった賃金の一部で，退職時に支払われるものとみる説）があり，①功労報償説は，死亡退職金請求権は，本人の権利に属すると解するため，相続財産と考える傾向にあり，③賃金後払説も，賃金が本人の生前に支払われるものであることから，死亡退職金請求権を相続財産と考える傾向にあるのに対し，②生活保障説は，死亡退職金を遺族の生活保障のための給付とみることから，受給権者の固有の権利と考える立場と結びつきやすい（糟谷忠男「死亡退職金」小山昇ら編『遺産分割の研究』351頁参照）。

しかし，退職金請求権は，これら3つの性質を併せ持っており，問題となった死亡退職金がいずれの性質を強く有するかについては，当該退職金規定の定め等を具体的に検討することを要する。

2 死亡退職金請求権の相続財産性

(1) 最高裁判例の概観

　死亡退職金請求権の相続財産性については，昭和50年代から60年代にかけて，以下のとおり，これを否定する最高裁判例が相次いで出され，死亡退職金を，受給権者固有の権利とする最高裁の立場が明確かつ強固なものとして形成されており（奥田昌道「法人の決定による死亡退職金の相続性」別ジュリ132号167頁参照），本判決も，死亡退職金の相続財産性を否定する一連の最高裁判例の流れの中にあるものと位置づけられる。

　　(a)　最高裁昭和55年11月27日判決（民集34巻6号815頁）

　死亡退職金の受給権者につき，国家公務員退職手当法2条及び11条と同内容の内部規程を有する特殊法人Yに雇用されていたAが死亡し，同人に相続人のあることが明らかではないため，Aの相続財産が相続財団法人となり，同規程による受給権者に該当しないXが，Yに対して，退職金の支払を求めた事案につき，同規程において，「受給権者の範囲及び順位につき民法の規定する相続人の順位決定の原則とは著しく異なつた定め方がされている」ことから，「右規定は，専ら職員の収入に依拠していた遺族の生活保障を目的とし，民法とは別の立場で受給権者を定めたもので，受給権者たる遺族は，相続人としてではなく，右規程の定めにより直接これを自己固有の権利として取得するものと解するのが相当であり，そうすると，右死亡退職金の受給権は相続財産に属さず，受給権者である遺族が存在しない場合に相続財産として他の相続人による相続の対象となるものではないというべきである。」と判示した。

　　(b)　最高裁昭和58年10月14日判決（判時1124号186頁）

　Y県立高校の教諭であったAが，退職手当を母及び兄弟に遺贈する旨の遺言を残して死亡し，遺言執行者であるXが，Yに対し，死亡退職手当の支払を求めたのに対し，Yが，条例によれば，当時別居中であったAの妻Bに退職手当を支給すべきであるとして争った事案につき，(a)の判旨を引用して，受給権者は，条例の規定により，「直接死亡退職手当を自己固有の権利として取得するもの」であり，Aの「死亡退職手当の受給権は同人の相続財産に属さず，遺贈の対象とするに由ないものというべきである。」と判示し，Xの請求を棄却した原審を支持して上告を棄却した。

(c) 最高裁昭和62年3月3日判決（家月39巻10号61頁）

Aは，B財団法人設立者で，設立以降死亡時までの13年間，Bの理事長の地位にあった。Aの死亡時，B法人には，退職金支給規程ないし死亡功労金支給規程はなかったが，B法人は，Aの死亡後に，理事会において，Aの妻Yに死亡退職金を支給する旨決議し，これをYに支給したところ，Aの子であるXらが，Yに対し，Xらの相続分に相当する金員の支払を求めた事案につき，「右死亡退職金は，Aの相続財産として相続人の代表者としてのYに支給されたものではなく，相続という関係を離れてAの配偶者であつたY個人に対して支給されたものであるとしてAの子であるXらの請求を棄却すべきものとした原審の認定判断は……正当として是認することができ」る旨判示して上告を棄却した。

(2) 支給規定の内容による分類

(a) 法令に基づくもの

国家公務員退職手当法は，退職金の受給権者を「遺族」と定め，その範囲及び順位につき，①配偶者（内縁配偶者を含む），②子，父母，孫，祖父母及び兄弟姉妹で，職員の死亡当時主としてその収入で生計を維持していたもの，③その他職員の死亡当時主としてその収入により生計を維持していた親族などと定めている（国家公務員退職手当法2条・2条の2第1項）。国家公務員共済組合法にも同様の規定があり（国家公務員共済組合法2条1項3号），地方公務員に関しても類似の定めがある（地方公務員等共済組合法2条・45条，退職手当に関する都道府県条例）。

これらの規定による遺族の範囲及び順位は，民法の規定する法定相続人の範囲及び順位とは異なり，同一生計者の生活保障を重視していることから，判例及び学説は，法令による退職金受給権を，受給権者固有の権利と解し，退職金請求権の相続財産性を否定している（前掲最判昭58・10・14，遠藤浩「相続財産の範囲」中川善之助教授還暦記念『家族法大系(6)』187頁参照）。

(b) 法人の内部規程に基づくもの

(ア) 労働基準法施行規則等を準用するもの　労働基準法施行規則42条ないし45条は，遺族補償を受けるものの範囲及び順位について，国家公務員退職手当法に類似する規定を有しているところ，同規則を準用し，又は遺族

の範囲及び順位につき同様の内容を定める法人の内部規程は極めて多いようである（糟谷・前掲354頁参照）。

これらの規程がある場合にも，(a)と同様，判例及び学説は，規程による退職金受給権を，受給権者固有の権利と解し，退職金請求権の相続財産性を否定している（前掲最判昭55・11・27，遠藤・前掲187頁参照）。

(ｲ) 受給権者を「遺族」とのみ定めるもの　受給権者を「遺族」とのみ定める場合につき判断したのが，本判決であり，規程による退職金受給権を，受給権者固有の権利と解し，退職金請求権の相続財産性を否定している。学説も同様に解しているようである（松原正明『判例先例相続法(1)』266頁参照）。

(ｳ) 受給権者を「相続人」とのみ定めるもの　学説は，相続財産説と固有の権利説に分かれているが，受給権者を「相続人」とする規程をもつ法人は少なく（糟谷・前掲356頁），裁判例は不見当である（高橋朋子・別ジュリ162号128頁参照）。

(c)　法人に内部規程がない場合

学説は，相続財産説と固有の権利説に分かれており，一連の最高裁判例以前には相続財産説をとる裁判例が複数あったが（東京地判昭45・2・26判タ248号260頁等），その後，退職金支給慣行のある事案につき，死亡退職金受給権は受給者固有の権利であるとする判断がなされ（大阪家審昭53・9・26家月31巻6号33頁），また，理事長の死後に理事会が支給を決定した事案でも，退職金は，受給者固有の権利であるとされ，相続財産性が否定された（前掲最判昭62・3・3）。

【小林　智子】

〔参考判例〕

- 最判昭55・11・27民集34巻6号815頁
- 最判昭58・10・14判時1124号186頁
- 最判昭62・3・3家月39巻10号61頁
- 東京地判昭45・2・26判タ248号260頁
- 大阪家審昭53・9・26家月31巻6号33頁

第3 ゴルフ会員権

7 ゴルフ会員権の遺産性

最判平成9年3月25日（平成6年(オ)第1593号）
最高裁判所民事判例集51巻3号609頁，判例タイムズ937号96頁

☞ **概　　要**

■ 問題点

預託金会員制ゴルフクラブ会員の地位の相続財産性

判決の内容

■ 事案の概要

1　上告人会社Ｙは，預託金会員制ゴルフクラブを経営する会社であり，平成5年に改正される前の会則には，入会を希望する者は理事会の承認を得た上で定められた入会保証金を預託しなければならず，会員は会費その他の料金の支払義務を負う，保証金は据置期間後退会の際に返還するとされていた。会則及びこれに基づいて定められた細則（併せて，会則等）には，正会員が死亡した場合における会員としての地位の帰すうに関する規定は存在しなかったが，細則には，入会希望者で会員券業者から買入をした会員券は理事会で調査の上本理事会の承認を得た後，会員として登録されるとの規定があった。

2　Ａは，昭和54年ころ，入会保証金200万円を預託し，ゴルフクラブの正会員となったが，会員証の発行は受けていなかった。

3　Ａは，昭和57年死亡し，相続人間において，子である被上告人Ｘが正

会員としての地位を承継する旨の遺産分割協議書が成立した。

4 Xは，Yに対し，主位的に，Xが本件ゴルフクラブの正会員としての地位を有することの確認及び会員証の発行を，予備的に，会則により設けられているBゴルフクラブの理事会の承認を停止条件とする会員としての地位を有することの確認を求めた。

Yは，一般に，ゴルフ倶楽部は会員相互間の人的な信頼関係を基礎とする親睦的団体であり会員契約は右のような団体に入会する契約の性質を有するのであり，このことは預託金会員制ゴルフクラブにおいても異なるところはなく，会員としての地位に含まれる権利義務のうちゴルフ場施設を利用し得る権利はその性質上一身専属的なものであって会則等に特別の定めのない限り会員の死亡によって消滅し相続の対象にはならないと主張して争った。

■ 判決要旨

上告棄却

Aが有していたゴルフクラブの正会員としての地位は，YとA間の預託金会員制ゴルフクラブである本件ゴルフクラブへの入会契約に基づく契約上のものであり，その具体的な権利義務の内容は，会則の規定によって定められる。

本件会則においては，正会員が死亡した場合におけるその地位の帰すうに関しては定められていない。

しかし，会則の細則によれば，正会員はその地位を理事会の承認を得て他人に譲渡し得る旨が定められていると解するのが相当であり，その限りで会員の固定性は放棄されている。このような正会員としての地位の譲渡に関する規定に照らすと，正会員が死亡しその相続人が正会員の地位の承継を希望する場合について，本件会則等の趣旨は，正会員の地位が譲渡されたときに準じ，相続人にYとの関係で正会員としての地位が認められるか否かを理事会の承認に係らしめ相続人が理事会に対して被相続人の正会員としての地位の承継についての承認を求め，理事会がこれを承認するならば，相続人がYとの関係で正会員の地位を確定的に取得するというところにあると解すべきである。

預託金会員制ゴルフクラブにおいて，会則等に会員としての地位の相続に関する定めがなくても，譲渡に関する定めがあるなどの事情があれば，会員の死亡によりその相続人は右地位の譲渡に準ずる手続を踏んでこれを取得することができる。

解　説

1　預託金会員制ゴルフクラブの会員としての地位の内容と性質

預託金会員制ゴルフクラブの会員としての地位は，ゴルフクラブ経営会社と会員との入会契約に基づくが，その主たる内容は，①経営会社に対する預託金返還請求権，②会員のゴルフ場施設利用権，③会員に対する会費支払請求権である。

このうち，①は具体的な請求権であり，相続の対象となることは問題ないが，②の施設利用権については，会員の資格が入会資格審査を経て初めて付与されるもので当該会員の属性に着目するものであるから，一身専属的性質を有し，相続の対象とならないと解される余地がある。なお，③の会費支払義務は相続開始前に発生している部分は当然に相続の対象となるが，将来発生する部分は，施設利用権の対価としてこれと付随的な関係にあると解される。

2　本判決の意義

本判決は，施設利用権を中核とする会員の地位の相続財産性について一応の決着を付けたものである。

事案の概要に記したとおり，Yは，一般に，ゴルフ倶楽部は会員相互間の人的な信頼関係を基礎とする親睦的団体であることを前提に，会員としての地位に含まれる権利義務のうちゴルフ場施設を利用し得る権利はその性質上一身専属的なものであって会則等に特別の定めのない限り会員の死亡によって消滅し相続の対象にはならないと主張したが，本判決は，Yの会則上，会員としての地位の譲渡が認められていて，会員の固定性は放棄されていること，会則等は，正会員としての地位が金銭的な権利義務のみならずゴルフ場施設の利用権も一体に含むものとして，ゴルフ会員権市場において売買や担

保設定のために広く取引されることを想定していること，正会員としての地位の名義人が死亡した場合には，当該取引の対象とされた権利義務の一部が消滅することを当然の前提としていたとは解し難く，また，相続人が市場等で会員の地位を処分することを希望した場合についても，これが妨げられると解すべき理由はないこと，親睦的団体としての性格の保持についても，正会員としての地位の譲渡に準じ，理事会の承認を要するとすることでその趣旨は実現可能であるとして，予備的請求を認容した原審を維持し上告を棄却した。

会員の契約上の地位は，契約自由の原則により会則の定めるところによるのであり，相続承継を肯定する定めある場合には，それに従い，相続に関する規定がない場合は，会員契約上の地位の譲渡を認める規定があれば，相続承継が認められ，地位の譲渡と同様に理事会の承認を条件に会員となることのできる地位を取得するとの整理が行われている。

本判決は明示的にはそのような分類を行っていないが，実質的に同じような判断を行ったものといえよう。

3　最高裁昭和53年6月16日判決（判時897号62頁）との関係

昭和53年最判は，預託金会員制ゴルフクラブにおいて，その運営規則に「会員が死亡したときはその資格を失う。」との規定がある場合に，当該ゴルフクラブの会員の地位は一身専属的なものであって，相続の対象とならないと判示している。

本判決におけるYの上告理由中にも，同判決を引用して相続の対象とならないとの主張がなされている。

しかし，本判決のゴルフクラブ会則には，会員死亡の場合についての資格喪失規定はないのみならず，昭和53年最判は，経営会社から除名処分を受けた会員が，会員としての地位の確認等請求を求めたものの，1審，2審とも敗訴し，上告中に死亡したため，会則内の上記規定により会員の相続人は当該会員の除名処分を争う訴訟において，その訴訟上の地位を承継しないものと判示したにすぎず，その限度において，相続権を否定したものであり，現在では，昭和53最判は「会則で会員の死亡による資格喪失規定がある場合には相続を認めない」と判示した先例であるとは解されていない。

したがって，本判決の事案において昭和53年最判の論理は妥当しないというべきである。

【仲　　隆】

〔参考判例〕
・　最判昭53・6・16判時897号62頁

第3章
相続と登記

第1　登記手続請求権の可否

8　不動産所有権が順次移転した場合における中間省略登記の可否

最判平成22年12月16日（平成21年(受)第1097号）
最高裁判所民事判例集64巻8号2050頁，裁判所時報1522号1頁

☞ 概　要

■ 問題点

不動産の所有権が贈与により元所有者から中間者に移転し，次いで中間者から相続により所有権を取得したとする者が，なお登記名義人たる元所有者に対し，真正な登記名義の回復を原因とする所有権移転登記手続を請求することの可否

判決の内容

■ 事案の概要

1　本件土地は，もと，Y（本訴原告＝反訴被告・控訴人・上告人）とBの父であるAが所有していた。

2　Yは，昭和20年，Aの死亡に伴い，本件土地の所有権を家督相続により取得した。

3　本件土地につき，昭和63年9月9日，Y名義の所有権保存登記がなされた。

4　Yは，昭和63年9月頃，本件土地をBに贈与した（以下「本件贈与」という）。

そこで，YからBへ本件土地全部につき所有権移転登記手続をなすべきところ，贈与税の負担を軽減するため，次のような方法がとられた。すなわち，YからB及びその妻（C），子2名（X（本訴被告＝反訴原告・被控訴人・被上告人），D）各々に対し，贈与を原因として，昭和63年9月9日，平成元年4月4日，同2年12月17日（それぞれ各20分の1），同3年1月10日（それぞれ各40分の1）の移転登記手続がなされた。その結果，本件土地の登記簿上の共有持分は，Yが40分の12，B及びBの妻子（C，X，D）が各々40分の7（合計40分の28）となった。

5 Bは，平成17年1月10日死亡した。そして，Bの相続人であるX，C，Dの遺産分割協議により，Xが本件土地を単独で取得することとなった（以下「本件相続」という）。

こうして，本件土地のB名義部分につき，平成17年3月19日，相続を原因とするXへの移転登記手続がなされた。

6 Xは，Yに対し，本件土地の単独所有権を主張して，本件土地のY名義の持分登記部分について，真正な登記名義の回復を原因とする所有権移転登記手続を請求した（持分所有権移転登記手続請求反訴事件）。

■ 判決要旨

1 本判決は，Xの請求を認容した原審（大阪高判平21・3・11民集63巻8号2063頁）の反訴請求に関する部分を破棄し，本件を原審に差し戻した。

2 不動産の所有権が，元の所有者から中間者に，次いで中間者から現在の所有者に，順次移転したにもかかわらず，登記名義がなお元の所有者の下に残っている場合において，現在の所有者が元の所有者に対し，元の所有者から現在の所有者に対する真正な登記名義の回復を原因とする所有権移転登記手続を請求することは，物権変動の過程を忠実に登記記録に反映させようとする不動産登記法の原則に照らし，許されないものというべきである。

本件土地の所有権は，本件贈与によりYからBに，本件相続によりBからXに，順次移転したにもかかわらず，Y名義の持分登記がなお残っているというのであるから，Xとしては，Y名義で登記されている持分につき，YからBに対する本件贈与を原因とする移転登記手続を請求し，その認容判決を

得た上で，BからXに対する本件相続を原因とする持分移転登記手続をすべきであって，このような場合に，真正な登記名義の回復を原因として，直接YからXに対する持分移転登記手続を請求することは許されないというべきである。

  3　これに対し，1審（和歌山地判平20・10・30民集64巻8号2054頁）は，本件土地がYの所有であることを認めた上，「Yは，Xに対し，本件土地の持分40分の12につき，真正な登記名義の回復を原因とする持分移転登記手続をせよ。」と判示し，原審は1審の判断を「結論において相当」であると判示していた。

解　説

1　問題の所在

　不動産登記法は，不動産物権の「得喪及び変更」（民177条），すなわち権利の発生，移転，変更，処分の制限や消滅について，その度に「登記原因（登記の原因となる事実又は法律行為をいう）及びその日付」を登記することにより，現在の権利関係を公示することを規定する（不登59条）。そして，権利に関する登記を申請する場合には，原則として登記原因情報の提供が必要であると規定する（不登61条）。このように，不動産登記法の原則は，物権変動の過程を忠実に登記記録に反映することにある。

　本件土地の所有権は，本件贈与によりYからBに移転し，本件相続によりBからXに移転していた。しかし，Y名義の持分登記が残っていた。不動産登記法の原則を踏まえれば，Xは，Y名義で登記されている持分につき，YからBに対する本件贈与を原因とする移転登記手続を請求し，その認容判決を得た上で，BからXに対する本件相続を原因とする持分移転登記手続をすべきことになる。

　しかし，本件では，XはYに対し，直接，真正な登記名義の回復を原因とする持分移転登記手続を請求したため，その可否が問題となった。

2　真正な登記名義の回復を原因とする所有権移転登記請求

　真正な登記名義の回復を原因とする所有権移転登記請求とは，登記簿上に

不実の所有権登記がある場合に，その登記の抹消に代えて，「真正な登記名義の回復」を原因として，真正な所有者へ登記名義を回復する請求をいう。

　真正な登記名義の回復を原因とする所有権移転登記請求は，抹消登記をすることが実体法上又は不動産登記法上困難な場合に意義がある。例えば，通謀虚偽表示による不動産売買の当事者間では所有権の移転は無効であるが（民94条1項），これを善意の第三者に対抗できないため（民94条2項），当該第三者から抹消登記に係る「承諾を証する情報」を得られない場合が実際上多く，その場合は抹消登記ができないので（不登68条），真正な登記名義の回復を原因とする移転登記を行う以外に方法がない事例がある（青木登『登記官から見た「真正な登記名義の回復」・「錯誤」——誤用されやすい登記原因』8頁）。

3　学説・判例の状況

　最高裁昭和30年7月5日判決（民集9巻9号1002頁）は，「不動産の登記簿上の所有名義人は真正の所有者に対しその所有権の公示に協力すべき義務を有するものであるから，真正の所有者は所有権に基き所有名義人に対し所有権移転登記の請求を為し得るものと解するのが相当である。」と判示した。

　さらに，最高裁昭和45年10月21日判決（民集24巻11号1560頁）は，甲が建物を新築してその所有権を取得したのち，これを乙に贈与したが，甲乙の関係が悪化したため，甲が，未登記の建物に甲名義の所有権保存登記を経由したという事案において，不動産の所有権が乙に帰属し，甲がした保存登記は無効であるとした上，不動産物権に関する法制の建前から，乙から保存登記の抹消手続を求めることが許されるときは，所有権に基づく物権的な妨害排除請求権に基づき抹消登記を得た上で乙名義の所有権保存登記をすることに代えて，乙は甲に対し所有権移転登記手続を求めることができる旨を判示した。

　このように，多数の判例において，真正な所有者は不真正な所有権の名義人に対し，登記名義を回復する方法として所有権移転登記を請求することが認められてきた（田中康久編著『不動産登記制度の実務上の諸問題(上)』360頁，登記研究編集室編『カウンター相談(2)』175頁）。

　そして，本件の1審及び原審は，特に真正な登記名義の回復を原因とする所有権移転登記手続の可否を検討することなく，当然のようにＸの請求を認

容した。

　しかし，常に真正な登記名義の回復を原因とする所有権移転登記を認めると，中間省略登記を広く認めることと同じ結果になる。その結果，不動産登記に権利移転の経過を反映しないものが増加し，不動産登記法の原則に反することになる。

　それゆえ，無制限に真正な登記名義の回復を原因とする所有権移転登記請求を認めることに対して，否定的な学説が有力である（田中・前掲362頁，玉田弘毅「真正名義の回復」別ジュリ30号46頁）。

　そこで，真正な登記名義の回復を原因とする所有権移転登記請求が許容される限界が問題になる。

4　本判決の意義と射程範囲

　実務上，真正な登記名義の回復を原因とする所有権移転登記の請求をすることができる者は，「現在の登記に係る実体上の権利を有する者のうち，現在の登記名義人からの継承人ではない者」に限られると考えられていた（青山正明『民事訴訟と不動産登記一問一答〔新版〕』95頁）。下級審にも，「登記簿上の不動産所有名義が現に実体関係と符合していないときには，真正の所有者はその所有権に基づき，登記簿上の所有名義人に対し自己に直接所有権移転登記をなすべきことを請求しうる場合も存するのであるけれども，右のような請求が許容される場合は，当該登記名義人が純然たる無権利者であつて，しかもその登記名義が違法に作出された場合（前名義人の意思に基づかない偽造書類による登記や，通謀虚偽表示に基づく仮装登記等の場合）に限られる」と判示した裁判例があった（高松高判昭43・1・30判タ216号141頁）。

　しかし，このような限定がかかるか否かについて，最高裁判所の判例は存在していなかった。

　そのような状況において，本判決が，物権変動の過程を忠実に登記記録に反映させようとする不動産登記法の原則を重視し，現在の所有者が元の所有者に対し，元の所有者から現在の所有者に対する真正な登記名義の回復を原因とする所有権移転登記手続を請求することを認めない旨を明らかにしたことに意義がある。本判決の射程の評価は分かれているが（石田剛「転得者による真正な登記名義の回復を原因とする所有権移転登記手続の可否」ジュリ1440号68頁），

実務家としては，安易に真正な登記名義の回復を原因とする所有権移転登記請求に頼ることを控えるべきであろう。

　なお，本判決がXの請求を認容していた場合の最大の弊害は，昭和63年9月9日Y名義の所有権保存登記が，実体に即していたにもかかわらず，不真正な登記であったと登記簿上宣言される不都合にあったと指摘されている（石田・前掲68頁）。

【関口　慶太】

〔参考判例〕
- 最判昭34・2・12民集13巻2号91頁
- 東京地判昭39・4・13下民集15巻4号774頁
- 最判平11・12・16民集53巻9号1989頁

第2　対抗問題

9　遺産分割により取得した不動産持分の第三者への対抗の可否

最判昭和46年1月26日（昭和45年（オ）第398号）
最高裁判所民事判例集25巻1号90頁，判例時報620号45頁，判例タイムズ259号153頁

☞ **概　　要**

■ **問題点**

　遺産たる不動産につき遺産分割により法定相続分を超える権利を取得した者と分割後に権利を取得した第三者との優先関係

判決の内容

■ **事案の概要**

　被相続人Aが死亡し，妻ほか相続人ら11名が相続をしたが，遺産分割調停において，相続人の一部であるX₁〜X₇の7名がAの遺産中の不動産を取得する合意が成立した。しかし，その登記がなされない間に，X₁の債権者の代位申請等により11名全員の共有とする所有権保存登記がなされたため，X₂〜X₇が遺産分割の実体に合致しないことを理由に，これを更正する登記手続を求めて訴えを提起し，その旨の判決が相続人間で確定した。しかし，X₁・X₂の債権者Y₁〜Y₃が11名の共有とする保存登記に表示されたX₁・X₂の持分に仮差押えの登記を経由していた。そこで，X₁〜X₇がY₁〜Y₃に対し，更正登記に対する承諾を請求したのが本件訴訟である。

■ 判決要旨

1 1審（山口地判昭43・4・16民集25巻1号95頁），2審（広島高判昭45・1・28民集25巻1号98頁）ともに請求を棄却し，これに対してXらが上告したが，次のとおり棄却されている。

2 遺産分割は，相続開始の時に遡ってその効力を生ずるものではあるが，第三者に対する関係においては，相続人が相続によりいったん取得した権利につき分割時に新たな変更を生ずるのと実質上異ならないものであるから，不動産に対する相続人の共有持分の遺産分割による得喪変更については，民法177条の適用があり，分割により相続分と異なる権利を取得した，その旨の登記を経なければ，分割後に当該不動産につき権利を取得した第三者に対し，法定相続分を超える権利の取得を対抗することができない。

■ 解　説

1　問題の所在

　民法は，遺産分割の効力が相続開始時に遡り，分割により権利者となる相続人が被相続人から直接に権利を取得するという構成（いわゆる宣言主義）をとっているが，その一方で，第三者に対する関係では909条但書により遡及効は制限され，その限りで，分割時に新たに相続人間に持分の移転が行われる構成（いわゆる移転主義）に類似している。分割の結果について登記を要するか否かはこのどちらの側面を重視するかによる。

　民法909条但書は遺産分割前の遡及効について第三者を害することができない旨を規定しているが，これは分割前に現れた第三者についてであり，分割後に現れた第三者についての規定ではない。

　本判決は，この点について上記の側面を検討して判示しているものである。

2　本判決の意義

　本判決は，遺産分割の遡及効にもかかわらず，分割後に利害関係に立った第三者に対して，分割による権利変動について対抗要件が必要であるとの立

場をとっている。本判決の結論は多数説に従ったものといえる。

　最高裁昭和42年1月20日判決（民集21巻1号16頁）は，相続放棄について，その登記の有無を問わずに，放棄後に出現した第三者に対しても効力を生ずるとしている。

　しかし，本判決は，相続放棄の場合と異なる判断をしている。

　本判決の論拠として，①相続放棄の場合と異なり，遺産分割には遡及効制限の規定（民909条但書）があること，②相続開始後分割前と相続開始後放棄前における第三者の出現可能性，③分割後と放棄後における第三者の出現の可能性が挙げられている。すなわち，②については，遺産分割では相続開始後分割前において，相続財産について第三者が利害関係を有することが少なくないが，放棄については放棄が相続開始後短期間のみ可能であり相続財産を処分すれば放棄が許されなくなることを考慮すると相続開始後放棄前における第三者の出現の可能性が低く第三者の利益を考慮する必要性に乏しいことを挙げており，③については，遺産分割後においては，分割後も分割前の状態の共同相続人の外観を信頼して，相続人の持分について第三者が権利を取得することが，相続放棄の場合と比べて多く予想され，遺産分割について分割後の第三者の保護の要請があることを挙げている。

　本判決の論拠について，学説からは，①については，遡及効の制限の規定は，放棄，遺産分割前についての相違であって，遺産分割後についての結論がそこから導かれるわけではない，②，③については，放棄，遺産分割における第三者の出現の事例の集積が足りず検討が不十分であるとの批判を受けているが，学説も結論としては本判決を支持している。

　学説の多数は，(i)放棄の場合は最終的な権利者の確定にいたっておらず遺産分割がなされない限り共同相続人の取得部分を確定できないのであるから登記を要求することは困難であるが，遺産分割によって確定的に権利を取得した者は容易に登記をすることができること，(ii)放棄については家庭裁判所における第三者の調査が可能（利害関係人であることを金銭消費貸借契約書，訴状，その他債権の存在を証する書面により疎明して家庭裁判所に照会をし，手数料を払えば受理証明も取得できる）であるが，遺産分割については，第三者は譲渡人が正確な回答をすることを期待し得ず分割についての正確な情報を調査するこ

とが困難であることを判断要素として，本判決の結論自体は支持している。

また，第三者の調査の可能性については，民法94条2項を類推する場合の帰責事由として考慮することもでき，民法94条2項類推ないし権利外観法理によって規律する見解も主張されている。

学説の中には，第三者が相続人の相続開始前からの債権者である場合は，本来責任財産でなかった相続財産はあてにすべきでないから，これを第三者から排除すべきであるとの見解もあるが，これを一律に排除することは困難であろう。

3　本判決の立場

上告理由は，原審が，遺産分割による物権変動を第三者に対抗するには民法177条の原則に従い登記を要するとしたことに対し，遺産分割の遡及効を宣言する民法909条本文は，相続放棄の遡及効を宣言した939条と同趣旨の規定であり，909条但書は善意の第三者に限り保護する規定にすぎないとして，遺産分割による共有持分の得喪変更についてすべて対抗関係で処理することは909条但書を空文化することを挙げている。

しかし，本判決は，民法939条の放棄の場合と遺産分割の場合を区別して上記のように判断している。

本判決は，上告理由に答えて，相続放棄の場合との差異を説示し，分割の権利移転的側面を強調して，分割については登記を対抗要件とする趣旨を明らかにしたものであり，最高裁としてこの点について初の判断である点に意義がある。

なお，最高裁は，相続不動産について共同相続人の1人が勝手に自己名義の単独相続の登記をした上で，第三者に譲渡し移転登記をした場合に，他の共同相続人は自己の持分を登記なくして第三者に対抗できるとしている（最判昭38・2・22民集17巻1号235頁）。この判決は，自己の持分について登記なくして第三者に対抗できるとしているものであり，本判決においても，分割後，登記なくして第三者に対抗できないのは法定相続分を超える部分に関してのものであり，法定相続分に関しては登記の有無にかかわらず権利を主張できることが前提となっている。

【瀬川　千鶴】

〔参考判例〕
 ・ 最判昭42・1・20民集21巻1号16頁
 ・ 最判昭38・2・22民集17巻1号235頁

第4章

相続分の確定

第1　法定相続分

10　民法900条4号但書前段の合憲性

最決平成25年9月4日（平成24年（ク）第984号・同第985号）
判例時報2197号10頁，判例タイムズ1393号64頁

☞ **概　　要**

■ 問題点

1　民法900条4号但書前段の憲法14条1項適合性
2　先例としての事実上の拘束性

決定の内容

■ 事案の概要

　嫡出子であるXらと，非嫡出子であるYら間で，被相続人Aの遺産につき遺産分割審判がなされた。Yらは，民法900条4号但書の規定（本件規定）は憲法14条1項に違反し無効であると主張した。1審（東京家審平24・3・26民集67巻6号1345頁）・2審（東京高決平24・6・22民集67巻6号1352頁）とも本件規定は憲法に反しないと判断した。

■ 決定要旨

1　本件規定の憲法14条1項適合性について

　本件規定は，遅くとも平成13年7月当時において，憲法14条1項に違反していたものというべきである。

2　先例としての事実上の拘束性について

本決定の違憲判断は，平成13年7月当時から本決定までの間に開始された他の相続につき，本件規定を前提としてされた遺産の分割の審判その他の裁判，遺産の分割の協議その他の合意等により確定的なものとなった法律関係に影響を及ぼすものではない。

解　説

1　本件規定の憲法14条1項適合性について

　最高裁平成7年7月5日決定（民集49巻7号1789頁）は，本件規定の立法理由は，法律上の配偶者との間で出生した嫡出子の立場の尊重と嫡出子でない子の保護を図ったもので，民法が法律婚主義を採用している以上このような立法理由には合理的根拠があり，本件区別がこの立法理由との関連において著しく不合理であるとはいえないから憲法14条1項に反するとはいえないと判示したが，これは10名の裁判官の多数意見であり，5名の裁判官は反対意見を述べていた。その後も本件決定が引用する5件の最判ないし最決においても反対意見，補足意見が付され，学説においてもとりわけ憲法学説では違憲説でほぼ一致していた。

　このような状況にあって，本決定は，「昭和22年民法改正時から現在に至るまでの間の社会の動向，我が国における家族形態の多様化やこれに伴う国民の意識の変化，諸外国の立法のすう勢及び我が国が批准した条約の内容とこれに基づき設置された委員会からの指摘，嫡出子と嫡出でない子の区別に関わる法制等の変化，更にはこれまでの当審判例における度重なる問題の指摘等を総合的に考察すれば，家族という共同体の中における個人の尊重がより明確に認識されてきたことは明らかであるといえる。そして，法律婚という制度自体は我が国に定着しているとしても，上記のような認識の変化に伴い，上記制度の下で父母が婚姻関係になかったという，子にとっては自ら選択ないし修正する余地のない事柄を理由としてその子に不利益を及ぼすことは許されず，子を個人として尊重し，その権利を保障すべきであるという考えが確立されてきているものということができる。以上を総合すれば，遅くともAの相続が開始した平成13年7月当時においては，立法府の裁量権を考

慮しても，嫡出子と嫡出でない子の法定相続分を区別する合理的な根拠は失われていたというべきである。」と摘示して，本件規定は，遅くとも平成13年7月当時において，憲法14条1項に違反していたものと判示した。

2　先例としての事実上の拘束性について

次いで，平成13年7月当時以降に発生した相続について，本規定を前提としてなされた遺産分割等に対する影響の有無につき，本件決定は，次のとおり判示する。

「本決定は，本件規定が遅くとも平成13年7月当時において憲法14条1項に違反していたと判断するものであり，平成7年大法廷決定並びにその後の小法廷判決及び小法廷決定が，それより前に相続が開始した事件についてその相続開始時点での本件規定の合憲性を肯定した判断を変更するものではない。他方，憲法に違反する法律は原則として無効であり，その法律に基づいてされた行為の効力も否定されるべきものであることからすると，本件規定は，本決定により遅くとも平成13年7月当時において憲法14条1項に違反していたと判断される以上，本決定の先例としての事実上の拘束性により，上記当時以降は無効であることとなり，また，本件規定に基づいてされた裁判や合意の効力等も否定されることになろう。しかしながら，本件規定は，国民生活や身分関係の基本法である民法の一部を構成し，相続という日常的な現象を規律する規定であって，平成13年7月から既に約12年もの期間が経過していることからすると，その間に，本件規定の合憲性を前提として，多くの遺産の分割が行われ，更にそれを基に新たな権利関係が形成される事態が広く生じてきていることが容易に推察される。取り分け，本決定の違憲判断は，長期にわたる社会状況の変化に照らし，本件規定がその合理性を失ったことを理由として，その違憲性を当裁判所として初めて明らかにするものである。それにもかかわらず，本決定の違憲判断が，先例としての事実上の拘束性という形で既に行われた遺産の分割等の効力にも影響し，いわば解決済みの事案にも効果が及ぶとすることは，著しく法的安定性を害することになる。法的安定性は法に内在する普遍的な要請であり，当裁判所の違憲判断も，その先例としての事実上の拘束性を限定し，法的安定性の確保との調和を図ることが求められているといわなければならず，このことは，裁判にお

いて本件規定を違憲と判断することの適否という点からも問題となり得るところといえる。

　以上の観点からすると，既に関係者間において裁判，合意等により確定的なものとなったといえる法律関係までをも現時点で覆すことは相当ではないが，関係者間の法律関係がそのような段階にいたっていない事案であれば，本決定により違憲無効とされた本件規定の適用を排除した上で法律関係を確定的なものとするのが相当であるといえる。そして，相続の開始により法律上当然に法定相続分に応じて分割される可分債権又は可分債務については，債務者から支払を受け，又は債権者に弁済をするにあたり，法定相続分に関する規定の適用が問題となり得るものであるから，相続の開始により直ちに本件規定の定める相続分割合による分割がされたものとして法律関係が確定的なものとなったとみることは相当ではなく，その後の関係者間での裁判の終局，明示又は黙示の合意の成立等により上記規定を改めて適用する必要がない状態となったといえる場合に初めて，法律関係が確定的なものとなったとみるのが相当である。

　したがって，本決定の違憲判断は，（被相続人）の相続の開始時から本決定までの間に開始された他の相続につき，本件規定を前提としてされた遺産の分割の審判その他の裁判，遺産の分割の協議その他の合意等により確定的なものとなった法律関係に影響を及ぼすものではないと解するのが相当である。」。

　判旨も示唆するように，平成13年7月当時より後（といっても明確に始期を特定できるものではないであろう）に発生した相続で未確定の法律関係においては，違憲判断を前提とした解決が図られることとなる。

　また，相続税額について，平成25年9月4日以前に相続税額が確定している場合には影響はないが，それ以外については相続税額の計算に影響を及ぼすので注意されたい。

【仲　　隆】

〔参考判例〕
・　最判平12・1・27裁判集民196号251頁

- 最判平15・3・28裁判集民209号347頁
- 最判平15・3・31裁判集民209号397頁
- 最判平16・10・14裁判集民215号253頁
- 最決平21・9・30裁判集民231号753頁

第2 特別受益

11 死亡保険金請求権が特別受益として持戻しの対象財産となるか

最決平成16年10月29日（平成16年(許)第11号）
最高裁判所民事判例集58巻7号1979頁，判例時報1884号41頁

☞ 概　要

■ 問題点

1　死亡保険金請求権は，民法903条1項の規定する遺贈又は贈与に係る財産に該当するか

2　民法903条の類推適用により，死亡保険金請求権が，特別受益に準じて持戻しの対象となり得るか

決定の内容

■ 事案の概要

X_1〜X_3及びYは，いずれもA（父）・B（母）の子である。A・Bの相次ぐ死亡後，Xらは，A・Bを被相続人とする遺産分割の調停の申立てを行い，両事件は併合され，その後審判に移行した。

本件で遺産分割の対象となった遺産は7000万円の不動産であるが，それ以外の遺産については，既に遺産分割協議等が成立し，XらとYは，1000万を超える額に相当する財産を取得している。

具体的相続分の算定にあたって，Bが，自らを被保険者とし，保険金受取人をYとして締結していた養老保険契約2口に基づく死亡保険金574万289

円が特別受益として持戻しの対象となるかが争点の1つとして争われた（なお，Yは，A・Bのために自宅を増築して，そこに住まわせ，BがAの介護を行うのを手伝っていた）。

1審は，死亡保険金についてYの特別受益として持戻しを認めた（神戸家伊丹支審平15・8・8金判1241号38頁）が，原審裁判所は，死亡保険金請求権が遺留分減殺請求の対象となるかどうかに関して否定的な判示をした最高裁平成14年11月5日判決（民集56巻8号2069頁）を引用して，保険金の特別受益性を否定した（大阪高決平16・5・10民集58巻7号1986頁）ので，Xらは，許可抗告の申立てを行った。

■ **決定要旨**

1 被相続人が自己を保険契約者及び被保険者とし，共同相続人の1人又は一部の者を保険金受取人と指定して締結した養老保険契約に基づく死亡保険金請求権は，その保険金受取人が自ら固有の財産として取得するのであって，保険契約者又は被保険者から承継取得するものではなく，これらの者の相続財産に属するものではないというべきである。また，死亡保険金請求権は，被保険者が死亡した時に初めて発生するものであり，保険契約者の払い込んだ保険料と等価関係に立つものではなく，被保険者の稼働能力に代わる給付でもないのであるから，実質的に保険契約者又は被保険者の財産に属していたものと見ることはできない。

2 養老保険契約に基づき保険金受取人とされた相続人が取得する死亡保険金請求権又はこれを行使して取得した死亡保険金は，民法903条1項に規定する遺贈又は贈与に係る財産にはあたらないと解するのが相当である。

3 もっとも，死亡保険金請求権取得のための費用である保険料は被相続人が生前保険者に支払ったものであり，保険契約者である被保険者の死亡により保険金受取人である相続人に死亡保険金請求権が発生することなどにかんがみると，保険金受取人である相続人とその他の共同相続人との間に生じる不公平が民法903条の趣旨に照らし到底是認することができないほど著しいものであると評価すべき特段の事情が存する場合には，同条の類推適用により，当該死亡保険金請求権は，特別受益に準じて持戻しの対象となると解

するのが相当である。

　上記特段の事情の有無については，保険金の額，この額の遺産の総額に対する比率のほか，同居の有無，被相続人の介護に対する貢献の度合いなどの保険金受取人である相続人及び他の共同相続人と被相続人との関係，各相続人の生活実態等の諸般の事情を総合考慮して判断すべきである。

解　説

1　民法903条の趣旨

　生前贈与や遺贈（特別受益）を受けた相続人（特別受益者）がいる場合に，相続に際してこの相続人が，他の相続人と同じ相続分を受けるとすれば，相続人間に不公平が生じる。

　そこで，共同相続人間の公平を図るべく，特別な受益を相続分の前渡しと見て，計算上贈与を相続財産に持ち戻して相続分を算定するのが，民法903条の特別受益の趣旨である。

2　死亡保険金請求権の特別受益財産性

　被相続人が自己を保険契約者及び被保険者とし，共同相続人の1人又は一部の者を保険金受取人と指定して締結した養老保険契約において，保険金受取人の指定の法的性質に関して，生前贈与と見る見解（山下友信「生命保険金請求権取得の固有性」同『現代の生命・傷害保険法』79頁），一種の生前贈与に準ずるものと見る見解（高木多喜男「相続の平等と持戻制度」加藤一郎先生古稀記念『現代社会と民法学の動向(下)』448頁），遺贈ないし死因贈与に準ずる財産の移転と見る見解（大森忠夫「保険金受取人の法的地位」大森忠夫＝三宅一夫『生命保険契約法の諸問題』59頁）もある。

　このような考え方に立てば，死亡保険金請求権は，民法903条1項の規定する遺贈又は贈与に係る財産に該当することになるが，本決定は，そのような考え方には立たなかった。

　すなわち，まず，死亡保険金請求権の法形式について，その保険金受取人が自ら固有の財産として取得するのであって，保険契約者又は被保険者から承継取得するものではなく，これらの者の相続財産に属するものではないと

いうべきであると指摘した（最判昭40・2・2判時404号52頁参照）。

次に，死亡保険金の実質に関して，被保険者が死亡した時に初めて発生するものであり，保険契約者の払い込んだ保険料と等価関係に立つものではなく，被保険者の稼働能力に代わる給付でもないのであるから，実質的に保険契約者又は被保険者の財産に属していたものと見ることはできないと指摘した（前掲最判平14・11・5参照）。

その上で，死亡保険金請求権は，民法903条1項の規定する遺贈又は贈与に係る財産に該当しないと判示した。

3　民法903条の類推適用の可否

それでは，民法903条の類推適用により，死亡保険金請求権が特別受益に準じて持戻しの対象となる場合はないか。

この点に関して，本決定は，死亡保険金請求権取得のための費用である保険料は被相続人が生前保険者に支払ったものであり，保険契約者である被保険者の死亡により保険金受取人である相続人に死亡保険金請求権が発生することなどにかんがみると，「保険金受取人である相続人とその他の共同相続人との間に生ずる不公平が民法903条の趣旨に照らし到底是認することができないほど著しいものであると評価すべき特段の事情が存する場合」には，同条の類推適用により，当該死亡保険金請求権は，特別受益に準じて持戻しの対象となると解するのが相当であるとした上で，「上記特段の事情の有無について」は，①保険金の額，②この額の遺産の総額に対する比率のほか，③同居の有無，被相続人の介護に対する貢献の度合いなどの保険金受取人である相続人及び他の共同相続人と被相続人との関係，④各相続人の生活実態等の諸般の事情を総合考慮して判断すべきであると判示した。

①②に関していえば，少なければ，特別受益性を否定するファクターとなるし，多ければ，特別受益性を肯定するファクターとなる。

③を考慮要素としたのは，現在の高齢化社会において介護の占める重要性を相続人間の公平性を判断する要素として取り上げることが必要であり，ひいては被相続人の意思にも沿うものだからであるが（北川弘治・判評571号9頁参照），勿論保険金の受取人である相続人が，被相続人と同居していたり介護の貢献に対する度合いが大きければ，特別受益性を否定するファクターと

なる。

④についてであるが、この諸般の事情の中には、既に遺産分割された遺産の額やその結果についても考慮事情となり得るとされている（土谷裕子・最高裁判所判例解説民事篇平成16年度635頁）。

本決定の事案では、①については、574万289円であって、それほど大きな額ではなく、②については、遺産総額が約6400万円だったから、約9％であり、比率が大きかったわけではなかった。③についていえば、Yは被相続人である亡父母のために自宅を増築して、そこに住まわせ、亡母が痴呆状態になった亡父の介護を行うのを手伝っており、Xらの方はいずれも亡父母と同居していないという事情があった。

さらに、④については、既に成立した遺産分割協議により、Xら及びYは、各々相当な額（約1200万ないし1450万円）の遺産を取得していたという事情があった。

このような事情を総合考慮した上で、死亡保険金について「特別受益性」を認めるべき特段の事情はないと判示したのである。

4　「特段の事情」の有無

では、具体的にいかなる場合に死亡保険金について「特別受益性」を認めるべき「特段の事情」があるといえるだろうか。

これについては、(i)東京高裁平成17年10月27日決定（家月58巻5号94頁）、(ii)名古屋高裁平成18年3月27日決定（家月58巻10号66頁）が参考になる。

(i)では、保険金受取人たる相続人が、保険金を受領することによって遺産総額に匹敵する（遺産総額の91％）巨額の利益（1億円以上）を得ており、また、被相続人と同居をしていたとか、保険金の受取人となるにあたり、被相続人から扶養・療養介護を託されていた事情もなかったことから、「特段の事情」ありとして、「特別受益性」を認めた。

(ii)では、保険金受取人たる相続人（被相続人の妻）が取得する保険金の合計金額が約5200万円と高額で、遺産総額の61％を占め、被相続人との婚姻期間が約3年5か月と短かった場合に、「特段の事情」ありとして、「特別受益性」を認めた。

5　特別受益に準じる場合の対象金額

なお，死亡保険金請求権が特別受益に準じるものとして扱われる場合の対象金額について，本決定は説示していないが，受取人である相続人は，保険料に相当する金額を取得するものではなく，保険金額に相当する死亡保険金請求権を取得するのであるから，共同相続人間の公平の見地からは取得した保険金の額を基準に考えることになろう（土谷・前掲632頁）。

　死亡保険金請求権が特別受益に準じるものであるとして認定した，上記(i)東京高裁平成17年10月27日決定，(ⅱ)名古屋高裁平成18年3月27日決定も，保険金の額そのものを相続財産に持戻しをしている。

　ただ，審判例の中には，保険金額のうち，保険料負担者である被相続人においてその死亡まで払い込んだ保険料の総保険料額に対する割合を保険金額に乗じて得た金額を相続財産に持ち戻すべきとしたものもある（大阪家審昭51・11・25家月59巻6号27頁，宇都宮家栃木支審平2・12・25，広島高決平15・5・9最高裁判所判例解説民事篇平成16年度(下)625頁）。

【大植　幸平】

第3 寄　与　分

12 寄与分と超過特別受益との関係

東京高決平成22年5月20日（平成21年（ラ）第617号）
判例タイムズ1351号207頁

☞ 概　　要

■ 問題点

1　具体的相続分の計算方法
2　超過特別受益者がいる場合の具体的相続分等の計算方法
3　実務上の注意点

| 決定の内容

■ 事案の概要

1　被相続人Aの相続人は妻Bと子C，D，Eの4名であり，分割対象財産は，不動産（自宅，農地，作業所等），農業機械，株式であった（相続開始時評価額が5201万6000円，分割時評価額が3737万4400円）。

2　被相続人Aは代々水田農業を営んでおり，Cは農業を継いで，高校卒業以来長年にわたり，営農の規模拡張や機械化等，Aの遺産の維持・増加に特別の貢献をしたが，農業収入からほぼ金銭的な見返りを受けることはなかった。そこで，原審（水戸家龍ヶ崎支審平21・3・4（平20（家）91号・同92号））は，Cの寄与分を分割対象財産の4割（2080万6400円），Cの特別受益を1703万円（農地の生前贈与）と認定し，●図表2の具体的相続分に応じて，遺産を分配した。

3 これに対し，抗告審は，原審の具体的相続分の計算方法を修正し，以下の●図表3の「具体的相続分の価額・遺産分割時評価額」のとおり，遺産を分配した。

> みなし相続財産＝分割対象財産＋Cの特別受益－Cの寄与分
> ＝52,016,000＋17,030,000－20,806,400
> ＝48,239,600

●図表2　原審

	法定相続分割合	みなし相続財産×法定相続分（「X」とする）	具体的相続分 [X＋寄与分－特別受益]
B	1／2	24,119,800	24,119,800
C	1／6	8,039,933	8,039,933＋20,806,400－17,030,000 ＝11,816,333
D	1／6	8,039,933	8,039,933
E	1／6	8,039,933	8,039,933
計		48,239,600	52,016,000

●図表3　抗告審

	具体的相続分（寄与分）		具体的相続分（寄与）の価額	
	相続分 [X－特別受益]	＋寄与分	遺産分割時評価額	（参考）相続時評価額換算
B	24,119,800	24,119,800	14,776,613	20,565,422
C	－8,990,067 → 0	20,806,400	12,746,711	17,740,296
D	8,039,933	8,039,933	4,925,538	6,855,141
E	8,039,933	8,039,933	4,925,538	6,855,141
計		61,006,066	37,374,400	52,016,000

■ 決定要旨

1 寄与分は，寄与分を控除した分割対象財産をみなし相続財産として，これを基礎にして具体的相続分の比率を定めるものであることにかんがみれば，①寄与相続人に係る超過特別受益の存在によって同人の具体的相続分が零になったとき，同人の寄与分の価額から超過した特別受益の部分の価額を控除することは，既に遺産分割及び寄与分に係る事件に顕れた一切の事情を総合勘案した上で裁判所により認定された寄与分の割合を重ねて修正するに等しく，②民法903条と同法904条の2の立法趣旨に照らし，寄与分と特別受益はその本質を異にする以上，修正を施し直す理由が分かりにくく，③分割手法としても迂遠であり，④むしろ，重ねて控除しなければ著しく合理性を欠くというべき格別の事情が存在するのであれば，あらかじめこれを勘案して寄与分の割合を定めることが相当である。

2 本件では，みなし相続財産の価額に各法定相続分割合を乗じると，一応の相続分の価額は，以下のとおりである。

B　48,239,600×1／2＝24,119,800

D　48,239,600×1／6＝8,039,933

E　48,239,600×1／6＝8,039,933

C　8,039,933−17,030,000＝−8,990,067　→0

そして，B，D，Eの具体的相続分及び具体的相続分のないCの寄与分の合計額及び各比率は，以下のとおりである。

24,119,800＋8,039,933×2＋20,806,400＝61,006,066

B　　　24,119,800／61,006,066

D・E　 8,039,933／61,006,066

C　　　20,806,400／61,006,066

さらに，B，D，Eの各具体的相続分の価額及びCの寄与分の価額は，分割対象財産の分割時評価額（37,374,400）を各比率により算定すると，以下のとおりである。

B　　　37,374,400×24,119,800／61,006,066＝14,776,613

D・E　37,374,400× 8,039,933／61,006,066＝4,925,538

C　　　37,374,400×20,806,400／61,006,066＝12,746,711

解　説

1　具体的相続分の計算方法

本事案で，Cは寄与相続人であり，超過特別受益者（本来の相続分を超えて遺贈や生前贈与を受けた相続人）でもあるが，原審と抗告審で結論が異なったのは，具体的相続分の計算において，原審はCの寄与分から「超過した特別受益の部分（8,890,067）」を控除する結果になったのに対し，抗告審は，これを控除しなかったからである。

(1)　民法903条と民法904条の2

具体的相続分とは，本来の相続分（法定相続分又は指定相続分）を特別受益や寄与分で修正した相続分であって，この具体的相続分の比率によって，遺産が分配される。共同相続人中に，①特別受益者がいる場合，及び②寄与相続人がいる場合，については，民法に定めがあり，以下のとおりの計算方法となる。

　①　特別受益者がいる場合（民903条）

　　　みなし相続財産　　　　｜遺産　＋　特別受益合計｜

　　　各自の具体的相続分　　みなし相続財産×本来の相続分－各自の特別受益

　②　寄与相続人がいる場合（民904条の2）

　　　みなし相続財産　　　　｜遺産　－　寄与分合計｜

　　　各自の具体的相続分　　みなし相続財産×本来の相続分＋各自の寄与分

(2)　同時適用説

そして，特別受益者と寄与相続人の双方がいる場合，民法には定めがなく，両条項の適用の先後等を巡り，4つの見解（(i)民法903条優先説，(ii)民法904条の2優先説，(iii)調整説，(iv)同時適用説）があるが，特別受益も寄与分もともに相続分の修正要素であり，いずれの条文にも優劣がないことなどから，(iv)同時適用説が通説であって，その計算方法は以下のとおりである。

　③　特別受益者及び寄与相続人がいる場合（同時適用説）

　　　みなし相続財産　　　　｜遺産　＋　特別受益合計　－　寄与分合計｜

各自の具体的相続分　　みなし相続財産×本来の相続分
　　　　　　　　　　　　－各自の特別受益＋各自の寄与分

2　超過特別受益者がいる場合の計算方法

(1)　「超過した特別受益の部分」の負担方法

問題は，共同相続人中に，超過特別受益者がいる場合である。超過特別受益者は，これ以上遺産分割を受けることは出来ない（民903条2項）。しかし，「超過した特別受益の部分」を返還する必要もないため，その分，みなし相続財産が不足し，不足分をその他の相続人で負担することになる。

そこで，その負担方法について，①本来の相続分の割合によって負担するという見解（本来的相続分基準説）と，②具体的相続分の割合によって負担するという見解（具体的相続分基準説）がある。そして，いずれの裁判例も存在し，①説の場合，例えば，本件の妻B：子D：Eの負担割合は，3：1：1となり，②説の場合，具体的相続分の割合で遺産を按分するのと同じ結果となる。

(2)　寄与相続人と超過特別受益

次に，寄与相続人と超過特別受益者の双方がいる場合，寄与分を合算した具体的相続分の割合で按分すると，寄与相続人は具体的相続分が大きい分，超過特別受益による不足分を多く負担し，寄与分が実質的に縮小される。また，本件のように寄与相続人が超過特別受益者でもある場合，具体的相続分の計算において，寄与分の加算と特別受益の控除を同時（又は寄与分の加算を先）に行うと，原審のように，同人の寄与分から同人の超過した特別受益の部分を控除する結果となる。

これに対し，寄与分は縮小されるべきではないとする見解がある。寄与分が裁判所により一切の事情を総合勘案して認定されることや，寄与分と特別受益の本質が異なること，などからである。

例えば，みなし相続財産の計算では同時適用説を適用しつつ，③具体的相続分の計算では，本来の相続分から先に特別受益を控除し（マイナスの場合は零とする），次に寄与分を加算して具体的相続分（又は寄与分）を求め，その比率で遺産を分配するという見解や，④遺産から寄与分を控除して寄与相続人に分配し，残余の遺産を，寄与分を加算しない上記相続分の比率で分配す

るという見解（法務省民事局『新しい相続制度の解説』267頁，谷口知平＝久貴忠彦編『新版注釈民法（27）』277頁〔有地亨〕等）などがある。

本決定例は，決定要旨のとおり，「超過した特別受益の部分」を寄与分から控除することは，一切の事情を総合勘案して認定された寄与分の割合を重ねて修正するに等しいなどとして，控除を認めず，他の相続人の具体的相続分とＣの寄与分との比率で，遺産を分配した（前記③の見解）。

なお，こうした見解に対しては，寄与分も特別受益と同様，相続分の修正要素にすぎないので，縮小されてもやむを得ない，寄与分から超過した特別受益の部分を控除しても民法903条2項に反するものではない，などの指摘がなされている（松原正明『判例先例相続法Ⅱ〔全訂版〕』162頁，片岡武＝菅野眞一編著『家庭裁判所における遺産分割・遺留分の実務〔新版〕』354頁等）。

3　実務上の注意点
(1)　寄与と生前贈与等との関係

ところで，寄与相続人が生前贈与や遺贈を受けた場合，寄与が特別受益によって報われているとみて，特別受益を持戻しの対象としない反面，寄与分を認めない例が少なくない。また，特別受益を超える貢献があった場合に，寄与分を認める審判例もある。このように，寄与分のみが認められるような事案においては，具体的相続分の計算はより簡明となる。

しかし，生前贈与等と寄与との対価関係が認められない場合など，超過特別受益が問題になる場合，その扱いによって，結論に大きな差が出る可能性がある。当事者としては，生前贈与等と寄与との対価関係の有無，具体的相続分の計算方法，そして，裁判所がいわば正味の寄与分をどのように評価しているか等について留意することが望ましい。

また，寄与相続人と超過特別受益者とが異なる場合など，寄与分を実質的に縮小させない計算方法として，前記 **2**(2)④の見解等も検討の余地があろう。

(2)　寄与分の認定について

寄与分制度は，均分相続によって，農業等の家業に従事する相続人が不利益を受けることなどから，相続人間の公平を図るために導入された社会的背景があるが，本決定例は，家業継承者であるＣの取得比率を増やし，Ｃに

営農に必要な不動産等を取得させるなど，制度趣旨に沿った解決を図っている。

　なお，本事案では，本分割対象財産の他に，Aの金融資産約3000万円が存し，Bが払戻しを受けたなどとして，別途民事訴訟が係争中であった。Cは，可分債権も遺産である以上，寄与分算定の基礎財産に算入すべきと主張したが，裁判所は，分割対象財産でなく，寄与分算定の基礎財産にも含めないものとした（もっとも，上記事情も勘案され，寄与分が4割と認定されている）。

【市川　静代】

第4　相続分の譲渡

13　特定不動産の共有持分権の譲渡と民法905条の適用の可否

最判昭和53年7月13日（昭和52年(オ)第1171号）
判例時報908号41頁，金融・商事判例559号21頁，金融法務事情878号27頁

☞ 概　要

■ 問題点

1　遺産を構成する特定の不動産の共有持分権を第三者に譲渡した場合に民法905条が適用又は準用されるか

2　共有持分権の譲渡を受けた第三者が相続人全員を相手とする共有物分割の訴えは適法か

判決の内容

■ 事案の概要

被相続人Aは昭和27年3月死亡し，相続人として妻Y_1，子4人（Y_2〜Y_5）がいた。昭和55年法律51号による改正前の民法900条1号が適用されるため，法定相続分はY_1が3分の1，Y_2〜Y_5が各々6分の1である。

Y_1は，遺産たる土地6筆（本件土地）のうちの一部（本件係争地）について，Y_2〜Y_5の承諾を得ずに，Y_1〜Y_5名義でBに譲渡し，Bは，さらに，Xに売り渡した（なお，本件土地全体の各土地について，相続を原因として，持分をY_1が3分の1，Y_2〜Y_5については，各々6分の1とする共同相続の登記がなされた後，

本件係争地に関して，Y_1からXに対して持分3分の1の2分の1について，共有持分権移転登記を経由している)。

Xは，主位的請求として，Y_1〜Y_5に対して，本件係争地についての共有持分移転登記を求め，さらに，予備的請求として，本件土地全体の共有物分割請求をするとともに，Xが現物分割によって取得すべき土地は本件係争地が相当であるとして，分割を原因とする持分移転登記を求めた。

1審(岡山地判昭48・10・25(昭41(ワ)306号))は，主位的請求については，Y_1にはY_2〜Y_5の共有持分権を処分する権限がなかったとして，Y_1に対する請求以外は，請求を棄却した。また，予備的請求については，共有物分割の訴えを不適法却下した。

控訴審(広島高岡山支判昭52・8・29(昭48(ネ)129号))では，共同相続人の1人であるY_2が，民法905条に基づいて，Y_1からXへの共有持分権の売渡につき取戻権を行使して，Xは本件係争地の持分権者ではないと主張したが，控訴審はこの主張を排斥した。予備的請求については，共有物分割請求の訴えを適法と認め，1審判決を取り消して，1審に差し戻す旨の判決をした。

■ **判決要旨**

1 共同相続人の1人が遺産を構成する特定の不動産について，同人の有する共有持分権を第三者に譲り渡した場合については，民法905条の規定を適用又は類推適用することはできないものと解すべきである。

2 Y_1とBとの間の売買契約の目的となった土地は本件土地全体ではなく，本件係争地のみであり，したがって，XがBから買い受けた権利は本件係争地のみであり，したがって，XがBから買い受けて取得した権利は，Y_1が本件係争地について有していた共有持分権6分の2にすぎないというところ，Xは本件係争地以外の土地については共有持分権を有しないから，同土地部分については共有物分割の訴えを提起する当事者適格を有しないとした1審判決は結果として正当であり，控訴審が本件土地全体のうち本件係争地を除く部分につき1審判決を取り消した部分は破棄を免れない。

また，Y_1は，もはや本件係争地について共有持分権を有しないから，本件係争地について当事者適格を有しない。

控訴審が，本件係争地に関して1審判決を取り消した部分はY1との関係で破棄を免れない。

解　　説

1　遺産分割前における特定財産の共有持分権譲渡の可否

共同相続人は，相続財産を共有する（民898条）とされているが，共同相続財産上には共同相続人の共有持分権を観念することができ，遺産分割終了前においても，共同相続人は，遺産を構成する特定の財産の共有持分権を第三者に譲渡することができるとされている。

民法909条但書は，このことを前提とした規定と解されており，最高裁判所も，共同相続人は，遺産を構成する特定の財産の共有持分権を第三者に譲渡することができる旨判示している（最判昭38・2・22民集17巻1号235頁）。

2　相続分の譲渡と特定財産の共有持分権譲渡との異同

相続分の譲渡とは，相続人の1人たる地位の譲渡を指すものとされており，相続分の譲受人は，相続人と同じ地位を有し，債務をも負担し，管理はもちろん遺産分割にも関与すると説明されている（我妻栄＝唄孝一『判例コンメンタール(8)相続法』144頁〔唄孝一〕，中川善之助＝泉久雄『相続法〔第4版〕』302頁，中川善之助編『註釈相続法(上)』193頁〔有泉亨〕）。

本件においても，控訴審判決は，「民法905条1項によって取戻しの対象となる相続分の譲渡とは積極財産と消極財産とを包括した遺産全体に対する相続分の包括的譲渡をいうものと解すべきである。」と判示した。本判決は，「相続分の譲渡」とは何かについてあえて明記はしなかったが，おそらく上記控訴審判決と同様の立場に立つものと思われる。この点，本判決で問題とされている特定不動産の共有持分権の譲渡とは性質が異なるものである。

3　民法905条の立法趣旨

民法905条の立法趣旨として，共同相続人による遺産分割に対する第三者の介入を防止することにあるとされている。前記のように，相続分の譲渡がされた場合，その分割手続は遺産分割手続によるとされているが，第三者を交えることで同手続の円滑な進行が妨げられるおそれがあることから，一定

の要件のもとに共同相続人に取戻権を認めたものである（松原正明『判例先例相続法(2)〔全訂版〕』194頁）。

4 特定不動産の共有持分権を取得した第三者と他の共同相続人との共有関係の解消方法

最高裁昭和50年11月7日判決（民集29巻10号1525頁）は、共同相続財産中の特定財産について、相続分に相当する持分が第三者に譲渡された場合、当該持分は遺産分割の対象から逸出するとして、遺産分割審判によってではなく共有物分割訴訟によるべきであると判示した。遺産分割審判によるべきではないとした理由として、第三者に遺産分割手続上の地位を与えることは、全遺産を対象として民法906条の基準に従って全体として合目的的に分割するという遺産分割の本旨に沿わないばかりか、審理手続を複雑にし、共同相続人に手続上の負担をかけることになる上、第三者に対してもその取得した権利とは何ら関係ない他の遺産を含めた分割手続のすべてに関与した上でなければ、分割できないという著しい負担をかけることがあり得るという点についても言及している。

また、最高裁平成25年11月29日判決（判時2206号79頁）は、上記最判を引用した上で、第三者のみならず他の共同相続人からの共有関係の解消手段についても共有物分割訴訟によるべきであると判示している。

5 民法905条適用の可否

相続分の譲渡と特定不動産の共有持分権の譲渡との相違にかんがみれば、本判決が、「共同相続人の1人が遺産を構成する特定の不動産について同人の有する共有持分権を第三者に譲り渡した場合については、民法905条の規定を適用又は類推適用することはできない」と解すべきであると判示し、Y₂の「相続分取戻し請求によって、Xは本件係争地の持分権者ではなくなった」という主張を排斥したことは十分理解し得るところである。また、前記共有関係の解消手段に関する考え方と適合するものと思われる。

6 共有持分権を譲渡した共同相続人の共有物分割請求訴訟における当事者適格

なお、本判決は、共有物分割請求訴訟において、特定財産の共有持分権を譲渡したことによって、もはや共有持分権を有しなくなった共同相続人につ

いて被告とすべきではないと判示している。

　この判示自体は，妥当な判断と思われるが，共同相続人の1人が自己の持分の内の一部のみを譲渡した場合には，第三者は，この共同相続人をも被告として訴えを提起すべきであろう。

　（ちなみに，本件係争地以外の土地に関しては，そもそも，売買の対象ではなかったとして，それに関して共有物分割請求訴訟を提起した部分も不適法であると判示された）

【大植　幸平】

第5　共有持分権の譲渡

14　遺産共有持分と他の共有持分とが併存する場合の共有関係解消手段と全面的価格賠償をする場合の賠償金の性質

最判平成25年11月29日（平成22年（受）第2355号）
最高裁判所民事判例集67巻8号1736頁，裁判所時報1593号2頁，判例時報2206号79頁，判例タイムズ1396号150頁，金融・商事判例1434号14頁，金融法務事情1995号100頁

☞　**概　　要**

■　問題点

1　共有物について遺産共有持分と他の共有持分とが併存する場合における共有物分割と遺産分割の関係
2　遺産共有持分の価格を賠償させる方法による共有物分割の判決がされた場合に支払われる賠償金の性質とその支払を受けた者の保管義務
3　遺産共有持分の価格を賠償させる方法による共有物分割の判決において賠償金の支払等に関し命じ得る事項

判決の内容

■　事案の概要

Xらが，Yらに対し，XらとYらの共有に属する土地（以下「本件土地」という）の共有物分割を求めた事案である（●図表4参照）。

被相続人A死亡当時，土地上には，X_1社及びX_2の所有する建物が存在

●図表 4　事案のイメージ図

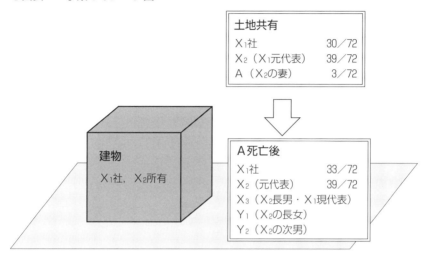

し，Aの土地共有持分が僅少であることから，現物分割が不可能であり，Xらは，Aの持分をX₁社が取得し，X₁社がAの共同相続人ら（X₂, X₃, Y₁, Y₂）に賠償金を支払うという全面的価格賠償の方法による共有物分割を希望した。

これに対し，Yらは，X₂名義で登記された持分のうちの2分の1もAの遺産に属するなど主張して争い，協議が調わないため，Xらが共有物分割訴訟を提起した。

■　判決要旨

1　「共有物について，遺産分割前の遺産共有の状態にある共有持分……と他の共有持分とが併存する場合，共有者……が遺産共有持分と他の共有持分との間の共有関係の解消を求める方法として裁判上採るべき手続は民法258条に基づく共有物分割訴訟であり，共有物分割の判決によって遺産共有持分権者に分与された財産は遺産分割の対象となり，この財産の共有関係の解消については同法907条に基づく遺産分割によるべき」である。

2　「遺産共有持分と他の共有持分とが併存する共有物について，遺産共有持分を他の共有持分を有する者に取得させ，その者に遺産共有持分の価格

を賠償させる方法による分割の判決がされた場合には、遺産共有持分権者に支払われる賠償金は、遺産分割によりその帰属が確定されるべきものであるから、賠償金の支払を受けた遺産共有持分権者は、これをその時点で確定的に取得するものではなく、遺産分割がされるまでの間これを保管する義務を負う」。

3　「裁判所は、遺産共有持分を他の共有持分を有する者に取得させ、その者に遺産共有持分の価格を賠償させてその賠償金を遺産分割の対象とする価格賠償の方法による」共有物「分割の判決をする場合には、その判決において、各遺産共有持分権者において遺産分割がされるまで保管すべき賠償金の範囲を定めた上で、遺産共有持分を取得する者に対し、各遺産共有持分権者にその保管すべき範囲に応じた額の賠償金を支払うことを命ずることができる」。

▍解　説

1　判決要旨1（遺産とそうでない共有持分が併存した場合における共有関係解消のための分割手続の方法）

(1)　共有物分割訴訟

本判決は、共有物について遺産共有持分と他の共有持分が併存する場合に、共有者が遺産共有持分と他の共有持分との間の共有関係の解消を求める方法として裁判上とるべき手続は共有物分割訴訟であることを明らかにした。

この点に関連して、最高裁昭和50年11月7日判決（民集29巻10号1525頁・判タ329号115頁）では、共同相続人の一部から遺産を構成する特定不動産の共有持分権を譲り受けた第三者が当該共有関係の解消のためにとるべき裁判手続について、遺産分割審判ではなく、共有物分割訴訟である旨判示されている。なお、上記昭和50年最高裁判決の原判決（大阪高判昭46・10・28判タ271号193頁）では、遺産分割が未了であることを理由として、共有物分割訴訟を認めず、訴えを却下している。

他方、上記昭和50年の最高裁判決の1審は、共有物分割訴訟が許容される

として，競売分割を命じているが，全面的価格賠償の可否については直接的に問われていない。

(2) 全面的価格賠償の方法による共有物分割が許容される特段の事情の有無について

本件では，遺産共有持分と他の共有持分が併存する場合における遺産共有持分と他の共有持分との間の共有関係の解消を求める方法として共有物分割訴訟によるべきことを前提として，さらに，全面的価格賠償の方法による共有物分割方法の可否が問題となっている。そこで，まずは，全面的価格賠償の方法による共有物分割方法が認められるための要件について判断したリーディングケースを確認する。

(a) 最高裁平成8年10月31日判決（（平3（オ）1380号）判タ931号148頁）

民法258条2項では，共有物分割の方法として，現物分割を原則としつつ，競売分割についても規定している。そこで，現物分割でも競売分割でもない全面的価格賠償の可否について争われた事案において，平成8年最判では，「共有物分割の申立てを受けた裁判所としては，現物分割をするに当たって，持分の価格以上の現物を取得する共有者に当該超過分の対価を支払わせ，過不足の調整をすることができる（最高裁昭和59年（オ）第805号同62年4月22日大法廷判決・民集41巻3号408頁参照）のみならず，当該共有物の性質及び形状，共有関係の発生原因，共有者の数及び持分の割合，共有物の利用状況及び分割された場合の経済的価値，分割方法についての共有者の希望及びその合理性の有無等の事情を総合的に考慮し，当該共有物を共有者のうちの特定の者に取得させるのが相当であると認められ，かつ，その価格が適正に評価され，当該共有物を取得する者に支払能力があって，他の共有者にはその持分の価格を取得させることとしても共有者間の実質的公平を害しないと認められる特段の事情が存するときは，共有物を共有者のうちの一人の単独所有又は数人の共有とし，これらの者から他の共有者に対して持分の価格を賠償させる方法，すなわち全面的価格賠償の方法による分割をすることも許されるものというべきである」と判示した。

これにより，共有者間の実質的公平を害しないと認められる特段の事情が認められれば，全面的価格賠償が許容されることとなった。

ところで，本件において，全面的価格賠償の方法による共有物分割が許される特段の事情の有無につき1審と2審は以下のとおり判断が分かれている。

(b) 本件1審判決（東京地判平21・8・28民集67巻8号1743頁）

「原告らは，……全面的価格賠償の方法による共有物分割をすべきであると主張する。しかし，原告ら主張の方法では，各相続人に賠償金が確定的に支払われてしまい，賠償金が遺産分割の対象として確保されず，共同相続人の有する遺産分割上の権利を害することになってしまうし，現時点では，他に賠償金を遺産分割の対象として確保する方法が存在しないのであるから，全面的価格賠償の方法による共有物分割が許される特段の事情があるということはできない。したがって，本件各土地について競売を命じ，その売得金から競売手続費用を控除した金額のうち，72分の30を原告会社に，72分の39を原告太郎に交付することを命ずるのが相当である」と判示した。

(c) 本件2審判決（東京高判平22・8・31民集67巻8号1749頁）

「全面的価格賠償による分割方法が採用された場合には，価格賠償による価格が共同相続人の共有とされた上で，その後に他の花子の遺産とともに遺産分割に供されることになるから，全面的価格賠償による分割方法によっても共同相続人の遺産分割に関する利益は保護されているというべきである。したがって，本件においては，前述した全面的価格賠償の方法による分割が許容される特段の事情が存していると認めるのが相当である」と判示した。

これに対し，本件最高裁判決では，共有者間の実質的公平との調整を志向して，価格賠償金の保管義務及び価格賠償命令の具体的内容との関連において，原判決の内容につき敷衍している。

2 保管義務

(1) 判決要旨2（保管義務）について

遺産分割対象となる価格賠償金につき，本件判決では，「遺産共有持分と他の共有持分とが併存する共有物について，遺産共有持分を他の共有持分を有する者に取得させ，その者に遺産共有持分の価格を賠償させる方法による分割の判決がされた場合には，遺産共有持分を有していた者に支払われる賠償金は，遺産分割によりその帰属が確定されるべきものであるから，賠償金

の支払いを受けた遺産共有持分権者は，これをその時点で確定的に取得するものではなく，遺産分割がされるまでの間これを保管する義務を負う」と判示している。遺産分割により価格賠償金の帰属が確定するまでの間保管義務を負う点については，価格賠償金が遺産分割対象であることからすれば，当然の帰結とも考えられるが，原審が明示しなかったのに対し，最高裁がこれを明示した点に意義がある。

(2) **判決要旨3（価格賠償命令の内容）について**

原判決では，あたかも，各共同相続人が，価格賠償金全額について，単独で債権行使できるようにもとれる主文内容であった。しかし，それでは，機先を制した共同相続人の1人が遺産分割未了の金銭を全額手中に収めることにつながり，他の共同相続人の利益を保護する上で問題性を内在していた。

この点，本件判決では，前記判決要旨3記載のとおり，いわば可分債権としての取扱いができることを明示した点に意義があると考えられる。

【出口　裕規】

〔参考文献〕
- 登記情報628号86頁
- 本山敦・金判1439号8頁

第6　内縁配偶者の権利

15　内縁配偶者死亡の場合の民法768条の類推適用の可否

最決平成12年3月10日（平成11年（許）第18号）
最高裁判所民事判例集54巻3号1040頁，家庭裁判月報52巻10号81頁，判例時報1716号60頁，判例タイムズ1037号107頁

☞ 概　　要

■ 問題点

内縁関係が一方の死亡によって解消した場合における内縁配偶者による財産分与請求の可否

決定の内容

■ 事案の概要

XはAとは内縁関係にあったが，XとAとの間には子はおらず，AはXとは別の女性Bとの間に子Y_1・Y_2をもうけていた。そのため，Aが死亡した際，Aの約1億8000万円の遺産はすべてYらが相続した。

そこでXは，内縁関係が一方の死亡により解消した場合も離婚における財産分与規定が準用又は類推適用されるべきであり，Aの相続人であるYらはAのXに対する財産分与義務を相続したと主張して，Yらに対し，財産分与として，各自1000万円の支払を求める審判を申し立てた。

■ **決定要旨**

1　1審（高松家審平10・5・15民集54巻3号1057頁）は，内縁関係が一方の死亡によって解消した場合における内縁配偶者の財産分与を認めてXの請求の一部を認容した。

これに対し原審（高松高決平11・3・12民集54巻3号1066頁）は，内縁関係が一方の死亡によって解消した場合は，法律上の夫婦の一方の死亡による婚姻解消と同視すべきであり，法律上の夫婦の離婚による婚姻解消と同視することはできず，財産分与規定の準用ないし類推適用すべき根拠はないとして，1審を取り消し，Xの申立てを却下した。

本決定は，以下の理由を述べて，原審の判断は正当であるとしてXの抗告を棄却した。

2　民法は，法律上の夫婦の婚姻解消時における財産関係の清算及び婚姻解消後の扶養については，離婚による解消と当事者の一方の死亡による解消とを区別し，前者の場合には財産分与の方法を用意し，後者の場合には相続により財産を承継させることでこれを処理するものとしている。このことにかんがみると，内縁の夫婦について，離別による内縁解消の場合に民法の財産分与の規定を類推適用することは，準婚的法律関係の保護に適するものとしてその合理性を承認し得るとしても，死亡による内縁解消のときに，相続の開始した遺産につき財産分与の法理による遺産清算の道を開くことは，相続による財産承継の構造の中に異質の契機を持ち込むもので，法の予定しないところである。また，死亡した内縁配偶者の扶養義務が遺産の負担となってその相続人に承継されると解する余地もない。したがって，生存内縁配偶者が死亡内縁配偶者の相続人に対して清算的要素及び扶養的要素を含む財産分与請求権を有するものと解することはできないといわざるを得ない。

解　説

1　内縁配偶者の相続権

民法では，法律上の夫婦の婚姻解消時における財産関係の調整について，

離婚によって解消される場合には配偶者は財産分与を請求することができ（民768条），一方の死亡によって解消される場合には配偶者は相続人となる（民890条）と規定されており，配偶者の保護が図られている。

しかしながら，内縁関係は，法律上の夫婦と異なり，一方の死亡によって内縁関係が解消する場合に，内縁配偶者には相続権が認められていない。

そのため，本決定以前には，本事案と同様，内縁配偶者が，死亡した相手方の相続人に対して財産分与を求める申立てが行われてきた。

2　本決定以前の下級審の動向と本決定の意義

これまで下級審においては，内縁配偶者の財産分与請求を認めた例として，①大阪家裁昭和58年3月23日審判（家月36巻6号51頁），②大阪家裁平成3年3月25日審判（家月45巻1号124頁），否定した例として，①大阪高裁平成4年2月20日決定（家月45巻1号120頁）等があり，本件の1審と原審のように判断が分かれていた。

本決定は，下級審の判断が分かれていた中，最高裁が初めて，内縁配偶者の財産分与請求を否定したものであり，家裁実務に大きな影響を与えた決定である。

3　内縁配偶者の保護

内縁関係が一方の死亡により解消される場合，内縁配偶者には相続権は認められず，本決定により財産分与請求も否定されることになるが，内縁配偶者は全く保護されることがないのであろうか。

この点，①生前に夫から内縁の妻に対する贈与があったものと認定し，内縁の妻を遺産分割の審判手続に参加させ，内縁の妻に遺産の一部を取得させた例（東京家審昭34・9・14家月11巻12号109頁），②内縁の夫婦が共同で経営する家業の収益をもって購入した不動産は，たとえその登記簿上の所有名義人が夫とされていても，夫婦間において夫の特有財産とする旨の特段の合意がない以上，夫婦の共有財産であるとして，内縁の妻に2分の1の共有持分権を認めた例（大阪高判昭57・11・30家月36巻1号139頁）等，内縁配偶者を保護した例があるが，いずれも当該事案における例外的なものであり，原則として保護されないと考えられる。

したがって，一方の死亡により内縁関係が解消する場合に，内縁配偶者に

確実に財産を取得させようとするのであれば，遺言書を作成しておくことが重要である。

【大原　良明】

第5章

遺産分割手続

第1　遺産分割協議

16　債務不履行に基づく遺産分割協議の解除の可否

最判平成元年2月9日（昭和59年(オ)第717号）
最高裁判所民事判例集43巻2号1頁，家庭裁判月報41巻5号31頁，判例時報1308号118頁，判例タイムズ694号88頁

☞　概　　　要

■　問題点

共同相続人の1人が遺産分割協議において負担した債務を履行しない場合における遺産分割協議の解除の可否

判決の内容

■　事案の概要

被相続人Aの死亡後，共同相続人6名全員で遺産分割協議が成立した。この遺産分割協議により，相続人の1人であるYは，同じく相続人の1人であるAの妻B（Yの母）と同居して扶養し，Bの日々の食事その他身の回りの世話をその満足し得るような方法で行い，祖先の祭祀を承継することを約し，法定相続分より多い遺産を取得した。しかし，その後YはBを虐待して十分な扶養をしないばかりか，祭祀を放擲し，さらにはBと口論の上Bを素手で殴打して傷害を負わせた。そこで，Bを除く他の共同相続人であるXらは，Yに対し上記条項の履行を催促したが，Yはこれを履行しないので，民法541条により本件遺産分割協議を解除し，Y名義で登記されている相続による所有権移転登記を，法定相続分でXらとYの共有名義に更正登記手続を

すること等を求めた。

1審（京都地判昭58・3・9民集43巻2号10頁）は，Xらの請求を棄却した。原審（大阪高判昭59・3・30民集43巻2号34頁）も，民法541条による解除が許されるとすると，民法909条本文により遡及効のある分割について再分割がくり返され，法的安定性が著しく損なわれるおそれがあること，遺産分割の協議の方法として共同相続人の1人又は数人が，他の共同相続人に対して債務を負担させ，その代わりにその相続人の相続分を多くするのは，分割を容易にするためにとられる便宜的方法であって，その債務自体が遺産に属しないのであるから，遺産分割そのものは協議の成立とともに終了し，その後は負担させられた債務者と債権者間の債権債務関係の問題として考えるべきものである，などとしてXらの控訴を棄却した。

■ **判決要旨**

本判決は，次のとおり判断して，Xらの上告を棄却した。

共同相続人間において遺産分割協議が成立した場合に，相続人の1人が他の相続人に対して上記協議において負担した債務を履行しないときであっても，他の相続人は民法541条によって上記遺産分割協議を解除することができないと解するのが相当である。けだし，遺産分割はその性質上協議の成立とともに終了し，その後は上記協議において上記債務を負担した相続人とその債権を取得した相続人間の債権債務関係が残るだけと解するべきであり，しかも，このように解さなければ民法909条本文により遡及効を有する遺産の再分割を余儀なくされ，法的安定性が著しく害されることになるからである。

解　説

1　債務不履行に基づく遺産分割協議の解除の可否

(1) 従来の判例

共同相続人の1人が遺産分割において負担した債務を履行しない場合に，他の共同相続人は民法541条によってその遺産分割協議を解除できるかとい

う問題について，従来，下級審判決は消極的に解していた。その論拠は，①遺産分割がその性質上協議の成立とともに終了し，その後は当該相続人間の債権債務関係が残存するだけであること，②遡及効を有する遺産の再分割を余儀なくされると法的安定性が著しく害されること，③契約解除制度の趣旨が債務不履行の相手方をその契約から解放して新しい取引先を求めることを可能にすることにあるのに対して遺産分割の場合にはそのような要請がないというものであった。

本判決は，この問題について，消極的に解すべきことを明らかにした初めての最高裁判決であり，上記①，②を根拠とするものである。

上記①の遺産分割の性質を根拠とする背後には，民法909条本文の規定に照らすと遺産分割協議が相続の時に遡って相続人らの遺産に対する権利の帰属をいわば創設的に定める相続人間の一種特別の合意であって，贈与，交換，売買，和解，あるいは権利の放棄等の1つ，又は数個の行為が合わさったものとみるべきではないという考え（河野信夫・最高裁判所判例解説民事篇平成元年度6頁）がある。遺産分割協議は，遺産の帰属を決めるものにすぎず，遺産分割協議の際に負担する債務は遺産ではない。したがって，同債務は遺産分割協議の内容に含まれないのだから，同債務の不履行があっても遺産分割協議の不履行になる余地はない，というのが上記①の意味するところであろう（金田洋一「遺産分割協議の解除」判タ1100号421頁）。

また，上記②にいう法的安定性は，第三者保護の要請というよりも，主として共同相続人間の法的安定性をいうものと思われる（金田・前掲421頁）。

(2) **学説の状況**

かつては，前述①の遺産分割の性質，②の法的安定性の見地及び③の契約解除制度の趣旨から，否定説をとる学説（星野英一「遺産分割の協議と調停」中川善之助教授還暦記念『家族法大系(6)』375頁）が多数であったが，本判決後は，肯定説が有力となっている（谷口知平＝久貴忠彦編『新版注釈民法(27)』361頁〔伊藤昌司〕，石田喜久夫「遺産分割協議と合意解除及び再分割協議の可否」ジュリ980号85頁，山口純夫「遺産分割協議と民法541条による解除の可否（消極）」判タ735号192頁等）。

肯定説は，否定説の掲げる前記①②③の根拠に対して，次のとおり反論している。すなわち，①分割の遡及効は，相続人が遺産に関する権利を他の相

続人を介して取得するのではなく，被相続人から直接承継するという理解を示すにとどまり，分割協議を実質的に見れば相続人間の持分の贈与，交換，売買等の契約的要素をもつことは否定できず，民法909条但書や，同法911条も上記要素が存在することを示している。②解除・再分割を認めても，相続人間の問題はともかく，第三者保護については民法545条１項但書，909条但書，192条等により欠けるところがないから，法的安定性を害することはない。③分割協議についても，これをやり直して相続人間で改めて財産の帰属と債務の帰属を決定する必要性が生じることがあるが，これも新たな取引先を必要とする一場合であるから解除制度の趣旨に反することはない，という指摘である。

ただし，②の法的安定性については，共同相続人間の安定という点についてみれば，不履行になっている債務が，ある相続人間では債権債務であっても，他の相続人には無関係という場合もあり，再分割を望まない相続人にとっては，他人間の債務不履行によってこれまで生活の基礎としてきた遺産分割の結果を覆されるのは酷であることから，そのような共同相続人を保護する必要がある。

そこで肯定説をとる学説は，上記②の共同相続人間の法的安定性維持のために解除が制限される必要性を認め，不履行状態にある債務ないし負担が金銭債務のように強制執行の方法で確保できる場合には解除できないとする説が多数である（伊藤・前掲360頁）。

さらに，解除が認められる要件として，債務不履行が背信的であること，不履行部分が協議全体に影響するほど重要なものであること，債務内容が十分に特定されていることを挙げる説（北村實「遺産分割協議と民法541条による解除」ジュリ957号85頁，山口・前掲192頁等）もある。

しかし，解除を認めた場合の再分割は，相続人にとって負担が大きく，一部の相続人の不履行を理由に，分割協議の効力を維持しようとする相続人の意思に反して，当該協議全体が遡及的に覆滅させられることは，正当化され得ないものと考えられる。肯定説がいうように，一定の場合に解除を認めるとしても，その基準は必ずしも明確でなく，分割協議の特殊な性格も考慮すると，法定解除は許されないとする本判決の立場が妥当であろう。

2 遺産分割協議の合意解除及び再分割協議の可否との関係

(1) 判例・学説

判例・学説ともに遺産分割協議の合意解除を肯定している。最高裁平成2年9月27日判決（民集44巻6号995頁）は，共同相続人は，既に成立している遺産分割につき，その全部又は一部を全員の合意により解除した上，改めて分割協議を成立させることができるとして，遺産分割協議の合意解除を認めた。

また，合意解除が認められることから，解除条件の付与，約定解除の効力ついても否定する根拠はないと考えられている（金田・前掲421頁）。

(2) 法定解除否定説との関係

前述の法的解除の可否に関する議論を，合意解除の可否の問題に対比すると，まず，前記法定解除否定説の解除趣旨を理由とする③の根拠は合意解除には当てはまらない。次に，遺産分割の性質論である根拠①についても，遡及効を有する分割協議自体を合意により解除し再分割することは契約自由の原則により差し支えなく，遺産分割協議の構造自体は，契約自由の原則を否定する根拠とならない。また，法的安定性をいう根拠②については，第三者に対する関係では，保護規定が存在し，相続人保護の観点からも，合意解除は相続人各自の自己決定によるものであるから，相続人間の法的安定性を害することはないため，合意解除を否定する根拠にはならないと解されている。

(3) 本判決との整合性

法定解除を否定した本判決と，合意解除を肯定した前記平成2年最判との整合性が問題となるが，合意解除は契約であり，これを認めても特段の弊害はなく分割協議の特殊性をもってしても契約自由の原則の適用を廃除するまでのことはないのに対し，法定解除は法的安定性確保等の要請により制約を受けることもやむを得ないから，両判決は矛盾しないものと解されている（泉久雄・私法判例リマークス4号88頁）。

【吉川 佳子】

〔参考判例〕
・ 最判平2・9・27民集44巻6号995頁

〔参考文献〕
・ 山田知司「遺産分割協議の解除をめぐる法律問題」判タ780号6頁

17 遺言の存在を知らずになした遺産分割協議の錯誤主張の可否

最判平成5年12月16日（平成2年(オ)第1828号）
最高裁判所裁判集民事170号757頁，判例時報1489号114頁，判例タイムズ842号124頁

☞ 概　　要

■ 問題点

1　遺言の存在を知らずになした遺産分割協議の効力
2　遺産分割方法の指定を定める遺言の効果について

判決の内容

■ 事案の概要

　ＡＢ夫婦間には長男Ｙ，二男X_1，三男X_2及び四男X_3がいたが，Ａは，自筆証書で本件土地の「北150坪をX_2の所有地とし，南186坪をＹ及びX_3の折半とする」旨の遺言（以下「本件遺言」という）をして死亡した。Ａの相続人らは，本件遺言の存在を知らずに本件土地をＢが単独で相続する旨の遺産分割協議をし（以下「本件遺産分割協議」という），Ｂ所有名義の登記がなされた。その後，X_3は，本件遺言を発見した。
　Ｘらは，主位的に本件遺言に基づき本件土地の共有持分権を取得したとして本件土地につき更正登記手続を求め，予備的に本件遺産分割協議の錯誤無効を主張し，本件土地がＡの遺産であることの確認と本件土地につき更正登記手続を求めた。
　原審（高松高判平2・9・27家月46巻8号51頁）は，本件遺産分割協議は「Ｘらは，本件土地について各自が相続による共有持分権を有することを前提に本

件土地は生前Aからもらったと信じ込んでいるBの意思を尊重するとともに，たとえBの単独所有としてもいずれ近い将来Ｘら相続人において相続することになるとの見とおしから」なされたものでＸらが当時本件遺言の存在を知ったとしても遺産分割協議の結果に影響がなかったとして，錯誤無効の主張を排斥し，この主張を前提とする請求を棄却した。

■ 判決要旨

1 意思表示に要素の錯誤がないとはいえないとして破棄差戻し

本判決は，本件遺産分割協議の意思表示に要素の錯誤がないとはいえず，原判決には民法95条の解釈適用を誤った違法があるとして予備的請求に係る部分を破棄し，原審に差し戻した。

2 予備的請求について

相続人が遺産分割協議の意思決定をする場合において，遺言で分割の方法が定められているときは，その趣旨は遺産分割の協議及び審判を通じて可能な限り尊重されるべきものであり，相続人もその趣旨を尊重しようとするのが通常であるから，相続人の意思決定に与える影響力は格段に大きいということができる。ところで，本件遺言は，本件土地につき分割の方法をかなり明瞭に定めているということができるから，Ｘらは，本件遺言の存在を知っていれば，特段の事情のない限り，本件土地をＢが単独で相続する旨の本件遺産分割協議の意思表示をしなかった蓋然性が極めて高いものというべきである。原審の事情があったとしても，遺言で定められた分割の方法が相続人の意思決定に与える影響力の大きさなどを考慮すると，これをもって右特段の事情があるということはできない。

これと異なる見解に立って，Ｘらが本件遺言の存在を知っていたとしても，本件遺産分割協議の結果には影響を与えなかったと判断した原判決には，民法95条の解釈適用を誤った違法がある。

3 主位的請求について

本件遺言の内容は特定の遺産を特定の相続人に相続させる趣旨のものではなく，本件遺言が存在することによってＸらが本件土地につき主張に係る共有持分を取得するとはいえず，主張自体理由がない。

解　　説

1　遺言の存在を知らずになした遺産分割協議の効力
(1)　遺産分割協議における要素の錯誤の成否

　学説は，錯誤による無効主張の可能性は肯定しつつ，遺産分割協議の性質につき契約性を重視するのか，身分性を重視するのか，また，遺産分割の法的安定性をどう考えるかによって，その要件ないし成立範囲について争いがある。

　本判決以前には，遺産分割協議における要素の錯誤の成否について判断した判決は，東京高裁昭和59年9月19日判決（判時1131号85頁。遺産の時価評価を誤信して遺産分割調停を合意するにいたった事案で，要素の錯誤があるとしつつ，重大な過失があるとして遺産分割協議無効確認請求を棄却）などがあったが，最高裁の判断は見あたらなかった。

　本判決は，最高裁として初めて，要素の錯誤により遺産分割協議が無効となることを認めたものである。もっとも，本判決は，(2)で後述するように，遺言の存在を知らずにした遺産分割協議につき一般的に錯誤無効の成立を認めたものとは考えられない。

　本判決後の裁判例では，例えば，東京地裁平成11年1月22日判決（判時1685号51頁）は，公正証書遺言で遺産の一部につき分割方法が指定されていた事案で，相手方の不正確な説明を誤信したことを動機として成立させた遺産分割協議について，その意思表示に要素の錯誤があり無効とした。

　その後の裁判例としては，遺産分割協議の意思表示に要素の錯誤があり無効としたものとして次のものがあり，参考になると思われる。

- 東京地裁平成17年5月19日判決（平15(ワ)6301号・同19246号）
  - ※　遺産分割協議後に遺言書が発見された事案（後記(2)参照）
- 東京地裁平成21年2月12日判決（平18(ワ)21044号）
  - ※　覚書にて被相続人死亡後に原告（相続人の1人）が被相続人の相続を放棄し，被告（相続人の1人）が原告に対して毎月一定額を支払う等合意されていた事案。遺産である不動産を被告が単独取得する旨の遺産分割協議は，原告の意思表示が同覚書に基づき給付金が得ら

れるであろうとの錯誤に基づくものであり，要素の錯誤にあたり，無効になるとした。
・ 東京地裁平成21年7月9日判決（平20(ワ)470号）
　※ 法定相続分及び遺産の範囲について法律の規定と異なる説明を聞き，有利な遺産分割案と信じて意思表示した事案
・ 東京地裁平成22年9月14日判決（平21(ワ)20205号・平22(ワ)21650号）
　※ 一部の相続人が遺産の総額について十分な情報を与えられないまま過小に評価していた事案
・ 東京地裁平成27年5月19日判決（平26(ワ)24450号）
　※ 被相続人に多額の負債があることを認識していなかった事案。遺産分割における意思表示は要素の錯誤により無効であり，したがって，この遺産分割は民法921条にいう法定単純承認事由にあたらないとした。

(2) 本判決の考え方

　前述したとおり，本判決は，遺産分割協議の意思表示に要素の錯誤がないとはいえないとし，遺産分割協議における要素の錯誤が成立することを認めた。

　しかし，本判決は，事例判決であり，遺言の存在を知らずにした遺産分割協議につき一般的に錯誤無効の成立を認めたものとは考えられない。

　すなわち，本判決は，

① 相続人が遺産分割協議の意思決定をする場合，遺言で分割の方法が定められているときは，相続人もその趣旨を尊重しようとするのが通常であるから，相続人の意思決定に与える影響力は格段に大きいということができる，

② 本件遺言は，本件土地についての分割の方法をかなり明瞭に定めているということができるから，相続人らとしては，本件遺言の存在を知っていれば，特段の事情のない限り，本件遺産分割協議の意思表示をしなかった蓋然性が極めて高いというべきである，

として，本件土地に関する本件遺言の内容と本件遺産分割協議の内容が著しく異なる本件で，原審が掲げる事情があったとしても，上記②の特段の事情

があるということができず，錯誤の成立を否定した原審の判断に違法があるとしたのである。

そこで，遺言の存在を知らずに遺産分割協議を成立させたとしても，その遺言で定められた遺産分割の方法が抽象的な指針にすぎない場合，遺言の内容と遺産分割協議の内容の違いの程度が小さい場合などには要素の錯誤が認められない可能性がある。

また，特定の遺産を特定の相続人に「相続させる」趣旨である遺言は，特段の事情のない限り，何らの行為を要せずして，当該遺産は，被相続人の死亡の時に直ちに当該相続人に承継されることから（最判平3・4・19民集45巻4号477頁），この「相続させる」遺言の存在を知らなかったという場合は，本件とは別の問題が生じる。

(1)の前掲東京地裁平成17年5月19日判決は，遺言書（その内容が遺産分割に比して妻に相当に手厚い内容となっている）が遺産分割協議後に発見された事案で，妻の遺産分割の意思表示に要素の錯誤があり，遺産分割は無効であり，妻は，同遺言書の内容のとおり本件土地を相続により承継したとした。

また，東京地裁平成26年8月25日判決（平23(ワ)15618号）は，「相続させる」趣旨の遺言に従って，被相続人死亡時に直ちに遺産が相続人に相続されることから，これと異なる遺産分割の方法を定めた遺産分割協議は，相続人らの錯誤の有無等を検討するまでもなく無効としている。

2 遺産分割方法の指定を定める遺言の効果について

(1) 「相続させる」遺言の効果

民法上，被相続人が遺言で財産処分をする方法として，遺贈の他に相続分の指定（民902条），遺産分割方法の指定（民908条）があるところ，最高裁平成3年4月19日判決（民集45巻4号477頁）は，特定の遺産を特定の相続人に「相続させる」趣旨の遺言は，特段の事情のない限り民法908条の遺産の分割の方法を定めたものであり，当該遺言において相続による承継を当該相続人の受諾の意思表示にかからせたなどの特段の事情のない限り，何らの行為を要せずして，被相続人の死亡の時（遺言の効力の生じた時）に直ちに当該遺産が当該相続人に相続により承継されるとしている。すなわち，最高裁は，特定の遺産を特定の相続人に「相続させる」遺言には，処分行為としての性質も

含まれており，遺産分割を経ることなく，直ちに当該相続人に所有権が帰属するとした。

(2) 本件遺言の効果

本件では，Xらは，主位的請求として，本件遺言が上記最高裁判決にいう「相続させる」遺言であるとし，同遺言に基づきXらが本件土地につき共有持分を取得したとして更正登記手続を求めていた。

しかし，本件遺言は，遺言書の趣旨に沿って分筆登記するに足りる程度の図面も添付されていなかったようである。本判決は，本件遺言の内容は特定の遺産を特定の相続人に相続させる趣旨のものではなく，本件遺言が存在することによってXらが本件土地につき主張に係る共有持分を取得するとはいえず，主張自体理由がないとした。本判決は，本件遺言につき，上記最高裁判決にいう「特定の」遺産に関する遺言とはいえず，遺産分割を経ずに直ちに当該遺産を当該相続人に承継させるまでの効力は有しない趣旨と捉えていると考えられる。

もっとも，本判決は，本件遺言につき，本件土地につき分割の方法をかなり明瞭に定めていたことから，もし相続人らが遺産分割協議前にこの内容を知っていたとすれば，相続人らは同じ内容の遺産分割をしなかった蓋然性が極めて高いと認めたのであり，この限りでの効果をもつものと考えられる。

【大八木葉子】

〔参考文献〕
- 原島克己「平成6年度主要民事判例解説」判タ882号162頁
- 渡辺弘・ジュリ増刊『判例から学ぶ民事事実認定』112頁
- 神谷遊・判タ855号49頁
- 佐藤義彦・私法判例リマークス10号94頁

18 遺言内容と異なる遺産分割協議の効力

東京高判平成11年2月17日（平成10年（ネ）第3864号）
金融・商事判例1068号42頁

☞ **概　　要**

■ **問題点**

遺言内容と異なる遺産分割協議の効力

判決の内容

■ **事案の概要**

被相続人Aは，生前，相続財産につき，相続人らであるYら（Aの妻，長女，長男，次男）及び第三者Bに，それぞれ相続させる趣旨の自筆遺言を作成し，同遺言のなかで，Xを遺言執行者に指定した。A死亡後，受贈者であるBはXに対し，遺贈を放棄する意思表示をした。その後，Yらは，Xの承諾のないまま，相続財産に復帰した受贈財産を含むすべての相続財産について，本件遺言内容と異なる遺産分割協議を成立させたため，Xは，同遺産分割協議は無効であるとして，その確認を求めた。

原審判決（東京地判平10・7・31金判1059号47頁）は，確認の利益がないから，不適法であるとして，これを却下した。

■ **判決要旨**

1　「遺言執行者は，相続財産の管理その他遺言の執行に必要な一切の行為をする権利義務を有し（民1012条1項），相続人は，相続財産の処分その他遺言の執行を妨げるべき行為をすることができないのであるが（民1013条），遺言執行者の相続財産に関する右のような管理処分権は，遺言の内容を実現

するために必要な限りで付与されているものであるから，遺言執行者は，遺産分割協議が遺言執行者の遺言の執行を妨げる内容を有する場合に，その限度で遺産分割協議の効力を否定することができ，この場合には，遺言執行者が右のような遺産分割協議の無効確認を求めることの利益を否定することはできないが，遺産分割協議が遺言執行者の遺言の執行を妨げるものでない場合には，特段の事由がない限り，遺産分割協議の内容に立ち入る権利も義務も遺言執行者にはないものというべきである。」とした原審の判断理由を引用した上で，Bが遺贈を放棄したことにより遺産に復帰した受贈財産は，遺言執行の対象から除外され，改めてYらの遺産分割協議によりその帰属者が決められるべきであり，その余の遺産は，本件遺言の効力の発生と同時に，本件遺言のとおり，Yらの各自に相続により確定的に帰属したものと解されるから，いずれも遺言執行の余地がなく，Xが遺言執行者として関与する余地はないものといわざるを得ない。

2 付言すれば，Aの遺産のうちYらの一部の者にそれぞれ当該遺産の一定数量又は一定割合を相続させるとしている本件遺言において，遺言執行者に具体的な分割権限を付与したものとは認められないから，Yら間の遺産分割協議，調停又は審判により具体的な帰属を決定することになる。そして，本件遺産分割協議は，遺産に復帰した受贈財産についての遺産分割協議とともに，その余の遺産について，Yら各自が本件遺言によりいったん取得した各自の取得分を相互に交換的に譲渡する旨の合意をしたものと解するのが相当であり，そのような合意は，遺言執行者の権利義務を定め，相続人により遺言執行を妨げる行為を禁じた民法の各規定に何ら抵触するものではなく，有効な合意と認めることができる。

3 本件においては，Xがすべき遺言の執行行為はなく，Yらが相続財産をどのように処分しようとも，これによってXの遺言の執行を妨げることがないため，Xには本件遺産分割協議の無効を確認する利益がない。

解　説

1　問題の所在

遺言執行者がいない場合は，共同相続人・受遺者全員の合意により，遺言の内容と異なる遺産分割協議を行うことは一般的に許容されている。

ところが，遺言執行者が指定され（民1006条）又は選任されたとき（同1010条）は，遺言執行者が相続財産の管理その他遺言の執行に必要な一切の行為をする権利義務を有し（同1012条1項），その反面，相続人は相続財産の処分その他遺言の執行を妨げる行為をすることができないとされている（同1013条）ため，遺言執行者がある場合において，相続人が遺言内容と異なる遺産分割協議を行った場合の有効性が問題となる。

2 判例・学説の動向
(1) 判　例

民法1013条に反する相続人の処分行為は，絶対に無効であり，何人に対しても主張できるとするのが大審院時代に打ち出された判例理論であり（大判昭5・6・16民集9巻550頁），最高裁判所も上記判例を引用して，「民法1012条1項が『遺言執行者は，相続財産の管理その他遺言の執行に必要な一切の行為をする権利義務を有する。』と規定し，また，同法1013条が『遺言執行者がある場合には，相続人は，相続財産の処分その他遺言の執行を妨げるべき行為をすることができない。』と規定しているのは，遺言者の意思を尊重すべきものとし，遺言執行者をして遺言の公正な実現を図らせる目的に出たものであり，右のような法の趣旨からすると，相続人が，同法1013条の規定に違反して，遺贈の目的不動産を第三者に譲渡し又はこれに第三者のために抵当権を設定してその登記をしたとしても，相続人の右処分行為は無効であり，受遺者は，遺贈による目的不動産の所有権取得を登記なくして右処分行為の相手方たる第三者に対抗することができる」と解している（最判昭62・4・23民集41巻3号474頁）。民法1013条に反する処分行為は無効であり，登記を経た第三者に対してもこの無効を主張し得るとするのが確立した判例である。

(2) 学　説

学説は，基本的に判例の立場を支持しているが，主として第三者保護の観点から，無効の範囲に限定を加える考え方が有力に提唱されている。

　　(a) 絶対的無効説

相続人の処分行為は，処分権を有しない者のした処分行為として無効であるとする説で，かつての通説である（我妻榮＝唄孝一『相続法（判例コンメンタール(8)）』298頁）。

(b) 相対的無効説

相続人の処分禁止は，遺言執行者によって利益を受けるものを保護するために他ならないから，遺言執行者及び遺言の執行によってその利益が擁護される受遺者に対抗することができないだけで，その他の者に対する関係では有効とすべきであるとする（近藤英吉『判例遺言法』247頁）。この説に対しては，遺言執行者や受遺者によって無効が主張されれば，第三者の権利が否定されることに変わりないから，強いて相対的無効と構成しても，取引の安全にとってそれほど効果があるとは考えられないと批判されており，最近では支持者が見当たらない。

(c) 不確定的無効説

民法1013条は，遺言の執行を妨げるべき相続人の行為を禁止し，その一例として相続財産の処分を禁止するにすぎないから，その処分行為と遺言の執行とが抵触することなくして遺言の執行が終了した場合には，処分行為の効力を否定する必要はないし，遺言執行者の同意若しくは追認があるときには，相続人の処分行為は有効とされてよく，また，遺言執行者が辞任，解任等によって任務を終了した場合には，相続人の管理処分権が回復し，その処分行為が有効となるとする（中川善之助＝加藤永一編『新版注釈民法(28)』353頁〔泉久雄〕，もっとも，特定物遺贈については，物権的効力があり，目的物の引渡ないし登記の移転が遺言執行者の任務とされるにすぎないことを理由に同意・追認の例外としている）。この説に対しては，相続人の処分行為の効力を遺言執行者の意思に依存させる根拠が明らかでなく，遺言者が特に遺言執行者の意思に委ねる意図を有していた場合を除き，処分行為の効力はむしろ遺言執行行為と抵触するか否かによって判定されるべきである，第三者の保護範囲を遺言執行者の意思や辞任，死亡等の偶発的事由に委ねる点で，予測可能性がなく，かえって取引の安全を害するおそれがあるなどの批判があるが，近時の有力説となっており，この説に依拠すると見られる裁判例（後述の名古屋高判昭52・6・13，東京地判昭63・5・31）も見られる。

3 不確定無効説に依拠する裁判例
(1) 遺言執行者が死亡した事例
　名古屋高裁昭和52年6月13日判決（判タ359号256頁）は，被相続人Aの遺言があるにもかかわらず，法定相続人のうちの1人であるBの債権者が，債権者代位による相続登記を行った事案において，代位による相続登記がなされた当時遺言執行者が存在したため，相続登記は無効であるが，その後遺言執行者が死亡し，Aの相続人の相続財産に対する管理処分権は相続人に復活することになったので，その時点において相続登記は有効になるとした。

(2) 遺言執行者の同意がある事例
　東京地裁昭和63年5月31日判決（判タ683号181頁）は，遺言執行者の承諾のもと，相続人らと受遺者との間で遺言内容と異なる合意が成立し，それに基づく財産処分がなされた事案で，民法1013条によれば，相続人が遺言執行者によって管理されるべき相続財産を処分した場合には，その処分行為は無効と解されるが，上記規定は遺言者の意思を尊重すべきものとし，相続人の処分行為による相続財産の減少を防止して，遺言執行者をして遺言の公正な実現を図らせる目的に出たものであるから，本件のように，相続人間の合意の内容が遺言の趣旨を基本的に没却するものでなく，かつ，遺言執行者が予めこれに同意したうえ，相続人の処分行為に利害関係を有する相続財産の受遺者との間で合意し，上記合意に基づく履行として，相続人の処分行為がなされた場合には，もはや上記規定の目的に反するものとはいえず，その効力を否定する必要はないとした。

4 本判決の位置づけ
　本判決は，遺言内容と異なる遺産分割協議の有効性については直接判断せず，相続人及び受遺者が遺言の内容を知りながら行った遺言内容と異なる遺産分割協議を，遺言によって取得した取得分を相互に交換的に譲渡する合意であると再構成し，その合意の有効性を認めたものであり，前記昭和62年の最高裁判例との抵触を避けつつも，結論において，極めて合理的で妥当な判断をしたものと評価できる。
　なお，参考判例として，遺言執行者の同意を得ることなく相続人らが相続させる趣旨の遺言と異なる内容の遺産分割協議を行った事案において，遺産

分割協議は無効であるが，当該遺産分割協議は受遺者が遺言によって取得した取得分を相続人間で贈与ないし交換的に譲渡する旨の合意と解されるとし，その合意自体は有効な合意と認めることができるとした東京地裁平成13年6月28日判決（判タ1086号279頁），特定の遺産の遺贈を受けた相続人が，遺言の内容を知りながら他の共同相続人との間においてこれと異なる遺産分割の協議をした場合には，遺産の全部又は一部を放棄したものと認め，これによって遺産分割協議が有効になるとした東京地裁平成6年11月10日判決（金法1439号99頁）がある。

【吉川　佳子】

〔参考文献〕
- 阿部徹「遺言執行者の指定と相続人の処分行為」判タ688号429頁
- 武田聿弘「平成元年度主要民事判例解説」判タ735号214頁

第2　遺産分割の対象財産性

19　再転相続における共同相続人の地位と遺産共有の性質

最決平成17年10月11日（平成17年（許）第14号）
最高裁判所民事判例集59巻8号2243頁，判例時報1914号80頁，判例タイムズ1197号100頁

☞ **概　　要**

■ 問題点

1　再転相続において第二次被相続人が取得した権利の性質
2　再転相続と特別受益

決定の内容

■ 事案の概要

　被相続人Aの死亡後，熟慮期間が経過し，かつAの相続に係る遺産分割が未了の間に，Aの妻であるBが死亡したことから，AB間の子であるXは，同じくAB間の子であるY₁及びY₂を相手方として，A及びBの各遺産の分割審判を申し立て，これが併合された。Aの相続人は，B並びにX，Y₁，Y₂の4名であり，Bの相続人は，X，Y₁，Y₂の3名である。
　Aの相続については，遺産分割の対象となる未分割のAの固有財産として土地建物及び現金があった。Bの相続については，Bの固有財産である不動産をXに相続させる趣旨の遺言がされており，Bには他に遺産分割の対象となる未分割の固有の財産はなかった。Aの相続に関してX及びY₂に，Bの

相続に関してY₂に，それぞれ特別受益がある旨の主張がされていた。かかる状況において，X，Y₁，Y₂の権利関係，とりわけBからの特別受益を考慮してBの遺産分割をすべきかが争われた。

■ **決定要旨**

1 原々審（和歌山家審平16・8・30）は，Aに係る遺産分割については，X及びY₂がAから受けた特別受益を考慮してAの遺産を分割すべきであり，Bに係る遺産分割については，Bが取得したAの遺産に対する相続分はBの遺産であり，Y₂がBから受けた特別受益を考慮して同遺産を分割すべきものとした。

原審（大阪高決平17・2・28）は，Bに係る遺産分割については，Aの遺産に対するBの相続分は，Aの遺産を取得することができるという抽象的な法的地位であって遺産分割の対象となる具体的な財産権ではないので，審判によって分割すべきBの遺産は存在しないからBに係る遺産分割申立ては不適法であり，かつ，Aの遺産に対するBの相続分は，遺産分割によらないで当然に民法900条所定の割合によりBの相続人に承継され，この承継には民法903条の適用がないから，Bからの特別受益を考慮する場面はなく，Aの遺産について，X及びY₂の特別受益を考慮して分割すべきものとした。

2 これに対して，本決定は，次のとおり判断して，原決定を破棄し，本件を原審に差し戻した。

遺産は，相続人が数人ある場合において，それが当然に分割されるものでないときは，相続開始から遺産分割までの間，共同相続人の共有に属し，この共有の性質は，基本的には民法249条以下に規定する共有と性質を異にするものではない。そうすると，共同相続人が取得する遺産の共有持分権は，実体上の権利であって遺産分割の対象となるというべきである。

本件におけるA及びBの各相続の経緯は，Aが死亡してその相続が開始し，次いで，Aの遺産の分割が未了の間にAの相続人でもあるBが死亡してその相続が開始したというものである。そうすると，Bは，Aの相続の開始と同時に，Aの遺産について相続分に応じた共有持分権を取得しており，これはBの遺産を構成するものであるから，これをBの共同相続人であるX及

びYらに分属させるには，遺産分割手続を経る必要があり，共同相続人の中にBから特別受益にあたる贈与を受けた者があるときは，その持戻しをして各共同相続人の具体的相続分を算定しなければならない。

解　説

1　再転相続において第二次被相続人が取得した権利の性質

　本件は，広義の再転相続の一例である。第二次被相続人Bは固有の遺産をすべて相続させる遺言により処分したため，その固有の遺産については遺産分割をする必要がないが，BにはAの相続において取得する相続分もあり，Bの相続に関して特別受益を主張する相続人がいたことから，第一次被相続人Aの相続において第二次被相続人Bが取得する権利の性質が問題となった。

(1)　再転相続とは

　再転相続とは講学上の概念であるところ，第一の相続についての遺産分割を未だ了さない間に，その相続人が死亡し第二の相続が開始した場合をいう。

　相続人BがAの相続につき承認又は放棄しないうち（民法915条1項の熟慮期間内）に死亡した場合を「狭義の再転相続」といい，相続人BがAの相続を承認した後（熟慮期間経過後）に死亡した場合を「広義の再転相続」という（松田享「再転相続と遺産分割手続」梶村太市＝雨宮則夫編『現代裁判法大系(11)遺産分割』223頁以下参照）。

(2)　判例・学説の状況

　第一次被相続人から第二次被相続人が取得又は承継するものが何であるか，すなわち，再転相続の実質について，本決定以前に明確に論じたものはないが，遺産分割に関する下級審裁判例をみると，次の2つの考え方に分けることができる。

(a)　遺産説

　再転相続の実質を，第二次被相続人が第一次被相続人の未分割遺産についてその相続分に従って取得したもの（第二次被相続人取得分）をさらに再転相

続人が相続するものと解し，この第二次被相続人取得分は，第二次被相続人の遺産を構成し，第二次被相続人にその余の固有遺産がなければこれのみが，その余の固有遺産があればそれを併せたものが，分割対象財産となるとする見解である。同見解によると，再転相続人が第二次被相続人取得分について個別に承継をするためには，第一次被相続人に係る遺産分割手続とは別に第二次被相続人に係る遺産分割手続を要することになる。ただし，遺産分割の方法については後記 **3** にて触れる。

遺産分割の実務を概観すると，遺産説に立つ裁判例が大勢である（広島高岡山支決昭53・7・6家月31巻4号76頁，東京家審昭61・3・24家月38巻11号110頁，東京家審平9・2・28家月49巻11号144頁等）。本件の原々審審判は，この見解に立つものと解されている。

(b) 非遺産説

再転相続の実質を，割合としての相続分を承継するもの又は第一次被相続人の遺産を相続分の価格に従って分配を受け得る第二次被相続人の地位を承継するものと解し，第一次被相続人の未分割遺産についての第二次被相続人の相続分は，遺産分割手続における分配の前提となる遺産の総額に対する計算上の割合を意味するものであって，それ自体は第二次被相続人の遺産を構成する具体的財産権ではなく，遺産分割手続の対象とはならないとする見解である。同説によると，第二次被相続人の相続分は，遺言があればそれにより，遺言がなければ法定相続分に従って再転相続人に相続されることになる（橋詰均「共同相続人の死亡と相続分の承継」判タ1179号44頁）。本件の原審はこの見解に立つ。

(3) **本 決 定**

本決定は，まず遺産共有の法的性質に触れた上で，遺産説を採用することを明らかにした。

遺産共有の法的性質については，従前の判例法理によれば，遺産は分割までの間，共同相続人の共有に属し，その共有は民法249条以下の共有と異ならないとされており（最判昭61・3・13民集40巻2号389頁等），本決定はそれに従い，分割前の遺産の共有持分は，実体法上の権利である物権法上の共有持分権そのものであり，遺産分割の対象となることを示した。

かかる前提の下で，再転相続の本質について遺産説を採用し，再転相続とは，第二次被相続人が第一次被相続人の分割前の遺産について相続分に従って取得した共有持分権をさらに再転相続人が相続することを意味するものであることを明らかにした。

2　再転相続と特別受益

本決定が採用した遺産説からすると，第一次被相続人の未分割遺産について第二次被相続人が取得するものは第一次被相続人の未分割遺産についての相続分に応じた共有持分権ということになり，実体法上の権利性が認められるものであるから，第二次被相続人の遺産を構成するものと解され，これを各再転相続人に分属させるには，遺産分割手続が必要となる。そして，再転相続人が第二次被相続人から特別受益を受けている場合には，分割時点で民法903条所定の相続分の修正が必要となる（青野洋士・最高裁判所判例解説民事篇平成17年度688頁）。本決定は，上記決定要旨2後段のとおり判示し，再転相続の事案における第二被相続人に係る遺産分割事件における第二次被相続人からの特別受益の取扱いを示したものであり，遺産分割実務上重要な決定である。

なお，本決定における事実関係からは離れるが，再転相続において，第二次被相続人が第一次被相続人から特別受益を受けていた場合，これを持ち戻す必要があるかについて，触れておく。この点については，再転相続人は，第二次被相続人の有していた財産を相続するのであるから，第一次被相続人に対する相続分についても，現に第二次被相続人が有していた相続分を承継するものであって，第二次被相続人が特別受益を受けているのであれば，それを考慮すべきことは当然であるとする見解がある（大阪高決平15・3・11家月55巻8号66頁，松原正明『判例先例相続法(2)〔全訂版〕』21～22頁）。

3　遺産分割の方法

上記のとおり本決定は，遺産説を採用することを明らかにしたが，差戻審において，遺産分割の方法として，①Bの遺産分割に先行してAの遺産分割を行い，その結果，Bの遺産に属するとされたAの具体的な遺産を対象として，さらにBの遺産分割をすべきか，それとも，②AとBの遺産分割をそれぞれの相続における具体的相続分を合計した割合により一括して処理するこ

とができるか，という問題は残る。本決定はこれに関して特段言及しておらず，この点は下級審の運用に委ねる趣旨であると解される。

この点について，②の手法をとった東京家裁昭和61年3月24日審判（家月38巻11号110頁）は，本件と同様の構成の家族において父A及びその共同相続人である母B（固有財産有り）がその順で死亡し，各相続における相続人の範囲が同一であった遺産分割事件において，Aの遺産分割における具体的相続分の算定の過程で，相続開始時におけるBの相続分を算出した後，「被相続人Bが生存していたならば取得したであろう相続分は，後に，同人の遺産として改めて分割する扱いをすることとなる」と述べて，Aの遺産に対する遺産分割時におけるBの相続分を算出し，続いて，Aの遺産に対する相続開始時におけるBの相続分の価額をB固有の遺産の価額に加え，これにBに関する特別受益の持戻しを行ってBの見なし相続財産を算出している。最終的には，Aの遺産分割における具体的相続分とBの遺産分割における具体的相続分を合計した割合により，AB の遺産全体が分割された。①の手法をとった原審を否定しなかった例としては，最高裁平成15年3月17日決定（判時1866号20頁）がある。

第二次被相続人が亡くなっている以上，第一次被相続人の遺産のうち第二次被相続人に属すべき具体的な財産を定めることは実際的な意味は乏しく，本件のような広義の再転相続の場合には，第一次相続に関する遺産分割事件と第二次相続に関する遺産分割事件をそれぞれ立件して併合した上，②の処理方法により，遺産全体の分割を一括して行うことが合理的であろうと考えられる（櫛橋明香・法学協会雑誌126巻12号2498頁）。実務上も②を採用する裁判例が多い（青野・前掲688頁参照）。

4　遺産共有の持分割合としての「相続分」の意義

本決定のいう「相続分に応じた共有持分権」の「相続分」，すなわち，遺産共有の持分割合としての「相続分」の意義については，具体的相続分，法定相続分のいずれを指すのかについては，学説上，争いがある。

本決定の事実関係においては，いずれであっても，持戻しの必要があるという結論自体は左右されないが，青野・前掲691頁は，最高裁昭和38年2月22日判決（民集17巻1号235頁）等最高裁の各判決がいずれも遺産共有の状態に

ある未分割遺産に対する共有持分の割合を法定相続分として判断していること，寄与分や特別受益の有無及び額は通常，遺産分割にいたるまで不明であり，これらの考慮の結果としての具体的相続分は相続開始の時点で具体的に把握することは困難であるのに対し，法定相続分及びそれによる権利関係は明確であることから，相続人は，遺産分割未了の間，遺産をそれぞれの「法定相続分」に応じた持分で共有することになるとする見解が最高裁の見解であるとの考えを示している。

　しかし，これに対しては，判例によれば相続開始と同時に分割され原則として遺産分割の対象にならない可分の権利（金銭債権等）は終局的に法定相続分の割合によって分割され，具体的相続分の割合が明らかになった後にも共同相続人間で不当利得返還請求等によって調整されることはないということになりそうであるがそれは妥当かという疑問や遺産分割が具体的相続分に基づいて行われるところ，法定相続分に基づく実体的な権利をなぜ具体的相続分に基づいて分割することができるのかとの理論的難点が指摘されている（櫛橋・前掲2499頁，川純一・ジュリ臨増1313号92頁）。

【岡田　侑子】

20 遺産が預金債権のみの場合の遺産分割審判申立ての適否

福岡高決平成8年8月20日（平成8年(ラ)第97号）
判例タイムズ939号226頁

☞ 概　　要

■ 問題点

1　預貯金等の金銭債権の帰属について
2　家庭裁判所における遺産分割手続と金銭債権の扱いについて
3　実務上の留意点について

決定の内容

■ 事案の概要

1　被相続人Aの相続人は，X及びYらであり，Aの遺産は預金債権のみであった。預金債権の一部は遺産分割協議で分割されたが，残余の預金債権について，Xが遺産分割審判を申し立てた。しかし，原審（大分家杵築支審平8・4・26（平6(家)14号））が同申立てを不適法却下したため，Xが即時抗告をした。

2　原審では，審判が一時調停に付されたが，難航し，Yらからも預金債権の分割について審判による解決を望む旨の意見書が提出されていた。

■ 決定要旨

1　金銭その他の可分債権は，相続開始とともに法律上当然に分割され，各相続人に帰属する。

2　しかし，①金銭債権も分割の対象とされることが一般的であり，②特

に本件のように金銭債権の一部だけが未分割のまま残存している場合には，相続人間で，その具体的な帰属を定める必要性が強く認められ，家庭裁判所における遺産分割手続が最も適切な法的手続と考えられるところ，③いずれの当事者も審判で定めることに同意をしていることなどからすれば，金銭債権を遺産分割の対象とすることは，遺産分割の基準を定めた民法906条の規定の趣旨及び家事審判制度を設けた趣旨にも合致するものということができ，遺産分割審判の申立ては適法であると解される。

解　　説

1　預貯金等の金銭債権の帰属について

(1)　金銭債権と当然分割

　金銭債権その他の可分債権は，相続開始とともに法律上当然に分割され，各相続人がその相続分に応じて権利を承継する（最判昭29・4・8民集8巻4号819頁等）と解されている。

　これは，遺産が共同相続人の「共有」に属し（民898条），この「共有」とは民法上の「共有」（民249条以下）と異なるところがなく（最判昭30・5・31民集9巻6号793頁），債権の場合，分割債権となるのが原則であること（民427条は民264条の特則である），などを前提にしている。

　これに対し，金銭債権であっても，遺産分割がなされるまでは，分割されない，という見解もある（合有説，準共有説，不可分債権説）。しかし，相続開始とともに当然分割されると解するのが最高裁の一貫した立場であり，確立された実務である。

(2)　判　　例

　そこで，各相続人は金融機関に対し，相続分に応じた払戻請求権を有する（東京地判平8・2・23金法1445号60頁，東京地判平18・7・14金法1787号54頁，大阪高判平26・3・20金法2026号83頁等）。自己の法定相続分を超えた債権を行使するには，債権譲渡の対抗要件を備える必要がある（最判昭48・11・22金法708号31頁）。他の相続人が相続分を超えて債権を行使したときは，侵害された自己の相続分につき，不法行為に基づく損害賠償又は不当利得返還を求めること

ができる（最判平16・4・20裁判集民214号13頁）。なお，各相続人は，相続人全員に帰属する預金契約上の地位に基づき，被相続人名義の預金口座の取引経過の開示を求める権利を単独行使することができる（最判平21・1・22民集63巻1号228頁）。

(3) 金融機関の対応

もっとも，金融機関としては，遺言，遺産分割協議，相続分譲渡等により法定相続分と異なる相続分が定められ，又は金銭債権が遺産分割の対象になる可能性もあることなどから，二重払いや相続人間の紛争に巻き込まれることを避けるために，原則として，相続人全員の連名での相続届や印鑑証明書等を徴求し，相続分等を確認している。金融機関が分割払戻しの相談に応じる場合がある反面，分割払戻しに応じず，提訴を要する場合もある。

(4) 当然分割されない財産権

また，預貯金ないしこれに類似する財産権の中には，当然分割されず，遺産分割を要すると解されているものがある。例えば，以下のとおりである。

(a) 定額郵便貯金（平成19年10月1日に現に存するもの）

同貯金には，大量の事務の迅速・画一的処理の必要上，事務の定型化，簡素化を図る趣旨で，法令（旧郵便貯金法7条1項3号・2項）上，満期までは分割払戻しをしないとの条件が付され，預入金額も一定額に限定されており，同法は同債権の分割を許容するものでなく，同貯金は相続開始によって当然分割されることはない（最判平22・10・8民集64巻7号1719頁）。

(b) 委託者指図型投資信託の受益権（MRF，MMF等）及び個人向け国債

委託者指図型投資信託の受益権は，法令（投資信託および投資法人に関する法律）上，口数を単位とし，委託者に対する監督的機能を有する権利（帳簿閲覧請求権等）が規定されており，個人向け国債も，法令（個人向け国債の発行等に関する省令）上，1単位未満での権利行使が予定されておらず，これらの権利の内容及び性質に照らせば，いずれも，相続開始と同時に当然分割されることはない（最判平26・2・25民集68巻2号173頁）。

(c) 投資信託受益権の販売会社の預り金口座

委託者指図型投資信託の受益権は当然分割されず，元本償還金又は収益分配金の交付を受ける権利はこの受益権の内容を構成するものであるから，相

続開始後に，元本償還金等が発生し販売会社における被相続人名義の預り金口座に入金された場合は，同預り金返還請求権は当然には分割されない（最判平26・12・12判時2251号35頁）。

　(d)　現金及びその保管口座

　現金は当然分割されず，他の相続人が同現金を預金口座に入金・保管していても，遺産分割までは同相続人に対し相続分に相当する金銭の支払を求めることはできない（最判平4・4・10裁判集民164号285頁等）。

　(e)　遺産共有持分権者に支払われる賠償金

　遺産である共有持分と他の共有持分とが併存する共有物について，共有物分割の判決により遺産共有持分権者に支払われる賠償金は，遺産分割によりその帰属が確定されるべきである（最判平25・11・29民集67巻8号1736頁）。

(5)　遺産の処分代金

　逆に，遺産分割の対象財産（例えば不動産）であっても，相続人全員の合意により売却した場合は遺産分割の対象から逸出し，代金債権を遺産分割の対象に含める合意をするなどの特別の事情のない限り，各相続人は各持分に応じた代金債権を分割取得する（最判昭52・9・19家月30巻2号110頁，同昭54・2・22家月32巻1号149頁）。

2　家庭裁判所における遺産分割手続と金銭債権の扱いについて

(1)　当然分割の原則

　このように，金銭債権は相続開始とともに当然分割されると解されているので，原則として家庭裁判所における遺産分割手続の対象とならないことになる。本事案の原審もこのような判断をしたようである。

(2)　学　　説

　しかし，当然分割を前提にしながらも，金銭債権も遺産の一部であり，これを含めて分割することが一般的であり当事者の衡平にも資することなどから，金銭債権を遺産分割の対象とすることが可能と解するのが大勢であり，以下の諸説がある。

　①　常に遺産分割手続の対象になると解する説
　②　必要性がある場合に対象になると解する説
　③　対象とする旨の相続人全員の明示又は黙示の合意がある場合，対象に

なると解する説

このうち、①説は、民法906条（一切の事情を考慮して遺産分割を行う旨の規定）や民法912条（遺産分割された債権の担保責任の規定）などを根拠にする。また、寄与分が、家庭裁判所の審判事項であり、相続財産の額その他一切の事情を考慮して定めるものとされ、遺産分割審判申立てが寄与分審判の前提とされている（民904条の2第2項・4項）ことなどからも、金銭債権を分割対象とする必要性が高いなどとする。

しかし、①説については、当然分割の立場と調和しにくく、また、債権の全部又は一部が払い戻された場合、法律関係が複雑になる（当該分割債権は遺産か、残余債権をどのように分割するか、不当利得返還請求権の扱い等）、などの問題点が指摘されている。また、②説についても、基準が不明確であり、さらに、相続人に一旦帰属したはずの債権を同人の意に反して他の相続人に帰属させることが適当であるか、といった問題点が指摘されている。

(3) 家庭裁判所における扱い

そこで、実務は、相続人全員の明示又は黙示の合意がある場合に、金銭債権を遺産分割の対象にするという③説の立場といえる。東京家庭裁判所でも、調停の早い段階で、遺産分割手続の対象となるべき遺産の範囲について当事者全員に確認し、異論がなければ金銭債権も分割対象とし、審判においても合意の範囲で分割対象としているようである。本決定例も、遺産分割協議の残余部分について分割の必要性を強く認めながらも、当事者の合意があることを理由に挙げており、②説に立ちつつ③説を加味しているものと思われる。

3 実務上の留意点について

(1) 金銭債権を分割対象とする旨の「合意」の有無

本事案では、当事者双方が審判での解決を求めており、合意が認められている。他方、申立人が、預金の一部が自己に帰属すると主張していた事案において、「合意の有無が明らかでない」との理由で、預貯金全部を分割対象とした原審判が抗告審で取り消されたものがある（東京高決平14・2・15家月54巻8号36頁。申立人が預貯金の遺産性を争っていたのであるから、分割対象とする旨の合意は認め難いであろう）。

(2) 金銭債権を分割対象とする旨の「合意」の性格

この合意によって，金銭債権が合有債権（又は不可分債権）に転化すると解する立場がある（東京地判平9・5・28判タ985号261頁等）。

この合意（又は合意の可能性）がある場合，金融機関は分割払戻しに応じる必要がないと解するのである。

しかし，不可分債権の性質（民428条。1人が単独で全部行使できる）等に照らすと，当事者がそこまで意図していたとは断定し難く，むしろ，この「合意」は，金銭債権の分割を遺産分割手続に委ねる旨の手続的合意にすぎないと解するのが適当であろう。

(3) 裁判例の動向等

相続人全員の黙示又は明示の「合意」がある場合に，金銭債権を分割対象とする③説は，金銭債権の当然分割の立場と，民法が相続人間の公平を図るために具体的相続分に応じた遺産分割を定めた趣旨との調和を図ったものといえる。もっとも，常に相続人間でこのような「合意」がなされるとは限らないので，もし被相続人が預貯金によって生前贈与等の調整を図りたいと考えるのであれば，現状では遺言をするか，信託等を活用すべきであろう。

なお，前述の1(4)の通り，金銭債権であっても遺産分割を要する旨の判決が相次いでいる。これによれば，法令上，分割が制限され又は1単位未満での権利行使が予定されていない権利や，監督的機能を有する権利（帳簿閲覧権等）が併せ規定されている権利などは，遺産分割を要すると解される可能性がある。また，前述の1(4)(c)投資信託受益権の償還金等が被相続人の普通預金口座に入金され又は現金で払い戻された場合や，権利の分割行使が（法令ではなく）金融機関と被相続人間の約定で制限されている場合などに，遺産分割を要するか等についても，判例の射程距離が議論されている。

さらに，遺産の大部分が可分債権である場合に相続人間の公平を図ることが困難であること，可分債権が調整手段として有用であること，債務者に過誤弁済のリスクがあること，などの指摘から，可分債権を遺産分割の対象に含める方策（可分債権をみなし相続財産の額に含め，各自の受領分を各自の具体的相続分から控除する案や，遺産分割前の可分債権の個別的行使を禁止する案など）が，法務省のワーキングチームや法制審議会民法（相続関係）部会などで検討され

た。

【市川　静代】

〔参考文献〕
- 清水節「遺産分割の対象財産性」岡垣学＝野田愛子編『講座・実務家事審判法(3)』105頁
- 雨宮則夫「平成9年度主要民事判例解説」判タ978号138頁
- 法務省相続法制検討ワーキングチーム報告書・法制審議会——民法（相続関係）部会第5回会議資料（法務省ホームページ）
- 浅田隆「相続預金に関する改正提案——法制審議会民法（相続関係）部会における銀行提案を中心に」金法2030号8頁

21 投資信託の遺産分割対象財産性

最判平成26年2月25日（平成23年(受)第2250号）
最高裁判所民事判例集68巻2号173頁，判例時報2222号53頁，判例タイムズ1401号153頁

概　　要

■ 問題点

1　共同相続された委託者指図型投資信託の投資信託受益権の遺産分割の対象財産性
2　共同相続された個人向け国債の遺産分割の対象財産性

判決の内容

■ 事案の概要

Xら（3名）とYは，いずれもA及びBの子である。

Aは昭和50年に，Bは平成17年にそれぞれ死亡した。A及びBの遺産には，預貯金のほか，委託者指図型投資信託の投資信託受益権，個人向け国債（以下「本件国債等」という）があった。

Yは，平成19年，裁判所にA及びBの遺産分割審判並びに自らの寄与分を定める処分の審判を申し立て，その結果，預貯金を除く本件国債等についてすべてXら及びYが各持分4分の1の割合で共有することを内容とする遺産の分割等の審判がされ，同審判は平成21年3月25日確定した。

そこで，Xらは，上記審判により共有となった本件国債等の分割を求め，共有物分割請求訴訟を提起した。

■ 判決要旨

1 本判決は,以下のとおり述べて原判決(福岡高判平23・8・26民集68巻2号186頁)を破棄し,審理を差し戻した。

① 投資信託受益権について　委託者指図型投資信託の投資信託受益権は,口数を単位とするものであって,その内容として,法令上,償還金請求権及び収益分配請求権という金銭支払請求権のほか,信託財産に関する帳簿書類の閲覧又は謄写の請求権等の委託者に対する監督的機能を有する権利が規定されており,可分給付を目的とする権利でないものが含まれている。このような上記信託受益権に含まれる権利の内容及び性質に照らせば,共同相続されたこの投資信託受益権は,相続開始と同時に当然に相続分に応じて分割されることはない。

また,外国投資信託に係る信託契約に基づく投資信託受益権は,外国において外国の法令に基づいて設定された信託で,信託受益権の内容は明らかではないものの,外国投資信託が投資信託及び投資法人に関する法律に基づき設定される投資信託に類するものであることからすれば,委託者指図型投資信託の投資信託受益権同様,相続開始と同時に当然に相続分に応じて分割されることはないものとする余地は十分にある。

② 個人向け国債について　本件の国債は,個人向け国債の発行等に関する省令2条に規定する個人向け国債であるところ,個人向け国債の額面金額の最低額は1万円とされ,その権利の帰属を定めることとなる社債,株式等の振替に関する法律の規定による振替口座簿の記載又は記録は,上記最低額の整数倍の金額によるものとされており,取引機関の買取りにより行われる個人向け国債の中途換金も,上記金額を基準として行われる。

そうすると,個人向け国債は,法令上,一定額をもって権利の単位が定められ,1単位未満での権利行使が予定されていないものであり,このような内容及び性質に照らせば,共同相続された個人向け国債は,相続開始と同時に当然に相続分に応じて分割されることはない。

2 なお,本判決の1審(熊本地判平22・10・26民集68巻2号179頁)は,当事

者双方が共有について争っていなかったため，共有を前提にした分割を内容（端数についてはYが取得することとした）とする判決が出されたが，原審は，本件国債等は相続開始によって当然に分割されるものであるから（審判において「共有取得する」としたのは，分割して帰属することを確認した趣旨にすぎないとした），共有物分割請求は訴えの利益を欠くとして訴えを却下した。

解　説

1　債権と遺産分割対象性

遺産分割の対象財産は，被相続人の死亡時点における同人の財産であり（民896条），相続人が数人ある場合には，相続財産は相続人の共有となるとされる（民898条）。

上記規定からすれば，債権についても遺産分割の対象財産となると思われるが，他方，債権は基本的に分割債権であるため（民427条），「共有」の考え方や民法427条の適用によっては，遺産分割の対象とはならずに当然に分割されることになるのではないかとも考えられる。

そのため，債権については，遺産分割の対象財産といえるかが問題となる。

2　預金債権等可分債権について

一般的な可分債権について遺産分割の対象となるかについては，以下のような考え方がある。

(1) 可分説

大審院及び最高裁の判例であり，学説上も有力な見解である。

この見解は，「相続人数人ある場合において，その相続財産中に金銭その他の可分債権あるときは，その債権は法律上当然分割され各共同相続人がその相続分に応じて権利を承継する」（最判昭29・4・8民集8巻4号819頁）などとし，遺産の共同所有関係を共有と捉え，債権の準共有関係とは多数当事者の債権関係であるところ，そこでは分割債権関係が原則（民427条）となっているとする。

可分説によれば，債権を遺産分割に取りこむことができなくなるという批

判があるが，これに対して，可分説においては当事者全員の合意があれば分割対象にできるのだからこの批判はあたらないと主張する。

(2) 不可分説

遺産の共同所有関係を共有と解しつつも，上記の可分説の問題を踏まえ，不可分と捉えたり，あるいは，遺産の共同所有関係を合有と解し債権については準共有状態にあるなどとして，債権については当然には分割されず，遺産分割により処理を決すべきとする見解である。

現在の判例の考え方は，可分説に立っている。

そして，調停や審判の実務においては，可分説の立場に立ちながら，当事者全員の合意がある場合には，債権も遺産分割の対象としている（片岡武＝菅野眞一編著『家庭裁判所における遺産分割・遺留分の実務〔新版〕』139頁）。

3 可分債権以外の債権の取扱い

上記のように預金債権などの可分債権については可分説が通説・判例であるが，権利の内容や性質から，可分債権とはいえない権利については，相続により当然に分割されるものではないと考えられている。

例えば，株式については，自益権のみならず，議決権等の共益権が含まれているという性質から，相続によって当然に分割されるものではないとされ（最判昭45・1・22民集24巻1号1頁），旧郵便局の定額郵便貯金についても，郵便貯金法により分割払戻しができないなどの制限が付されているという性質から相続によって当然に分割されるものではないとされている（最判平22・10・8民集64巻7号1719頁）。

4 委託者指図型投資信託受益権の扱い

投資信託とは「投資家から集めたお金をひとつの大きな資金としてまとめ，運用の専門家が株式や債券などに投資・運用する商品で，その運用成果が投資家それぞれの投資額に応じて分配される仕組みの金融商品」をいうとされている（一般社団法人投資信託協会HPより）。

そして，本件で問題となっている委託者指図型投資信託とは，「信託財産を委託者の指図……に基づいて主として有価証券，不動産その他の資産で投資を容易にすることが必要であるものとして政令で定めるもの……に対する投資として運用することを目的とする信託であつて，この法律に基づき設定

され，かつ，その受益権を分割して複数の者に取得させることを目的とするもの」（投信2条1項）とされている（なお，●**図表5**参照）。この場合の受益者には，受託者を監督するために，帳簿等閲覧請求権（投信15条2項）などが認められている。

このような性質から，投資信託受益権については，相続により当然に分割されるのかについて争いがあった。

本判決以前の考え方は以下のようなものであった。

(1) 可 分 説

受益証券返還請求権や収益分配請求権，償還金請求権といった財産給付を

●**図表5 投資信託（委託者指図型）の仕組み**

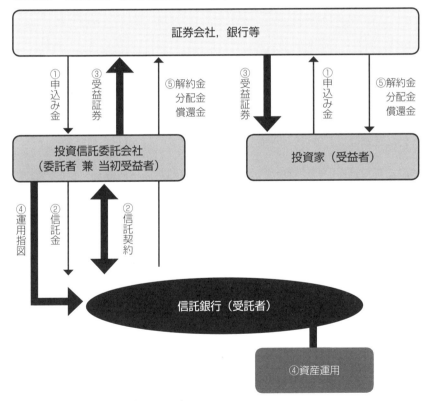

（一般社団法人投資信託協会HPより）

求める権利を分割することについて法令や約款等により障害がない場合には，可分であるとする見解である。この見解によれば，MRFやMMFといったものについては，1口あたりの金額が変動せず，また販売単位も1口単位であることから，可分であるとする。可分説をとった裁判例として，大阪地裁平成18年7月21日判決（金法1792号58頁，MMF及びMRFの事案である）などがある。

(2) 不可分説

投資信託は，投資信託受益権のみならず，帳簿閲覧請求権などの監督的機能をもつ権利も含まれていることを理由に，性質上可分なものとはいえないとして，相続に伴って当然に分割されるものではなく，遺産分割の対象となるとする説。かかる説に立つ審判例として，熊本地裁平成21年7月28日判決（金法1903号97頁，MRF等の事案である），福岡地裁平成23年6月10日判決（金法1934号120頁）などがある。

本判決は，上記の不可分説に立ち，遺産の中に投資信託の信託受益権が含まれる場合には，遺産分割により分割すべきということを明らかにした。

これは，委託者指図型投資信託においては，その内容として，法令上，償還金請求権及び収益分配請求権（投信6条3項）という金銭支払請求権のほか，信託財産に関する帳簿書類の閲覧又は謄写の請求権（同法15条2項）等の委託者に対する監督的機能を有する権利が規定されており，可分給付を目的とする権利でないものが含まれているため，3の株式同様，権利の内容及び性質から当然に分割される性質のものではないことを理由としている。

なお，上記の外国投資信託等，委託者指図型ではない信託契約にかかる信託受益権については，本判決は明確に述べているとは言い難いが，本判決の上記判旨からすれば，監督的機能を有するものであるかという点により判断することになるのではないかと考えられる。

5 個人向け国債について

国債とは，国が歳入の不足を補うために行う，購入者と国との間の金銭消費貸借契約類似の契約である。

個人向け国債についても，投資信託同様，可分債権として相続の開始により当然に分割され，遺産分割の対象とはならないのか，あるいは，不可分債

権として遺産分割の対象となるかについて争いがあった。

　従前の学説は，個人向け国債は一定額をもって権利の単位が定められていることなどを理由に，その性質上，不可分であるとする説が有力であった。

　本判決は，従前の学説と同様，単位未満の取引が予定されていないという性質を理由に相続の開始により当然に分割されるものではないことを明らかにした。

6　実務への影響

　上記のとおり投資信託受益権については，従前，遺産分割の対象財産となるかについての判断が分かれていたが，本判決が出たことにより，遺産分割の対象財産となることが確定したといえる。また，個人向け国債についても，最高裁が遺産分割の対象となることを明確にしたといえる。

　もっとも，上記のとおり委託者指図型投資信託以外の投資信託受益権等については確定したとはいえず，今後の判例の蓄積が待たれるところである。

　とはいえ，今後，遺産中に投資信託や国債がある場合には，遺産分割手続にて解決しなければならないと考えられるのであるから，本判決が実務に及ぼす影響は極めて大きいといえる。

【佐々木好一】

〔参考判例〕
- 最判昭29・4・8民集8巻4号819頁
- 最判昭45・1・22民集24巻1号1頁
- 最判平22・10・8民集64巻7号1719頁
- 大阪地判平18・7・21金法1792号58頁
- 福岡地判平23・6・10金法1934号120頁

〔参考文献〕
- 松原正明「可分債権と現金」判タ1100号332頁
- 田中亘「株式等の共同相続」別ジュリ225号134頁
- 谷口知平＝久貴忠彦編『新版注釈民法(27)相続(2)』
- 片岡武＝管野眞一編著『家庭裁判所における遺産分割・遺留分の実務〔新版〕』

第3　遺産からの収益

22　相続開始後に発生した賃料債権の帰属

最判平成17年9月8日（平成16年(受)第1222号）
最高裁判所民事判例集59巻7号1931頁，判例時報1913号62頁，判例タイムズ1195号100頁

☞ 概　　要

■ 問題点

1　相続開始後に遺産たる賃貸不動産から生じた賃料債権の遺産性
2　賃料債権の共同相続人への帰属について
3　後になされた遺産分割が賃料債権の帰属に与える影響の有無

判決の内容

■ 事案の概要

　被相続人Aは生前，複数の賃貸不動産を所有し賃料収入を得ていた。A死亡後，共同相続人らは，遺産分割完了時に賃料収入を分配することを前提として，賃料収入の管理のため，新たに銀行口座を開設した。その後，遺産分割審判手続において，各共同相続人がそれぞれ不動産を取得する内容の決定（以下「本件決定」という）が確定した。しかし，共同相続人間で，遺産分割完了時までの不動産の賃料収入の分配方法をめぐり争いが生じたため，各共同相続人が取得することに争いのない部分の分配を先行し，残余部分については，上記口座を解約してYが預かり（以下「本件預託金」という），分配の協議が調わない場合は訴訟により最終的な帰属先を確定することとした。なお，

本件決定により，この残余部分の賃料が生ずる不動産所有権はXが取得した。その後，相続人間の協議は調わず，Xは，Yに対し，本件預託金の全額の支払を求めて訴訟提起した。

■ **判決要旨**

1 本判決は，Xの請求を認容した1審（大阪地判平15・9・26民集59巻7号1940頁），原審（大阪高判平16・4・9民集59巻7号1946頁）を破棄して，次のとおり判断して差し戻した。

2 相続開始から遺産分割までの間に，遺産である賃貸不動産を使用管理した結果生ずる金銭債権たる賃料債権は，遺産とは別個の財産というべきであって，各共同相続人がその相続分に応じて分割単独債権として取得する。遺産分割は，相続開始の時に遡ってその効力を生ずるが，各共同相続人がその相続分に応じて分割単独債権として確定的に取得した賃料債権の帰属は，後にされた遺産分割の影響を受けないものというべきである。

したがって，相続開始から本件遺産分割決定が確定するまでの間に本件各不動産から生じた賃料債権は，X及びYらがその相続分に応じて分割単独債権として取得したものであり，本件口座の残金は，これを前提として清算されるべきである。

3 これに対し，1審は，「遺産から生じる法定果実は，それ自体は遺産ではないが，遺産の所有権が帰属する者にその果実を取得する権利もまた帰属するのであるから（民法89条2項），遺産分割が遡及効を有する以上，遺産分割の結果，ある財産を取得した者は，被相続人が死亡した時以降のその財産から生じた法定果実を取得することができるというべきである」と判示している。

■ **解　説**

1　賃料債権の遺産性と賃料債権の帰属について

(1) 学説・判例の状況

この問題について，遺産から生じた果実の遺産分割の対象財産性の観点か

ら，次のような学説・審判例があった。

　(a)　遺産同視説

　遺産から生じた果実は遺産の自然的増大であり，遺産と同視すべきであるとする見解である（新潟家審昭42・8・3家月20巻3号81頁）。

　(b)　遡及的帰属説

　遺産から生じた果実は遺産分割の遡及効（民909条）により元物たる財産を取得した相続人に当然に帰属するとする見解である（本判決の1審・原審）。

　(c)　共有財産説

　遺産は相続開始時に存在する財産に限られることから，相続開始後に遺産から生じた果実は別途共同相続人の共有財産となるとする見解であるが，さらに3つの説に分類される。

　㋐　積極説　　遺産分割は遺産を総合的・合目的的に分配する手続であるから，本来の遺産のみならず，共同相続人間の共有財産である果実もこの手続で分割することが制度趣旨に合致するという見解である（大阪高決昭40・4・22家月17巻10号102頁）。

　㋑　消極説　　果実は遺産とは別個の共同相続人間の共有財産であるから，共有物分割などの民事訴訟手続において分割されるべきであるとする見解である（高松高決昭36・1・8家月14巻7号62頁）。

　㋒　折衷説　　果実は遺産とは別個の共同相続人間の共有財産であることを前提としつつ，一定の場合に基本となる遺産分割に付随して果実も審判の対象とすべきであるとする見解であるが，その区別基準として，①基本となる遺産の性質，果実の発生原因，種類，態様，時期，果実の算定の難易度により客観的に判断すべきとする見解（長崎家島原支審昭40・11・20家月18巻5号75頁）と，②共同相続人全員が審判の対象とすることに同意した場合に限り審判の対象とすべきとする見解（東京家審昭55・2・12家月32巻5号46頁，東京高決昭63・1・14家月40巻5号142頁等）がある。

　以上の諸説の中で，共有財産説のうちの折衷説は，遺産分割制度の趣旨と当事者の訴権の保護の要請を調和させるものとして，すぐれた解決方法であると思われる。この点は，預貯金などの可分債権の場合において当事者の同意を得ることによってこれを遺産分割（審判）の対象としようとする家裁実

務の状況とも符合するものである。しかし，この方法は，東京高裁昭和63年5月11日決定（家月41巻4号51頁）が「便宜的な方法であるにすぎない」と指摘するように，理論上の難点が存することも否定できないであろう。

(2) 本判決の考え方

本判決は，果実の元本への遡及的帰属を否定し，遺産とは別個の共有財産であると捉えた上で，賃料債権が可分債権であることから，賃料債権は各共同相続人が法定相続分に応じて分割単独債権として取得するとの考えを示したものである。理論的には共有財産説のうちの消極説に立っているものとみることができるかも知れないが，折衷説と矛盾するものでもなく，共同相続人全員の同意がある場合にまで賃料債権を審判の対象とすることを否定するものとは思えない。

しかし，いずれにせよ，遺産同視説や共有財産説は，理論上の相違や方法論の違いはあっても，およそ法定果実を相続分に応じて分配するという点では同じである。大きく異なるのは，遡及的帰属説を採用するかどうかである。

2 後になされた遺産分割が賃料債権の帰属に与える影響の有無

本件判決の1審・原審は，本判決要旨に補則したとおり，遡及的帰属説を採用している。このような見解はそれ以前の審判例においてはほとんどとられていないようである。

確かに，民法909条本文によれば「遺産の分割は，相続開始の時にさかのぼってその効力を生ずる。」とされ，同法89条1項は「天然果実は，その元物から分離する時に，これを収取する権利を有する者に帰属する。」とし，2項で「法定果実は，これを収取する権利の存続期間に応じて，日割計算によりこれを取得する。」とするから，賃貸不動産を取得した者は遡って法定果実たる賃料を取得することになる。

しかし，民法909条但書で，「ただし，第三者の権利を害することはできない。」と定めている。この規定に関し，最高裁昭和46年1月26日判決（判時620号45頁）は，「遺産の分割は，相続開始の時にさかのぼつてその効力を生ずるものではあるが，第三者に対する関係においては，相続人が相続によりいつたん取得した権利につき分割時に新たな変更を生ずるのと実質上異なら

ないものである」と判示し，これに従えば，第三者との関係は対抗問題として処理されることになる。このような解釈に対しては，民法909条本文を無視する結果となるとの批判が可能であるが，さりとて文字どおり遡及効を貫いたとしても，但書が第三者の主観を問題としていない以上，実質的には但書は遡及効を否定するに等しい結果を生じさせる規定であるともいえる。また，遺産分割は現実的に相続開始から遺産分割までに相当の期間を要するのが通常であることからすると，遺産分割は相続開始によって生じた共有関係を前提に，各共同相続人がその持分を相互に譲渡し合う手続であると考えるのが実態に適する。ちなみに，民法249条以下の共有物分割においても遡及効は規定されていない。

このように考えると，前掲最高裁昭和46年1月26日判決が遡及効を認めないがごとき解釈をすることも十分に理由がある。そうだとすると，遺産分割の遡及効について，既に生じた共有状態が存した事実までも否定するほどの意味合いをもたせることはいきすぎであるとの批判が妥当するというべきである。本判決が，「遺産分割は，相続開始の時にさかのぼってその効力を生ずるものであるが，各共同相続人がその相続分に応じて分割単独債権として確定的に取得した上記賃料債権の帰属は，後にされた遺産分割の影響を受けないものというべきである」と判示した点はこのことを明らかにしたものと考えられる。

このように遡及効を否定する結果，相続開始後に発生した賃料債権は共同相続人の共有財産であるとみることになり，ただ，これが可分債権であるため，共有物分割の手続を経ることなく，各共同相続人が単独で分割債権を取得するという論法となるのである。

もっとも，例えば預金債権は，遺産として相続開始時において既に存在するものであり，これが可分債権として法定相続分に応じて単独分割されるということと，相続開始後に発生した遺産ではない賃料債権が可分債権として同様に単独分割されるということとは一応の隔たりがある。したがって，賃料債権が可分債権であるからといって，論理必然的に本判決の結論が導かれるというわけにはいかないであろう。

3 家裁実務への影響

本件判決が，賃料収入の取扱いについて明確な結論を示したことから，家裁実務でもより一層明確な方針をもって手続を進行させることができるものと思料される。そして，遺産分割制度の趣旨と当事者の訴権の保護の要請を調和するという観点からすると，共同相続人全員が同意した場合に審判の対象とすることができるという見解（折衷説）はすぐれていると思うし，家裁実務においても，同意を得るべく努力が講じられているものと推測される。

　ところで，実務上，遺産からの果実に付随して，遺産の管理費が問題となることも少なくない。すなわち，相続開始から遺産分割までの間に，遺産に関して，公租公課，地代，建物や動産の保守修繕，賃借人に対する立退料，自動車の駐車場料金などの支払を余儀なくされる場合があるが，これらの管理費を相続財産から控除して清算すべきか，それとも，別途，事務管理ないし不当利得による民事訴訟手続により解決されるべきかという問題である。

　この点，学説上は，管理費用は「相続財産に関する費用」（民885条1項）により相続財産から支弁されるべきものであり，遺産分割の際に遺産から清算されるべきであるとする見解（積極説）や，管理費用は被相続人の遺産とは別個のものであるから遺産分割の対象とはなり得ず，別途民事訴訟で解決すべきであるとする見解（消極説）があるが，広島高裁松江支部平成3年8月28日決定（家月44巻7号58頁）は，「相続人の一部が，遺産である不動産に増改築工事を加えた場合の償還請求は，当事者が遺産分割手続内での清算に同意している場合，または，その金額が明確で，これを遺産分割手続内で清算するのが正義，衡平にかなう特段の事情のない限り，民事訴訟によるべきものと考えるのが相当である」とし，折衷的見解を示唆した。

　元々，遺産の管理と収益は，前者が後者を生み出すものであって強い関連性があると思われる。果実の遺産分割の対象財産性について折衷的立場をとり，当事者の合意があるときに限り審判の対象となると考えるのであれば，管理費についても同様に審判の対象となる余地を認めることには合理性があるといえる。

【仲　　隆】

第4　遺産の代償財産

23　相続開始後に遺産を売却して得られた売却代金の遺産性

最判昭和54年2月22日（昭和50年(オ)第736号）
最高裁判所裁判民事126号129頁，家庭裁判月報32巻1号149頁，判例時報923号77頁，判例タイムズ395号56頁，金融・商事判例570号19頁

☞ **概　要**

■ **問題点**

1　代償財産の遺産性と共同相続人への帰属
2　代償財産を相続財産に加えるべき特別の事情について

判決の内容

■ **事案の概要**

　相続人らが相続により取得した各土地を第三者に売却し，その代金の受領を相続人Yに委任したところ，Yが代金を受領したのに相続人X_1，X_2に代金を交付しないので，X_1，X_2がYに対し，受任者の受取物引渡義務（民646条）の履行としてその交付を求めた事案。

■ **判決要旨**

　1　本判決は，X_1，X_2の請求を認容した1審（静岡地判昭48・8・31（昭45(ワ)190号)），原審（東京高判昭50・4・30家月32巻1号152頁）を維持して，Yの上

告を棄却した。

2　共有持分権を有する共同相続人全員によって他に売却された各土地は遺産分割の対象たる相続財産から逸失するとともに、その売却代金は、これを一括して共同相続人の1人に保管させて遺産分割の対象に含める合意をするなどの特別の事情のない限り、相続財産には加えられず、共同相続人が各持分に応じて個々にこれを分割取得すべきものである。

解　　説

1　代償財産の遺産性と共同相続人への帰属

遺産分割の対象を定める基準時について相続開始時説と遺産分割時説がある。

遺産分割時説が通説で裁判実務であるが、この考え方をとると、相続開始後、遺産が火災などで滅失毀損したり、相続人が遺産を処分した結果、遺産分割時には、遺産そのものはなくなり、代わりに保険金請求権や損害賠償請求権や売却代金が存在することがある（これらを代償財産という）。代償財産は相続の開始時には存在しないので遺産ではなく、したがって遺産分割の対象となるかが問題となる。

(1)　学説・判例の状況

学説では、代償財産は遺産分割の対象とする積極説が通説とのことである。

本来の相続財産に代わる代償財産が存在する限りこれを遺産分割の対象とすることが全遺産を総合的合目的的に分配する遺産分割の制度趣旨に合致すること、遺産を巡る紛争の家事審判手続による一回的処理、共同相続人間の具体的公平などを理由とする。また、代償財産は遺産そのものではないが、遺産に準じあるいはこれと同視できるものと肯定する説、物上代位を規定する民法304条を遺産分割に適用すべしという説もある。

判例は、積極説、消極説、折衷説がある（なお、以下の判例は松原正明『判例先例相続法(1)』に紹介するものである）。

積極説の判例は以下のとおりである。

遺産である不動産が国に売却された場合の売却代金（京都家審昭38・8・2家月15巻11号124頁），遺産に属する株式を相続人の1人が勝手に処分した場合の同人に対する代償請求権（東京高決昭39・10・21高民集17巻6号445頁），遺産たる土地が県の用地買収の対象となった場合の土地買収代金（佐賀家審昭40・9・3家月18巻2号98頁），遺産である借地権及び建物がそれぞれ借地権返還代償金及び家屋移転補償金に変形し，これを相続人の1人が横領している場合の代償債権（福岡家審昭40・10・5家月18巻5号70頁），相続人の1人が遺産を滅失させた場合の同人に対する損害賠償請求権ないし不当利得請求権（大阪家審昭40・11・4家月18巻4号104頁），遺産である立木を相続人の1人が勝手に処分した場合の処分代金（神戸家姫路支審昭44・3・29家月21巻11号144頁）。

消極説の判例は以下のとおりである。

遺産である建物等が相続人の1人により取り壊された場合の損害賠償請求権あるいは不当利得返還請求権は，相続開始後に生じた相続人ら固有の債権で，被相続人から承継された相続財産ではない（高松高決昭36・1・8家月14巻7号62頁）。遺産に属する現金・保有米が一相続人によって費消された場合に，遺産分割手続は清算的要素を含まないから遺産分割の範囲に属せしめない（福井家審昭40・8・17家月18巻1号87頁）。遺産に属する建物と借地権が相続人の1人によって売却されその売却代金が第三者に貸し付けられた場合に貸金債権は遺産と同視できる代替物ではない（東京家審昭44・2・24家月21巻8号107頁）。

折衷説は，代償財産の発生原因等によって遺産分割の対象に含まれるか否かを区別する説である。相続開始後相続財産につき代償物が生じ，それが遺産分割時に存在するときは，特別の事情の存しない限りは，その性質の許す限りこれを代償財産とみて遺産分割の対象に含ませるのが相当とする判例がある（大阪地判昭58・4・25家月36巻8号126頁）。

(2) **本判決の考え方**

本判決は，代償財産たる売却代金の遺産帰属性を原則として否定し消極説の立場をとった判決である。本判決が引用する最高裁昭和52年9月19日判決（家月30巻2号110頁）と同様の立場に立つ。

なお本判決は，消極説をとる理由を示していないが，これまでの最高裁判

例の基本的な考え方を踏襲したものといえよう。最高裁は遺産分割前の相続財産の共有は民法249条以下に規定する共有とその性質を異にしないとし，各相続人は遺産分割前に個々の相続財産の持分権を自由に処分でき，相続人の1人が相続財産の持分権を第三者に譲渡した場合にはその持分権は遺産分割の対象から逸出するとする。遺産分割前に遺産共有が個々の相続財産の共有持分権に解体することを認めるのであるから，相続人全員の合意によって相続財産が売却された場合には，その相続財産は遺産から逸出するとともに，当然その対価たる売却代金も遺産分割の対象には含まれず，個々の相続人に相続分に応じて分割帰属すると解することになる。

2　代償財産を相続財産に加えるべき特別の事情について

本判決は，「売却代金は，これを一括して共同相続人の1人に保管させて遺産分割の対象に含める合意をするなどの特別の事情」のある場合には，相続財産に加えられる旨判示した。この判示内容は前記の最高裁昭和52年9月19日判決になかったものであり，全遺産を総合的合目的的に分配する遺産分割制度の趣旨に合致し，紛争の一回的処理，共同相続人間の具体的公平の実現を図ろうとする積極説の考え方を一定の限度で肯定したともいえる。

ただし，遺産分割の基準時が分割時であることからすれば，代償財産は遺産ではないので，代償財産を相続財産に加えるべき特別の事情とは，判示で示されているような事例など，相続人間で当該代償財産を遺産分割の対象にしようという積極的な合意があること以外にはなかなか想定できないことになる。

【小松　雅彦】

〔参考文献〕

- 三和一博「昭和54年度民事主要判例解説」判タ411号162頁
- 山名学・別ジュリ162号136頁
- 鬼丸かおる『相続紛争処理と弁護士実務』139頁以下

第5　遺産分割の方法

24　代償分割の要件

最決平成12年9月7日（平成12年(許)第13号）
家庭裁判月報54巻6号66頁

☞ 概　　要

■ 問題点

遺産の分割方法として共同相続人の1人又は数人に金銭債務を負担させる場合（代償分割）の要件

決定の内容

■ 事案の概要

　被相続人Aは，昭和28年に死亡し，審判時の価額で合計7億8443万7700円の遺産を有していた。Aの相続開始当時の相続人は，Aの妻乙，Aと乙の子である丙，丁，戊，Y_1の5名であり，それぞれの法定相続分は，乙が6分の2，丙，丁，戊，Y_1が各6分の1であったが，昭和50年に丁，昭和60年に戊が死亡し，丁の相続分は丁の妻X_1，丁の子X_2が，戊の相続分は乙が相続した（丁の相続までは昭和55年5月17日法律第51号による改正前の法定相続分が適用される）。

　次いで，乙が死亡したが，乙は，Y_1の夫Y_3に対し，Aより相続した遺産に対する相続分と自己の全財産を包括遺贈していた。また，乙は生前，Y_1とZの子であるY_2と養子縁組をしていたところ，X_2がY_3に対して遺留分減殺の意思表示をした。

その後，X₁，X₂が遺産分割を申し立てた。

なお，各自のAの相続に関する相続分は，X₁が144分の8，X₂が144分の25（遺留分減殺による144分の9を含む），丙及びY₁が各144分の24，Y₃が144分の63となり，これに従ったそれぞれの取得額は，X₁が4357万9872円，X₂が1億3618万7100円，丙及びY₁が1億3073万9616円，Y₃が3億4319万1492円となる。

また，丙は1審審判後に死亡し，Y₄ないしY₆がその地位を相続した。

■ **決定要旨**

1 1審審判（神戸家審平4・11・27家月54巻6号78頁）は，代償金の判示部分に限ると，X₁から丙に対し249万8794円，X₂から丙に対し780万8733円，Y₁から丙に対し170万1061円，Y₃から丙に対し644万9830円，X₂からY₃に対し443万6075円を支払うよう判示したが（最も高額な支払を命じられたのはX₂の1224万4808円），原審（大阪高決平12・1・25家月54巻6号71頁）は，1審審判を変更し，Y₁に対して合計1億8822万円の代償金の支払を命じた。

これに対し，Y₁らが抗告し，本決定は，原決定を破棄して，次のとおり判示して差し戻した。

2 家庭裁判所は，特別の事由があると認めるときは，遺産の分割の方法として，共同相続人の1人又は数人に他の共同相続人に対し債務を負担させて，現物をもってする分割に代えることができるが（旧家審規109条），右の特別の事由がある場合であるとして共同相続人の1人又は数人に金銭債務を負担させるためには，当該相続人にその支払能力があることを要すると解すべきである。

解　説

1　遺産の分割方法

遺産の分割方法には，現物分割，換価分割，共有分割，代償分割の4つの方法がある。

土地の分割を例にとると，現物分割は土地を分筆して各相続人が分筆後の

土地を単独取得するような場合がこれにあたる。換価分割は、土地を売却してその代金を分割する場合であり、共有分割は、土地を共有取得する場合である。そして、代償分割は、共同相続人の1人が土地を単独取得して他の共同相続人に代償金を支払うような場合である。

遺産の共有は物権法上の共有と同様の性質をもち、遺産の共有及び分割に関しては共有に関する民法256条以下の規定が第一次的に適用される結果、民法258条2項により、4つの分割方法の中で現物分割が遺産分割の原則となる（最判昭30・5・31民集9巻6号793頁）。

現在の家裁実務では、現物分割、代償分割、換価分割、共有分割の順序で分割方法を選択すべきものと解されている（梶村太市『実務講座家事事件法』310頁）。

2　代償分割の要件

(1)　条文上の要件

家事事件手続法195条は、「家庭裁判所は、遺産の分割の審判をする場合において、特別の事情があると認めるときは、遺産の分割の方法として、共同相続人の一人又は数人に他の共同相続人に対する債務を負担させて、現物の分割に代えることができる。」と規定する。

同条は、本決定が判示する旧家事審判規則109条と同趣旨の規定であるが、代償分割には「特別の事情」が必要であると規定するものである。

実務上は代償分割の方法により遺産分割がなされる場合が多いものの、理論上は、あくまで現物分割が原則的な分割方法であり、代償分割は「特別の事情」が必要となる例外的な分割方法であると位置づけられている。

(2)　「特別の事情」とは

「特別の事情」にあたる事情として、①現物分割が不可能な場合、②現物分割が可能であるが、分割後の財産の経済的価値を著しく損なうような場合、③現物分割は可能であり、②のような事情もないが、特定の遺産に対する特定の相続人の利用を保護する必要がある場合（農業経営等）、④①ないし③のような事情がなくとも、当事者間に合意が成立しているか、少なくとも代償分割をすることについて異議がないような場合などがあげられている（司法研修所編『司法研究報告書第45輯第1号遺産分割事件の処理をめぐる諸問題』318

頁)。

　本決定は,「特別の事情」があるとして代償金支払義務を負担させるためには,当該相続人に支払能力のあることが必要であるとして,支払能力が存在しない限り「特別の事情」は認められないと判示したものである。
　つまり,①ないし④のいずれかの事情のほかに,別途支払能力が必要になるということである。

3　代償分割の問題点

　実務上,不動産をある相続人が取得し,他の相続人に対する代償金の支払を審判により命ずる場合,代償金の支払期日は,審判確定の日から一定の猶予期間をおいた日とされることが一般的である。
　本決定の1審は審判確定の日から2か月,原審は同6か月の猶予期間をおいている。
　一方で,不動産を取得した相続人は,審判の確定により確定的に不動産の所有権を取得し,単独で移転登記を行うことが可能であるから,事実上,不動産の移転登記が先になされ,代償金の支払は後日,不動産を取得した相続人の任意の履行に待つほかない。
　代償金の支払義務の不履行に関する事案ではないものの,最高裁平成元年2月9日判決(民集43巻2号1頁)は,遺産分割協議により負担した債務を履行しない場合であっても,遺産分割はその性質上協議の成立とともに終了し,その後は協議による債権債務関係が残るだけであるから,債務不履行により遺産分割協議を解除することはできない旨判示しており,代償金の支払義務も同様に,不履行が生じたとしても,代償金支払義務が残るだけであり調停や審判の効果を覆滅することはできない。
　したがって,代償分割の方法による場合,代償金支払義務の履行の確保という点が大きな問題となる。
　本決定の原審は,1億8822万円もの高額の代償金の支払を命じるものであり,不履行が起こった場合の回収が困難になることは容易に予想されることから,代償金の支払能力が当然問題となり,この点に関する審理が不十分であるとして本決定は原審を取り消して差し戻したものである。

4　支払能力に関する家裁の実務

(1) 審判時に代償金を支払う者に資産がある場合

代償金相当額の預貯金を有する場合には支払能力が認められることになる。

預貯金を有することの確認のため、裁判所に預金通帳を持参させることもあるようである。

また、預貯金は存在しないものの、代償金支払義務を負う者が遺産ではない固有の不動産を有しており、その売却代金を代償金の支払にあてるような場合も、代償金相当額が確保できると見込まれる場合には支払能力が認められることになると思われる。

(2) 審判時に代償金を支払う者に資産がない場合

　(a) 金融機関から融資を受ける場合

実務上、金融機関から融資を受けて代償金を支払うことが確実である場合には、代償金の支払を命じる場合もある。

もっとも、融資の審査を経ている場合でない限り支払能力を認めることは困難であると思われる。

　(b) 分割払いの可否

代償金の分割払いについては、審判により遺産を承継した者の遺産に対する相続開始後の使用収益の態様、その現存利益及びその収益性その他一切の事情を考慮して分割払いを命じなければならないような特段の事情がない限り分割払いを容認すべきではないとされている（東京高決昭53・4・7家月31巻8号58頁）。

調停の場合には分割払いの合意がなされることも少なくないと思われるが、審判の場合には、履行の確保という問題が生じやすくなるという意味で、分割払いは極力避けるべきと解される。

なお、東京家裁の実務では分割払いの審判はしない方針のようである。

(3) 抵当権設定の可否

審判により特定の相続人が取得する遺産に、代償金支払義務を担保するために抵当権を設定することは、理論上は審判における給付命令として可能である（家手196条）。

もっとも、抵当権の設定を審判により命ずる必要があると判断される場合

は，任意の履行に不安がある場合であると思われ，そのような場合にそもそも支払能力があると認定してよいかは否定的に考えざるを得ないものと思われる。

【髙橋　幸一】

〔参考文献〕
- 本文記載のもののほか，片岡武＝管野眞一編著『家庭裁判所における遺産分割・遺留分の実務〔新版〕』361〜376頁
- 雨宮則夫「平成14年度主要民事判例解説」判タ1125号118頁

第6章

遺　　言

第1　遺言の解釈

25　遺言の解釈の指針(1)

最判昭和58年3月18日（昭和55年(オ)第973号）
最高裁判所裁判集民事138号277頁，家庭裁判月報36巻3号143頁，判例時報1075号115頁，判例タイムズ496号80頁

☞　概　　　要

■　問題点

多数の条項からなる遺言書中の特定の条項の解釈

判決の内容

■　事案の概要

　Aは，多数の条項からなる自筆証書遺言を作成後に死亡した。
　Aの遺言の第7項には，次のような記載があった。
「Bより買受けた土地とその土地上の倉庫一棟はYに遺贈す
　本土地及倉庫は〇〇材木店が経営中は置場して必要付一応其儘して，
　Yの死後はX₁弐，C弐，X₂弐，X₃参，D参，E参，F参，G弐の割合で権利分割所有す，換金出来難い為，〇〇材木店に賃貸して収入を右の割合各自取得す
　但右の割合で取得した本人が死亡した場合はその相続人が権利を継承す」
　YはAの妻，X₁～X₃はAの弟妹，C～GはAの弟・甥・Yの近親者である。
　Yは，Aの死後，上記土地・倉庫（以下「本件不動産」という）につき遺贈を

原因とする単独名義の所有権移転登記を経由した。

Xらが，Yに対し，XらがAから遺贈を受けたことの確認を求めるとともに，Yの所有権移転登記の抹消登記手続を求めて訴えを提起したが，1審（長崎地判昭54・11・29（昭53(ワ)446号））はXらの請求を棄却。

Xらが控訴し，新たに予備的請求として，Aの遺言のうち本件不動産の遺贈に関する部分（第7項）は，内容不明確だとして，当該遺言部分の無効確認を求めた。

2審（福岡高判昭55・6・26家月36巻3号154頁）は，本件遺贈をいわゆる「後継ぎ遺贈」と解し，第一次受遺者であるYの遺贈利益が，第二次受遺者であるXらの生存中に第一次受遺者が死亡することを停止条件として第二次受遺者に移転するという特殊な遺贈であり，関係者相互間の法律関係を律する明文規定のない現行法下では，第二次受遺者の遺贈利益については法的保護が与えられていないとし，Xらへの第二次遺贈の部分は，Aの希望を述べたものにすぎないとする一方，Yへの第一次遺贈は，これとは別個独立の遺贈として有効とし，主位的請求も，本件遺贈全体が無効であることを前提とする予備的請求も理由がないと判示。Xらが上告。

■ **判決要旨**

「遺言の解釈にあたつては，遺言書の文言を形式的に判断するだけではなく，遺言者の真意を探究すべきものであり，遺言書が多数の条項からなる場合にそのうちの特定の条項を解釈するにあたつても，単に遺言書の中から当該条項のみを他から切り離して抽出しその文言を形式的に解釈するだけでは十分ではなく，遺言書の全記載との関連，遺言書作成当時の事情及び遺言者の置かれていた状況などを考慮して遺言者の真意を探究し当該条項の趣旨を確定すべきものであると解するのが相当である。

しかるに，原審は，本件遺言書の中から第一次遺贈及び第二次遺贈の各条項のみを抽出して，『後継ぎ遺贈』という類型にあてはめ，本件遺贈の趣旨を前記のとおり解釈するにすぎない。ところで，……同遺言書には，(1) 第一次遺贈の条項の前に，Aが経営してきた〇〇材木店のAなきあとの経営に関する条項，被上告人に対する生活保障に関する条項及びD及び被上告

人に対する本件不動産以外の財産の遺贈に関する条項などが記載されていること，(2) ついで，本件不動産は右会社の経営中は置場として必要であるから一応そのままにして，と記載されたうえ，第二次遺贈の条項が記載されていること，(3) 続いて，本件不動産は換金でき難いため，右会社に賃貸しその収入を第二次遺贈の条項記載の割合で上告人らその他が取得するものとする旨記載されていること，(4) 更に，形見分けのことなどが記載されたあとに，被上告人が一括して遺贈を受けたことにした方が租税の負担が著しく軽くなるときには，被上告人が全部（又は一部）を相続したことにし，その後に前記の割合で分割するということにしても差し支えない旨記載されていることが明らかである。右遺言書の記載によれば，Ａの真意とするところは，第一次遺贈の条項は被上告人に対する単純遺贈であつて，第二次遺贈の条項はＡの単なる希望を述べたにすぎないと解する余地もないではないが，本件遺言書による被上告人に対する遺贈につき遺贈の目的の一部である本件不動産の所有権を上告人らに対して移転すべき債務を被上告人に負担させた負担付遺贈であると解するか，また，上告人らに対しては，被上告人死亡時に本件不動産の所有権が被上告人に存するときには，その時点において本件不動産の所有権が上告人らに移転するとの趣旨の遺贈であると解するか，更には，被上告人は遺贈された本件不動産の処分を禁止され実質上は本件不動産に対する使用収益権を付与されたにすぎず，上告人らに対する被上告人の死亡を不確定期限とする遺贈であると解するか，の各余地も十分にありうるのである。原審としては，本件遺言書の全記載，本件遺言書作成当時の事情などをも考慮して，本件遺贈の趣旨を明らかにすべきであつたといわなければならない。」として，原判決を破棄し，差し戻した。

解　説

1　遺言の解釈

　遺言者の意思が遺言書の表示から一義的に明らかでないときには，遺言の解釈が必要となる。遺言の解釈に際しては，遺言者の真意を探求することに重点が置かれる。遺言は遺言者の最終意思を確保するものであり，また，相

手方のない単独行為であって，相手方の信頼や取引の安全を保護する必要はないからである。

2 遺言の解釈に関する判例・学説・裁判例

(1) 大審院判例

大審院（大決昭5・4・14評論19巻民法672頁）は，「証書ノ解釈ヲナスニハコレニ使用セラレタル文字ニ拘泥セズシテ其ノ作成ニ関与シタル当事者ノ真意ヲ探究シテ之ヲ為スベキモノナルコトハ解釈上ノ原則ニシテ，特ニ遺言書ハ遺言者ニ於テ近キ将来ニ於ケル死亡ヲ予期シ若ハ死期ノ旦夕ニ迫レルニ際シテ之ヲ為スモノニシテ，普通ノ証書ト異ル所アルヲ以テ最モ此ノ点ニ留意シテ解釈セザルベカラザルモノトス」と判示し，遺言者の真意の探求にあたっては，いたずらに遺言書に使用された文字に拘泥すべきではないと判示した。

(2) 最高裁昭和30年5月10日判決

最高裁（最判昭30・5・10民集9巻6号657頁）はこれをさらにすすめ，「意思表示の内容は当事者の真意を合理的に探究し，できるかぎり適法有効なものとして解釈すべきを本旨とし，遺言についてもこれと異なる解釈をとるべき理由は認められない。この趣旨にかんがみるときは，原審が本件遺言書中の『後相続は甲にさせるつもりなり』『一切の財産は甲にゆずる』の文言を甲に対する遺贈の趣旨と解し，養女乙に『後を継す事は出来ないから離縁をしたい』の文言を相続人廃除の趣旨と解したのは相当であつて，……また遺言の真意が不明確であるともいえない……。」と判示して，遺言者の真意を合理的に探求し，できるだけ適法有効なものとして解釈すべきであるとの指針を明らかにした。

(3) 本判決

本判決は，多数の条項からなる遺言書の特定の条項を解釈する場合の指針を明らかにしたものである。判旨は，単に遺言書の中から当該条項のみを他から切り離して抽出しその文言を形式的に解釈するだけでは十分ではないとし，①遺言書の全記載との関連，②遺言書作成当時の事情及び③遺言者の置かれていた状況などを考慮して遺言者の真意を探究し，当該条項の趣旨を確定すべきとした。②遺言書作成当時の事情や③遺言者の置かれていた状況な

ども考慮すべきとした点が重要である。

(4) 学説及び本判決後の裁判例

　問題は、どの程度まで遺言外の事情を斟酌することが許されるのかである。民法960条が遺言者の真意を確保するために、遺言は法定の方式に従わなければすることができないとして、遺言の要式性を定めている点とも関連して問題となる。最近の学説は、いずれも、文字に拘泥しなくともよいが遺言書の文言から全くかけ離れて解釈することは許されないという点では異論をみないとされている（中川善之助＝加藤永一編『新版注釈民法(28)』51頁〔加藤永一〕）。

　最高裁（最判平13・3・13家月53巻9号34頁、本書判例【26】）は、遺言者Aが居住用の建物とその敷地を共有していたが、遺言書には単に「A所有の不動産である東京都荒川区〇〇丁目〇〇番〇〇号〔注：Aの住所地〕をX〔注：Aの二男〕に遺贈する」と記載されていた事案につき、遺言書の記載は、Aの住所地にある土地及び建物を一体として、その各共有持分をXに遺贈する旨の意思を表示していたものと解するのが相当であり、これを建物の共有持分のみの遺贈と限定して解するのは当を得ないとした上、遺言書の記載自体から遺言者の意思が合理的に解釈し得る本件では、遺言書に表われていない事情をもって、遺言の意思解釈の根拠とすることは許されないとした。

　東京高裁平成17年6月22日判決（判タ1195号220頁）は、「遺言の解釈に当たっては、遺言が相手方のない単独行為であり相手方の信頼保護等に考慮を払う必要がないから、専ら遺言者の真意を合理的に探究すべきものである。そして、遺言は、方式に従ってされるものであり、遺言者は、遺言書によってその意思を表示しているから、遺言書の記載を離れたところに遺言者の真意を求めることはできない。換言すれば、遺言書の記載自体から遺言者の真意が合理的に解釈し得る場合においては、遺言書に表れていない遺言書作成当時の事情及び遺言者の置かれていた状況等をもって遺言の意思解釈の根拠とすることは許されない。もっとも、遺言書の記載自体から遺言者の真意が合理的に解釈し得ない場合には、遺言書の記載の意味を知るために遺言者がいかなる意味のものとしてその言葉を用いたのかを明らかにする必要があり、そのためには、遺言書作成当時の事情及び遺言者の置かれていた状況などを

考慮すべきであると解するのが相当である（最高裁昭和58年3月18日第二小法廷判決・集民138号277頁〔注：本判決〕，最高裁平成13年3月13日第三小法廷判決・集民201号345頁〔注：本書判例【26】〕参照）」と判示しており，遺言の解釈についての判例の指針を整理したものとして，参考になる。

【岩井　婦妃】

26 遺言の解釈の指針(2)

最判平成13年3月13日（平成10年(オ)第936号）
家庭裁判月報53巻9号34頁，判例時報1745号88頁，判例タイムズ1059号64頁

☞ 概　　要

■ 問題点

1　遺言の解釈
2　「住居表示」により特定された，遺贈の目的物となる不動産の範囲

判決の内容

■ 事案の概要

　A（遺言者）は本件土地と建物をYら（Aの長男亡Bの相続人である妻及びその子3名）と共有していた（Aの共有持分は2分の1，Yらの共有持分は各8分の1）。本件土地建物は，Aが居住していた自宅の建物及びその敷地である。Aが平成6年1月死亡したが，Aは，平成4年4月20日付けで「A所有の不動産である東京都荒川区○○丁目○○番○○号をXに遺贈する。」と記載された自筆証書遺言を作成していた。XはAの二男である。

　そこで，XがYらに対し，本件土地建物のAの共有持分を取得したと主張して本件土地建物の共有物分割を求めた。

　1審（東京地判平8・4・23金判1122号19頁）は，本件遺言書の記載について，「本件土地建物の特定として完全なものとはいえないが，弁論の全趣旨によれば，同人の財産は本件土地建物のみであったのであり，他に同一性を混同するような財産は見当たらないのであるから，その内容が不特定であるとして無効となるような不正確性はない。」として，Xの請求を認容し，本

件土地建物の競売を命じた。

これに対し，原審（東京高判平9・12・10金判1122号16頁）は，まず，住居表示は，文字どおりいえばまさに住居の表示であり，法律的には住居の所在場所の表示であり，文字どおりに解するならば，本件での「〇〇丁目〇〇番〇〇号」は同所所在の建物と解すべきことになるとした上，さらに，本件遺言書作成当時の事情から，Aが本件土地の共有持分をXに遺贈する真意を有していたと解することはできないとし，本件遺言書においてAは本件建物の共有持分のみをXに遺贈する意思を表示したものと認定判断して，Xの本件土地の共有物分割請求を却下し，本件建物のみの競売を命じた。

そこで，Xが上告した。

■ **判決要旨**

1 本判決は，以下のとおり判断して，原審の判決中，Xの本件土地の共有物分割請求を却下した部分は破棄し，本件土地の分割方法につき審理を尽くさせる必要があるとして，同部分を原審に差し戻した。

2 遺言の意思解釈にあたっては，遺言書の記載に照らし，遺言者の真意を合理的に探究すべきところ，本件遺言書には遺贈の目的物について単に「不動産」と記載されているだけであって，本件土地を遺贈の目的から明示的に排除した記載とはなっていない。一方，本件遺言書に記載された「荒川区〇〇丁目〇〇番〇〇号」は，Aの住所であって，同人が永年居住していた自宅の所在場所を表示する住居表示である。そして，本件土地の登記簿上の所在は「荒川区〇〇丁目」，地番は，「××番××」であり，本件建物の登記簿上の所在は，「荒川区〇〇丁目△△番地△号」，家屋番号は「△△番地△△」であって，いずれも本件遺言書の記載とは一致しない。そうすると，本件遺言書の記載は，Aの住所地にある本件土地及び建物を一体として，その各共有持分をXに遺贈する旨の意思を表示していたものと解するのが相当であり，これを本件建物の共有持分のみの遺贈と限定して解するのは当を得ない。原審は，本件遺言書作成当時の事情を判示し，これを遺言の意思解釈の根拠としているが，遺言書の記載自体から遺言者の意思が合理的に解釈し得る本件においては，遺言書に表れていない事情をもって，遺言の意思解釈の

根拠とすることは許されないといわなければならない。

以上のとおり，Aが本件建物の共有持分のみをXに遺贈したものと解すべきであるとした原審の判断には，遺言に関する法令の解釈適用を誤った違法があり，この違法は原判決の結論に影響を及ぼすことが明らかである。

解　説

1　遺言の解釈とその方法

民法においては，遺言には，厳格な方式が規定されている（民960条）。

遺言は，遺言者の終意の実現を法的に保障する制度とされており，遺言の解釈については，遺言書に使用された文字に拘泥せず，遺言者の真意を合理的に探究し，できるだけ適法有効なものとして解釈すべきであることが，判例によって認められてきた（大決昭5・4・14評論19巻民法672頁，最判昭30・5・10民集9巻6号657頁）。遺言の解釈について，最高裁昭和58年3月18日判決（裁判集民138号277頁，家月36巻3号143頁，本書判例【25】）は，「遺言の解釈にあたつては，遺言書の文言を形式的に判断するだけではなく，遺言者の真意を探究すべきものであり，遺言書が多数の条項からなる場合にそのうちの特定の条項を解釈するにあたつても，単に遺言書の中から当該条項のみを他から切り離して抽出しその文言を形式的に解釈するだけでは十分ではなく，遺言書の全記載との関連，遺言書作成当時の事情及び遺言者の置かれていた状況などを考慮して遺言者の真意を探究し当該条項の趣旨を確定すべきものである」と判示している。

遺言書の表示から遺言者の意思が一義的に明らかにならない場合には，遺言の解釈が必要となり，遺言者の意思解釈のために遺言書以外の資料を考慮しなければならないが，どの程度，許容されるかが問題となる。

2　本判決における遺言の解釈

本判決も基本的には，前掲最高裁昭和58年3月18日判決と同様の方法に従って，本件遺言書の作成者の真意を探求したものであるが，本判決は，さらに，遺言解釈の際に，遺言書の記載自体から遺言者の意思が合理的に解釈し得るのであれば，その解釈を優先し，遺言書に表れていない事情をもって，

遺言の意思解釈の根拠とすることは許されない，という遺言解釈の指針を判決中で示したものである。

すなわち，原審は，本件遺言書作成当時，本件建物がAの自宅として用いられているとともに，Yらの同族会社で廃品回収業を営むa商店の事業所としても用いられていたこと，a商店の借入金を担保するために金融機関の抵当権が設定されており，本件土地建物なしにa商店の経営が成り立たなかったことは明らかであったこと，本件遺言書作成の前後において，a商店の経営の実権を有していたYとこれに反発するXとは反目しあっており，Yら家族とXとの間には確執が続いていたこと，という本件遺言書作成当時の事情によれば，Aが本件土地の共有持分をXに遺贈する真意を有していたと解することはできないとした。

これに対して，本判決は，原審の判断に対して，原審は，本件遺言書作成当時の事情を判示し，これを遺言の意思解釈の根拠としているが，以上に説示したように，遺言書の記載自体から遺言者の意思が合理的に解釈し得る本件においては，遺言書に表れていない事情をもって遺言の意思解釈の根拠とすることは許されないといわなければならない旨，判示したものであり，遺言解釈において，遺言書の記載が優先されるという遺言解釈の指針を示したものである。

3　遺言解釈に関する他の判例

遺言の解釈に関する判例として，以下のものが挙げられる。

(1)　最高裁平成3年4月19日判決（民集45巻4号477頁）

特定の遺産を特定の相続人に「相続させる」趣旨の遺言があった場合には，当該遺言において相続による承継を当該相続人の意思表示にかからせたなどの特段の事情のない限り，何らの行為を要せずして，当該遺産は，被相続人の死亡の時に直ちに相続により承継される。

(2)　広島高裁平成3年9月27日決定（家月44巻5号36頁）

夫が「事実上離婚が成立しているものと考えて私の現在の財産年金の受給権は〇〇（妻）にわ一切受け取らせないようにお願いひします。」と記載された自筆証書遺言について，別居の事情，別居から死亡までの事情，本件遺言書の記載内容を検討すると，本件遺言書の趣旨は，「（妻）の相続分を零と

定めた趣旨であると解することはできず，右遺言書の趣旨は，（妻）から自己の推定相続人としての遺留分をも奪って，自己の遺産の一切を与えまいとしたもの，すなわち，（妻）を被相続人（夫）の推定相続人から廃除する意思を表示したものと解するのが相当である。」とした。

(3) 最高裁平成5年1月19日判決（民集47巻1号1頁）

「遺言の解釈に当たっては，遺言書に表明されている遺言者の意思を尊重して合理的にその趣旨を解釈すべきであるが，可能な限りこれを有効となるように解釈することが右意思に沿うゆえんであり，そのためには，遺言書の文言を前提にしながらも，遺言者が遺言書作成に至った経緯及びその置かれた状況等を考慮することも許されるものというべきである。」と判示した上，本件遺言書の文言全体の趣旨及び同遺言書作成当時の遺言者の置かれた状況からすると，同人としては，上告人ら法定相続人に取得させず，これをすべて公益目的のために役立てたいという意思を有していたことが明らかである，とした上で，遺産「全部を公共に寄与する。」との文言が記載された本件遺言は，右目的を達成することができる団体等にその遺産の全部を包括遺贈する趣旨であると解するのが相当であるとした。

(4) 東京高裁平成9年11月12日決定（判夕980号246頁）

遺言書作成当時の事情及び遺言書の記載全体を総合考慮して，遺言者の真意を探求し，本件遺言書中の条項の趣旨を合理的に解釈すると，本件自筆証書遺言による遺言中の「遺言者はその所有に係る家屋と借地権を自由に裁量処分することを相続人に委任する」旨の条項は，相続人に「相続させる」とした趣旨に解すべきであり，また，「遺言者が相続人に貸し付けたる貸付金は相続の時基礎控除で差し引く」旨の条項は，「相続人の債務を消滅させる」趣旨のものと解するのが相当であるとした。

(5) 最高裁平成9年11月13日判決（民集51巻10号4144頁）

遺言者が，遺言（原遺言）を遺言の方式に従って撤回した後（第2遺言），さらに第2遺言を遺言の方式に従って撤回した場合において（第3遺言），第3遺言書の記載によれば，遺言者が原遺言を復活させることを希望していたことが明らかであるから，本件において，原遺言をもって有効な遺言と認めるのが相当とした。

(6)　**東京高裁平成14年8月29日判決**（判タ1114号264頁）

　2通の遺言書が存在する場合において、後に作成された遺言書につき、その文言だけからは必ずしもその趣旨が明確であるとはいえないとし、遺言書作成当時の事情及び遺言者の置かれていた状況なども考慮してその遺言の趣旨の解釈をした上で、2通の遺言書の間に内容の矛盾抵触はないとした。

(7)　**最高裁平成17年7月22日判決**（家月58巻1号83頁）

　Aの遺言書中の特定の遺産を一部の親族に遺贈等をする旨の条項に続く「遺言者は法的に定められたる相続人を以って相續を与へる。」との条項について、Aが、その妻との間に子がなかったため、Aの兄夫婦の子Yを実子として養育する意図でA夫婦の嫡出子として出生の届出をしたこと、AとYとは、遺言書が作成されたころを含むA死亡までの約39年間、実の親子と同様の生活をしていたとみられること、遺言書が作成された当時、Yは、戸籍上、Aの唯一の相続人であったことなど判示の事情を考慮することなく、遺言書の記載のみに依拠して、上記の遺贈等の対象とされた遺産を除くAの遺産をYに遺贈する趣旨ではなく、これを単に法定相続人に相続させる趣旨であるとした原審の判断には違法があるとした。

【長濱　晶子】

第2　遺言書の真否

27　筆跡鑑定結果の証明力

東京高判平成12年10月26日（平成12年（ネ）第1389号・同3451号）
判例タイムズ1094号242頁

☞ 概　要

■ 問題点

筆跡鑑定結果の証明力の限界

判決の内容

■ 事案の概要

1　Xら（原告・被控訴人）及びY（被告・控訴人）は，被相続人（遺言者）亡Aの子らである。

2　Yは，遅くとも昭和47年4月頃までに亡Aと同居を開始し，昭和59年に結婚した後も，亡Aの自宅近くに居住していた。

3　平成元年5月頃，亡AとYは同居を開始した。

4　平成2年2月，亡Aの夫である亡Bが死亡した。亡Bの遺産は，ほぼ法定相続分の割合で亡Bの相続人（亡A，X，Y，他）に分配された。亡Aが相続した財産は，亡Aの老後の生活資金，Yと同居していた建物及び保養地のマンションのみであった。亡Bの死亡後も，亡AとY夫婦は同居し続けた。

5　平成2年4月，Yは，乳がんを患った。

6 平成2年6月4日から平成3年5月25日までの間，亡Aは入院した。入院当時の診断書には，亡Aが多発性脳梗塞に罹患している旨の記載があった。

7 亡Aは，平成8年12月に入院し，平成10年2月7日に死亡した。亡A名義の自筆証書遺言の作成日付は平成2年9月8日であり，「亡Aの財産を末娘のYに与える」旨が記されていた。

8 Xらは，Yが亡A名義の自筆証書遺言（以下「本件遺言」という）を偽造したとして，本件遺言の無効確認を求めて提訴した。

原判決（東京地判平12・2・25（平10(ワ)13889号））は，Xらの請求を認容したので，これに対してYが控訴を申し立てた。Xらは，附帯控訴を申し立てて請求を追加し，Yが亡Aの相続について相続権を有しないことの確認を求めた。

■ **判決要旨**

1 本判決は，Xらの請求を認容した原判決は失当であるとして原判決を取り消し，被控訴人らの請求を棄却した。本判決は，筆跡鑑定について次のように判示した。

2 本件遺言（乙三の二）の筆跡と亡Aの日記帳（乙二〇）の筆跡について，原審における鑑定の結果は，①配字形態は，類似した特徴もみられるが総体的には相違特徴がやや多く認められる，②書字速度（筆勢）は，総体的に相違特徴がみられる，③筆圧に総体的にやや異なる特徴がみられる，④共通同文字から字画形態，字画構成の特徴等をみると，いくつかの漢字では形態的に顕著な相違があり，ひらがな文字では総体的には異なるものがやや多い傾向があるとして，本件遺言の筆跡と亡Aの日記帳の筆跡とは別異筆跡と推定するとの結論を出している。

一方，乙六四（C作成の鑑定書）は，いくつかの漢字について相違しているもの，類似しているものを挙げ，また，両者の筆跡に筆者が異なるといえるような決定的な相違点は検出されないなどとして，本件遺言の筆跡と亡Aの日記帳の筆跡とは筆者が同じであると推定されるとの結論を出している。

原審における鑑定の結果と乙六四（C作成の鑑定書）とは，基本的な鑑定方

〔27〕東京高判平成12年10月26日（平成12年(ネ)第1389号・同3451号）

法を異にするものではない。右の2つの結論の違いは，本件遺言自体が安定性と調和性を欠いていること，亡Aの日記帳は，昭和55年7月21日から昭和62年4月16日までの間に記載されたもので個人内変動があること，どの字とどの字とを比較するかについてあまりに多様な組合せが可能であることなどによって生じたものと考えられる。

　そうすると，右のような対象について，筆跡鑑定によって筆跡の異同を断定することはできないというべきである。

　なお，筆跡の鑑定は，科学的な検証を経ていないというその性質上，その証明力に限界があり，特に異なる者の筆になる旨を積極的にいう鑑定の証明力については，疑問なことが多い。したがって，筆跡鑑定には，他の証拠に優越するような証拠価値が一般的にあるのではないことに留意して，事案の総合的な分析検討をゆるがせにすることはできない。

　右のとおり，本件遺言については，筆跡鑑定によってその作成者が決められるものではない。

　本件においては，亡B，亡AとYとの生活状態からすれば，本件遺言がされる動機があり，その内容にも合理性が認められる。そして，乙九（Dの平成2年当時の手帳）に乙三の二（本件遺言）とほぼ同文の記載があることを総合すれば，本件遺言は亡Aの自筆によるものと認めるのが相当である。

解　　説

1　問題の所在

　本件は，自筆証書遺言の真偽が争われた事案である。原審は，裁判所選任の鑑定人の「遺言書の筆跡は亡Aの日記帳の筆跡と異なる」旨の筆跡鑑定結果を採用し，本件遺言は無効であると判断した。しかし，Y提出の筆跡鑑定結果は，「遺言書の筆跡は亡Aの日記帳の筆跡と同一人物の筆跡と判断される」となっていた。本件では，裁判所選任の鑑定人による筆跡鑑定結果と私的筆跡鑑定結果が矛盾していたのである。

　自筆証書遺言の無効確認訴訟では，自筆証書遺言の成立要件，すなわち民法968条の定める方式に則って作成されたものであることを，遺言が有効で

あると主張する側において主張・立証する責任がある（最判昭62・10・8民集41巻7号1471頁）。そこで，自筆証書遺言が有効であることを主張する側は，真筆である旨の筆跡鑑定結果の提出を検討するであろうし，立証責任のない側においても，偽筆である旨の筆跡鑑定結果の提出を検討するであろう。こうして，自筆証書遺言の効力を巡る事件では，当事者双方から，矛盾した内容の筆跡鑑定結果が提出される例が少なくない（石田昭彦ほか「遺言無効確認請求事件の研究(下)」判タ1195号90頁）。

　筆跡鑑定の手法の科学的根拠には疑問が投じられているところ，特に私的筆跡鑑定においては，鑑定人の専門的知識・経験の程度が定かでない上，鑑定人が当事者の意向に沿った鑑定結果を作成しかねないという問題（中立性の問題）がある。

　そこで，筆跡鑑定結果の証明力をどのように考えるべきか。筆跡鑑定結果が，裁判例でどのように判断され，採用されているかを検討する。

2　判例の状況

　以下に挙げる裁判例は，いずれも自筆証書遺言の真偽が争われた事案である。

　東京高裁昭和63年4月26日判決（判時1278号81頁）は，裁判所選任の鑑定人の筆跡鑑定結果と控訴人提出の2つの私的筆跡鑑定結果が矛盾した事案において，各筆跡鑑定結果を比較し，「各筆跡の生れた時と状況とによる書体や筆法の差違をこえてなお拭い去れない筆者の個性的な書体や筆法に注目し，彼比の類似性，相同性，稀少性等を探求するものとして，その帰結と共におおむね首肯するに足りると考える。」として私的筆跡鑑定結果を採用し，「本件遺言書は，亡Aの自筆であると認めるのが相当であり，また，その名下の印影は亡A自らがその印章を押捺したものであることが弁論の全趣旨によって認めることができる。」と判示した。

　東京地裁平成9年6月24日判決（判タ954号224頁）は，真筆であるとする裁判所選任の鑑定人の筆跡鑑定結果と偽筆であるとする私的筆跡鑑定結果が存在した事案において，「本件遺言書は，……カーボン複写の方式によって作成され，特異な筆跡が目立ち，真正な成立に疑問を抱かせる事情もあることから，その成立の真否を判断するにあたっては，慎重な検討を要する」とし

た上，裁判所選任の鑑定人の筆跡鑑定結果を「筆跡の鑑定人として注目してしかるべきと思われる本件遺言書の筆跡上の特異性に注目した形跡がない上，……本件遺言書の筆跡と鑑定資料中の原告の筆跡との共通性について注目した形跡がなく，筆跡の模倣についての検討に注意深さを欠いており，証拠価値が極めて低い。」と判断した。そして，私的筆跡鑑定結果について，「C鑑定は本件遺言書の筆跡上の特徴及び鑑定上の諸条件について慎重な配慮がなされているものと認められるが，C鑑定の結果によれば，本件遺言書の筆跡と原告本人の陳述書の筆跡の筆者は同一であると推定されている。」と判示した。

大阪高裁平成20年11月27日判決（平19(ネ)1835号）（判例集未登載）は，結論の矛盾する複数の筆跡鑑定結果が提出された事案において，「仮に当該文書が偽造されたものである場合，偽造者は被偽造者の真筆に似せて作字し文書を作成しようとするものといえるから，対照文書の文字に共通点や類似点が多く存在し，その数が相違点より多いからといって，直ちに，当該文書が真正な文書であると認めることはできない」とし，「固有筆跡」についても真字に似せて記載することもあり得るから，「固有筆跡」に着目する方法が常に相当な方法であるとはいえないとし，各鑑定の基準の明確性，文字の選択の恣意性等を検討した上，被控訴人らの提出した筆跡鑑定結果の証明力を否定した。

以上の裁判例は，筆跡鑑定の困難性とともに，当事者が筆跡鑑定結果を立証の中心に据えることの危険性を示しているといえる。いずれも「異なる筆跡鑑定結果を比較検討した裁判例」として紹介されているが，単に筆跡鑑定結果を比較対照して結論にいたってはいないことに注意を要する。

例えば，前掲東京地裁平成9年6月24日判決は，「原告は過去に自己が置かれていた状態に関して虚偽の事実を述べて事実を隠蔽しようとする姿勢が認められる。このように，原告の供述には，本件遺言書の成立に関する重要な事実について，虚偽又はつじつまの合わない説明が多い。」と判示しており，遺言書作成の背景について詳細な事実認定を行っている。

なお，本判決が筆跡鑑定結果の証明力について疑問を投げかけるところ，裁判所選任の鑑定人の筆跡鑑定結果について，「鑑定は，専門的知識や経験

を有する中立的な鑑定人が宣誓の上実施するものであるから，その内容に特段不合理な点が認められず，他の証拠と整合すれば，鑑定結果を採用して然るべき」とした裁判例も存在する（東京地判平19・3・16判例集未登載）。しかし，この裁判例も，筆跡鑑定結果と他の証拠との整合性を検討し，遺言書作成の経緯，遺言書作成の動機を検討しており，単に筆跡鑑定結果を採用して結論にいたってはいない。

　以上のように，裁判例は，筆跡鑑定結果の証明力について慎重に吟味し，筆跡鑑定結果を鵜呑みにすることなく，事案の総合的な分析を行う傾向がある。

3　本判決の意義と射程

　自筆証書遺言の真筆の判断にあたり，裁判例は，①筆跡の同一性，②遺言者の自書能力及び程度，③遺言書それ自体の体裁，④遺言内容それ自体の複雑性，遺言の動機・理由，遺言者と相続人又は受遺者の人的関係・交際状況，遺言にいたる経緯，⑤遺言書の保管状況・発見状況等の要素を総合考慮しているという（東京地方裁判所民事部プラクティス委員会第二小委員会「遺言確認請求事件を巡る諸問題」判タ1380号4頁，石田昭彦ほか「遺言無効確認請求事件の研究(上)」判タ1194号43頁）。このことは，筆跡鑑定結果が示す「筆跡の同一性の有無」は，自筆証書遺言の真筆の判断要素の1つにとどまることを意味している。

　本判決は，新たな判例法理を示したものではない。しかし，①筆跡鑑定結果には他の証拠に優越するような証拠価値がない，②事案の総合的な分析検討をゆるがせにすることはできないと判示して，筆跡鑑定結果が自筆証書遺言の真筆の判断要素の1つにとどまることを確認し，筆跡鑑定結果を相対化した訴訟活動の重要性を示したことに実務上の意義がある。

【関口　慶太】

〔参考判例〕

　本文中に挙げたもののほか，
　　・東京地判平7・12・26判時1576号120頁

〔参考文献，評釈等〕

〔27〕東京高判平成12年10月26日（平成12年（ネ）第1389号・同3451号）

本文中に挙げたもののほか，
- 辻朗「自筆証書遺言における『自書』と筆跡」判タ682号73頁
- 大阪地方裁判所専門訴訟事件研究会編著「大阪地方裁判所における専門委員制度等の運用の実際」判タ1190号112頁

第3　遺言書の方式の瑕疵

28　公正証書における「口授」

最判昭和51年1月16日（昭和50年(オ)第859号）
最高裁判所裁判集民事117号1頁，家庭裁判月報28巻7号25頁

概　要

■ 問題点

民法969条2号所定の「口授」の有無

判決の内容

■ 事案の概要

　被相続人Aは，昭和38年頃，Yの母と男女の関係となり，同40年1月頃にはYの母がA所有のアパートの一室に入居して関係を継続し，同42年6月にはYが出生した。Aは，昭和46年4月頃，肝臓障害の悪化のため医院に通院を始め，同年6月9日には同医院に入院したが，同年6月15日，県立病院へ転院した。同日午後の医師の診断によれば，Aは，肝性昏睡（前駆期，切迫昏睡，肝性昏睡と進行する）の前駆期にあるものと認められたが，翌16日午前中には前駆期から切迫昏睡へと移行する段階にあった。同日午後4時頃，腹水がたまったAは腹腔穿刺の手当てを受け，酸素吸入の処置を受けた。同日夕方には，切迫昏睡の状態にあり，意識は傾眠状態に陥っており，少し良くなったり，悪くなったりという波を経て次第に悪化し，判断力はひどく低下していた。同日午後8時ないし9時頃もこのような状態にあり，翌17日朝には肝性昏睡の状態に陥り，同日午後3時頃死亡した。

この間，Aは，弟Bに対し，同15日正午すぎ，Yを認知する旨の遺言作成の手配を頼み，Bは，知人Cに対し，遺言の件を公証人に依頼すること及び公正証書遺言の証人になることを依頼し，知人Dに対し，同じく証人になることを依頼した。CからAの公正証書遺言の作成依頼を受けた公証人は，事務所において，Cの話に基づき公正証書用紙に遺言の内容（Aは，Yの母が生んだYを認知する旨）を記載し，かつ，公証人の押印をすませた上，同日午後8時30分頃，Cとともに病院に赴き，C及びDとともに病室に入り，病床のAに対し，「子供のことで遺言をするのは本当か。」，「Yを子として認めるという公正証書を作ってよいか。」，「Yはあなたの子どもにまちがいないか。」と尋ねるとAはいずれの場合もうなずいたが，公証人のすべての質問に対し，単にうなずいただけで一言も言葉を発しなかった。公証人は，遺言をまちがいないと判断し，病室を出た後，C及びDに証人として署名押印させ，Aは署名することができないので公証人がその旨を記載し公正証書遺言を完成させた。その後，公正証書遺言の方式上の要件たる「遺言者が遺言の趣旨を公証人に口授すること」（民969条2号）が欠けるとして，Aの公正証書遺言によるYの認知の無効が争われたのが本件事案である。1審は，原告らX₁ないしX₆の請求を棄却したが，控訴審（仙台高判昭50・6・11家月28巻7号26頁）は，本件遺言は無効であるとして，1審判決を取り消し，控訴人らの請求を認容した。

■ 判決要旨

上告棄却

「遺言者が，公正証書によつて遺言をするにあたり，公証人の質問に対し言語をもつて陳述することなく単に肯定又は否定の挙動を示したにすぎないときには，民法969条2号にいう口授があつたものとはいえず，このことは遺言事項が子の認知に関するものであつても異なるものではないと解すべき」である。

解　説

1　民法上の公正証書遺言の方式上の要件

　民法969条は，公正証書遺言の方式として，①証人2人以上の立会い，②遺言者が遺言の趣旨を公証人に口授すること（なお，口がきけない者については，平成11年の民法の一部改正により新設された同条の2により，「通訳人の通訳による申述」又は「自書」をもって口授に代えることになる），③公証人が，遺言者の口述を筆記し，これを遺言者及び証人に読み聞かせ，又は閲覧させること，④遺言者及び証人が，筆記の正確なことを承認した後，各自これに署名し，印を押すこと（遺言者が署名することができない場合は，公証人がその事由を付記して，署名に代えることができる），⑤公証人が，その証書は前各号に掲げる方式に従って作ったものである旨を付記して，これに署名し，印を押すこと，という要件を規定している。このような厳格な方式上の要件が要求される趣旨は，他人の強制や心理的強制を排して遺言内容を明確化し，かつ，遺言内容における遺言者の真意を確保することにあると解されている。

　そのうち，特に口授の要件が要求される趣旨は，遺言者が遺言の趣旨を公証人に口頭で陳述することによって伝え，それがそのまま遺言書の内容として表示されることが，遺言書における遺言者の真意を確保する手段として適切であるとの価値判断に基づくものである。かかる価値判断に従えば，遺言者の真意が確保されていれば，口授についても必ずしも厳格に解する必要はないといえる。

　そこで，口授の要件につき，どの程度緩和して考えることが可能かが問題となるため，この点につき，以下，判例を中心に検討する。

2　口授の要件に関する判例の検討

(1)　口授の有無について

　口授とは，言語をもって申述すること，つまり，口頭で述べることである（中川善之助＝加藤永一編『新版注釈民法(28)〔補訂版〕』109頁〔久貴忠彦〕）。したがって，言語によらない表示は口授とはいえないとするのが通説である。判例も，公証人の質問に対し，単に肯定又は否定の動作を行うだけで，言語によらないものは口授とはいえないことを明らかにしている（大判大7・3・9刑

録24輯197頁)。本判決も同様の判断を示したものである。その他，同旨の判断を示したものとしては，公証人が遺言者から直接口頭による遺言の趣旨を聴取することなく，あらかじめ第三者を通じて了知した遺言内容の原稿を読み上げ，遺言者がうなずくや右書面に基づいて公正証書を作成した事案で口授を否定した東京高裁昭和39年12月23日判決（東高民時報15巻12号268頁），公証人の読み聞かせに対してうなずいただけでは口授があったとはいえないとするものとして最高裁昭和52年6月14日判決（家月30巻1号69頁），公証人が，あらかじめ用意した遺言内容の写しを遺言者に交付した上，その内容を一項ごとに区切って読み上げ，その都度遺言者がうなずいた事案で口授を否定した横浜地裁平成元年9月7日判決（判時1341号120頁），推定相続人かつ受遺者である者が，公証人の面前で遺言者に遺言内容を問いかけ，遺言者がうなずいたのに基づいて公証人が筆記した事案で口授を否定した仙台高裁秋田支部平成3年8月30日決定（家月44巻1号112頁），遺言者が，公正証書遺言作成時の公証人とのやりとりの中で自ら積極的に遺贈をする旨の発言をしたことは一度もなく，公証人の誘導にもかかわらずその誘導に従った発言をしなかったことから口授を否定した東京地裁平成5年5月25日判決（判時1490号107頁），公正証書遺言作成に近接した時期に，遺言者が直接関与して作成されたものでない遺言内容を，公証人が読み聞かせ，これに対して，遺言者が，自ら具体的な遺言事項につき一言も言葉を発せず単なる返事の言葉を発したにすぎないときは，遺言者の真意の確認の方法として不確実であり口授があったとは認められないとした東京地裁平成11年9月16日判決（判時1718号73頁），弁護士が関与して作成された公正証書遺言作成の際に，遺言者が公証人と手を握り，公証人による案文の読み聞かせに対し手を握り返したにすぎず言語をもって陳述しなかった場合に口授があったものとは認められないとした東京地裁平成20年11月13日判決（判時2032号87頁），遺言者が遺言内容を公証人に説明したことはなく，公正証書遺言作成時も公証人の問いかけに対し声を出してうなずいたのみの事案で口授を否定した宇都宮地裁平成22年3月1日判決（金法1904号136頁）等がある。

　また，そもそも遺言者の口授能力を否定したものとして東京高裁昭和57年5月31日判決（判時1049号41頁），遺言能力及び口授能力ともに否定したもの

として大阪高裁平成19年4月26日判決（判時1979号75頁）がある。

　さらに，口授は，直接公証人に対してなされなければならないことから，他人を介して公証人に伝達された遺言は口授の要件を欠くものとして無効となる。判例も，遺言者が病気で明瞭に言語を発することができない場合に，第三者が遺言者の不明瞭な発言を聞き取り公証人に伝達したもので，遺言者が直接公証人に対し何らの意思も表明していない事案で口授を否定している（大判昭13・9・28新聞4335号10頁，その他大阪控判大6・5・24新聞1285号23頁）。これに対し，遺言者が遺言の趣旨を自ら口述したが，言語障害により遺言者の言動が明瞭さを欠くところがあったため，平生から遺言者の発言を理解し得る第三者である家政婦による介添的な通訳がなされた事案では有効な口授を認めている（大阪高判昭57・3・31判時1056号188頁）。

(2) 口授の程度・方法について

　実務においては，公正証書遺言作成において，遺言者が公証役場に行き，公証人に対して自ら遺言内容を口授し，その場で公証人が筆記して読み聞かせを行って作成するという方法でなされる場合はほとんどなく，あらかじめ公証人が原稿を作成し，遺言者にその要領を口頭で言わせて確かめる方法で作成されている場合が多い。そこで，まず，あらかじめ作成された書面を用いて口授を補完することが許されるかが問題となるところ，判例は，遺言者による一定の発語があった場合，口授の補完として，あらかじめ作成された書面によるものとすることは許されるとしている。具体的には，遺言者が物件の目録を用意し口頭で骨子を述べ，物件の詳細については別の覚書によるとした事案につき，物件を特定できる程度の発語があり遺言内容が明瞭であれば，その部分の口授を省略しても口授があるとしており（大判大8・7・8民録25輯1287頁），学説も賛成する。

　また，判例は，公証人が，あらかじめ遺言者から遺言内容を記した書面の交付を受けて，その書面に基づきあらかじめ公正証書用紙に右書面どおりの記載をしておき，その後遺言者に面談して「遺言の内容は過日交付を受けた書面のとおりか」と問い，遺言者が「遺言の趣旨は先に交付し置きたる書面の通り」と答えただけでも適式な口授があったとする（大判昭9・7・10民集13巻1341頁。同旨東京地判昭44・11・19判時594号79頁）が，この判例については，

ここまで口授の要件を緩和することにつき学説の反対が有力である。

　さらに，親族が遺言者の意思に沿って作成したメモに基づき公証人があらかじめ筆記し，これを項目ごとに区切って読み聞かせたのに対し，遺言者がその都度そのとおりである旨を声に出して述べ，遺贈対象者の名前や数字も声に出して述べるなどし，最後に公証人が通読したのに対し大きくうなずいて承認した場合に口授を認めた事案がある（最判昭54・7・5判時942号44頁）。

(3) 口授の順序について

　前述のような公正証書作成実務を前提とした場合，遺言者の口授と公証人の筆記の順序が入れ替わっていることは許されるかについて，判例は，手続の順序が前後しても遺言者の真意を確保し，その正確を期するための遺言の方式を定めた法意に反するものではないとしてこれを肯定している（筆記，口授，読み聞かせの順序であった事例として大審院昭和6年11月27日判決（民集10巻12号1125頁），筆記，読み聞かせ，口授の順序であった事例として最高裁昭和43年12月20日判決（民集22巻13号3017頁）。これらについては，遺言の内容が明確であり，口授があるため学説も賛成する）。また，その後の下級審判例も，これに従うものがある（東京地判昭63・4・25判時1274号30頁，東京高判平15・12・17金法1708号46頁）。

　もっとも，判例も，公証人があらかじめ作成した原稿が遺言者の真意を反映したものであることが疑わしいときには，遺言の効力を否定している（東京地判昭62・9・25判タ663号153頁，広島高判平10・9・4判時1684号70頁）。

3　まとめ

　上述のとおり，口授に関する判例については，発語が全くなされなかった場合や直接公証人に対してなされなかった場合を除き，かなり緩やかに解されている傾向にあると一応いえる。しかし，遺言者の最低限の発語があれば，常に口授があったと認定されるわけではなく，遺言者の自由かつ明確な真意の確保がなされているかを基準に，遺言時の遺言者の病状，遺言者の判断能力，遺言作成の動機や背景事情，遺言内容への遺言者の関与，遺言作成過程における利害関係人の関与，発語の程度，遺言内容等を総合的に考慮して，口授の要件を満たすかが判断されているものと考えられる。

　口授が争われる事例は，遺言者が高齢で認知症その他の病気に罹患し，病院や施設等において公正証書遺言が作成された場合が多いことから，弁護士

として公正証書遺言作成に関与するにあたっては，遺言者の自由かつ明確な真意を確保するため，できる限り早期に，遺言者の心身が健全な状態で公正証書遺言を作成すべきである。また，後日の紛争防止のために，遺言者の意思が確認できる書面や録音等の記録，遺言者の診断書，カルテ，看護記録等の保存や，公正証書遺言作成状況の録音及び録画等をして，できる限り証拠の保全をしておくことが望ましいといえよう。

【小西　麻美】

〔参考文献〕
- 中川善之助＝加藤永一編『新版注釈民法(28)〔補訂版〕』109頁以下〔久貴忠彦〕
- 松原正明『判例先例相続法(4)〔全訂版〕』187頁以下
- 野川照夫・別ジュリ66号240頁以下
- 加藤洋美・学習院法務研究7号91頁以下
- 髙野芳久「昭和63年度主要民事判例解説」判タ臨増706号178頁以下
- 稲田龍樹＝山本博・判タ367号53頁以下
- 石田敏明＝合田かつ子「公正証書遺言における『口授』について」ジュリ649号112頁以下
- 東條宏・別冊判タ29号166頁以下
- 和田日出光・判タ1100号186頁以下
- 池上哲朗・金判1436号96頁以下

29 自筆証書遺言における「添え手」

最判昭和62年10月8日（昭和58年（オ）第733号）
最高裁判所民事判例集41巻7号1471頁，最高裁判所裁判集民事152号23頁，家庭裁判月報40巻2号164頁，判例時報1258号64頁，判例タイムズ654号128頁

☞ 概　　要

■ 問題点

1　自筆証書遺言の無効確認訴訟における自筆証書遺言の成立要件の主張・立証責任
2　自書能力の意義
3　運筆について他人の添え手による補助を受けて作成された自筆証書遺言が，民法968条1項の「自書」として有効となる要件

判決の内容

■ 事案の概要

　明治32年生まれの被相続人Aは，昭和42年頃から老人性白内障により視力が衰え，昭和43年6月に診察を受けた際，両眼とも0.02であったが，同年頃，老人会の会計係をしていたので帳簿に記入したり，手帳を利用して必要な電話番号などを書いたり，昭和44年1月には同年度土地評価額表を自分で書いて作成したり，同年頃洋服箱に貼りつけるために大きな紙に「無地夏服」と書いたりしていた。しかし，昭和45年4月頃，脳動脈硬化症を患い，その後遺症で手がひどく震え，食物や薬を口に運ぶ途中でこぼしたりするほどになったため，時たま大きな紙に大きな字を書いて妻である訴外Bらに「読めるか」と聞いたりしたこと以外は全く字を書かなくなった。右

罹患後Aが筆記したものは全く残っていない。Aが，昭和47年6月1日に，独りで遺言書を作成しはじめたが，Bから読めそうにないといわれたため，これを破棄し，Bが背後からAの手の甲を握り，Aが書こうとする語句を一字一字発声しながら2人で手を動かしてはいたが，BがAの声を聞きつつこれに従って積極的にAの手を誘導し，Bの整然と書こうとする意志に基づき作成されたのが本件遺言書である（原審判決理由による）。本件遺言書には，以下のように書かれている。「遺言　父死後は《番地略》の本家はY_1Y_2に相続させる事　X_1には子供がないからである　貸家其他一切も相続する事　その中《番地》の××（現在××に貸してある家）をX_1の名義とする　貸家より生ずる家賃より税金其他法事，交際費貸家に関する一切の費用を差引残りを$X_1Y_1X_3$の三人に分配する事　年に二回する事　X_2には二十万円与える事母生存中は家賃一切を与へる事兄弟四人助け合って仲よく暮らすやうにたのむ　右必ず実行する事　昭和四七年六月一日　父　A」。相続開始後，Aの二男X_1・長女X_2・次女X_3が，本件遺言書により遺産の大部分たる不動産を与えられた三男Y_1及びその長女Y_2を相手に，本件遺言書はBが偽造したと主張し，遺言無効（事件名は遺言不存在確認）の確認を求めて提訴した。1審（大阪地判昭56・3・30民集41巻7号1486頁）は，自筆証書遺言が認められた趣旨からすると，他人の添え手を受けて作成された自筆証書遺言は，添え手をした他人の意思が遺言者の意思に介入するおそれがあり，また，後日遺言の効力が問題とされた場合に筆跡それ自体によって遺言書の真偽を判定することを困難ならしめることになるから，原則これを無効としつつも方式緩和論をとりXらの請求を棄却したが，原審（大阪高判昭58・3・16判タ506号186頁）は，1審と同様の理由により他人の添え手を受けてされた自筆証書遺言を原則無効としつつ，①遺言者が証書作成時に自書能力（自筆能力。次記②の支えを借りるだけで書き得るときは自書能力があるといえる）を有したこと，及び，②遺言者の手の動きが遺言者の望みにまかされており遺言者は添え手をした他者から単に筆記を容易にするための支えを借りているだけであったことが証明されたときに限り有効であるとの見解をとった上，本件は①及び②のいずれの要件も充足されていないとしてこれを取り消しXらの請求を認容したため，Yらが上告したのが本件事案である。

■ 判決要旨

　本判決は，要旨次のとおり判示した上，本件遺言書を無効とした原審の判断を是認し，Yらの上告を棄却した。

　1　自筆証書遺言の無効確認を求める訴訟においては，当該遺言証書の成立要件すなわちそれが民法968条の定める方式に則って作成されたものであることを，遺言が有効であると主張する側において主張・立証する責任がある。本件においてXらの偽造の主張は積極否認にほかならない。原審は，本件遺言書について結局「自書」の要件についての立証がないとの理由により，その無効確認を求める本訴請求を認容しているのであって，その判断の過程に違法はない。

　2　自筆証書遺言が有効に成立するためには，遺言者が遺言当時自書能力を有していたことを要し，自書能力とは，「遺言者が文字を知り，かつ，これを筆記する能力」と解するのが相当である。したがって，全く目が見えない者でも，文字を知り，かつ，自筆で書くことができれば，筆記に他人の補助を必要とする場合でも自書能力を有するし，逆に，目が見える者でも文字を知らない場合は，自書能力を有しない。そうとすれば，本来読み書きのできた者が，病気，事故その他の原因により視力を失い又は手が震えるなどのために，筆記について他人の補助を要することになったとしても，特段の事情がない限り，右の意味における自書能力は失われない。原審の認定事実だけではAが自書能力を失っていたということはできず原判決は自筆証書遺言の要件に関する法律の解釈適用を誤った違法があるが，本件遺言書は，他人の添え手による補助を受けてされた自筆証書遺言が有効とされるための他の要件を具備していないため結局無効である。

　3　病気その他の理由により運筆について他人の添え手による補助を受けてされた自筆証書遺言は，①遺言者が証書作成時に自書能力を有し，②他人の添え手が，単に始筆若しくは改行にあたり若しくは字の間配りや行間を整えるため遺言者の手を用紙の正しい位置に導くにとどまるか，又は遺言者の手の動きが遺言者の望みにまかされており，遺言者は添え手をした他人から単に筆記を容易にするための支えを借りただけであり，かつ，③添え手が右

のような態様のものにとどまること，すなわち添え手をした他人の意思が介入した形跡のないことが，筆跡の上で判定できる場合には，「自書」の要件を満たすものとして，有効であると解するのが相当である。本件遺言書は，前記②の要件を欠き無効である。

解　説

1　民法上の自筆証書遺言の方式上の要件

　遺言は，遺言者の真意を確保し，偽造・変造を防止するため，厳格な要式行為とされ，民法の定める方式に従わない遺言は無効とされている（民960条）。自筆証書遺言の要件は，「遺言者が，その全文，日付及び氏名を自書し，これに印を押」すこと（民968条1項）であるが，全文の「自書」が要件とされるのは，自書の書面から，筆跡によって遺言者本人が書いたものであることを判定でき，それによって，遺言が遺言者の真意に基づくものであることを保障することができるからである。したがって，他人が代筆したものは，たとえ遺言者が口述するところを逐一筆記したものであったとしても無効であると解されているし，タイプライターや盲人用点字機を用いて作成されたものも無効とするのが通説である。他人が下書きした文章をそのまま書き写した場合，遺言者が多少とも文字を書けて理解し得るものの的確な表現力に欠けるため他人に下書きを依頼してこれを筆写した場合には自書とみてよいが，遺言者が文字を解し得ない者であるときは，遺言書の内容や表現が自己の真意と合致するか否かを確かめることができないから，これを有効な自書とみることはできないと解されている。

2　運筆について他人の補助を受けてされた自筆証書遺言の効力について

(1)　学説・判例の状況

　この問題について学説は，①運筆について補助を受けた場合には遺言を無効とする説（近藤英吉『相続法の研究』288頁。ただし，同『判例遺言法』で改説。和田于一『遺言法』53頁），②遺言者に自筆能力があることを当然の前提としつつ，「単に他人に手を支えられて書いた場合」（近藤・前掲『判例遺言法』36頁，中川善之助監修『註解相続法』292頁〔小山或男〕），運筆について「単に他人の

手伝いないし手助けを受けた場合」(中川善之助編『註釈相続法(下)』37頁〔青山道夫〕,太田武男「自筆証書遺言の方式」同編『現代の遺言問題』81頁),「他人が手を支えて遺言者の欲する文字を書かせたような場合」(中川善之助『相続法』334頁)には,「自書」の要件を満たすとする説,③遺言者の真意確保の見地からより厳格な要件を課すのが相当であるとして,遺言者が遺言作成について常に積極的ないし主導的役割を果たし,かつ,添え手が遺言者の意思の表示を容易ならしめるためになされたものであることが明らかである場合にのみ添え手による自書を有効とする説(久貴忠彦「自筆証書遺言における自書の意味」阪大法学129号1頁)に分かれている。

本判決以前に,最高裁において遺言書本文の「自書」が問題になった例はない。古い判例として,遺言者が遺言書全文を自書し,署名したが,重態で疲労がはなはだしかったため日付の記載を翌日に譲り,翌日日付を記載するにあたり,他人に後方から手を支えてもらって書いたため日付の「自書」性が問題となり肯定された事案(大判昭6・7・10民集10巻736頁)がある。この判例から推して,遺言者に自筆能力がある限り,遺言書本文についても同じことになろうと解されてきたところ,原審は,このような判例・学説の状況に対応して,本件を自書能力の存否の問題として処理した。しかし,これでは自書能力の意義も明らかでなく,他人の添え手の補助との関係も不明確であった。

(2) **本判決の意義について**

本判決は,この問題を,自書能力の問題とそれを補完する他人の補助の限界の問題に区別,整理して解決し,自筆証書遺言における「自書」の要件に関し,①自書能力の意義及び②完全な自書能力を欠く者が他人の添え手の補助を受けて自筆証書遺言を作成した場合これが有効となる要件について判示した最初の最高裁判例である。本判決は,自筆証書遺言に「自書」を要求する前記法の趣旨に照らして,「自書」が自筆証書遺言の本質的ともいうべき要件であることを理由に,1審がとった方式緩和論を本件については採用しないことを明らかにし,民法968条の立法趣旨に忠実な解釈を示しているといえる。また,本判決は,Xらが遺言偽造つまりAの遺言の無効確認の主張をしていたため,上記判断の前提として,遺言の方式に関する主張・立証責

任について，適式の遺言であることの主張・立証責任は，遺言が有効であると主張する者にあるものと判示している点も新しい判断である。

　なお，本判決の趣旨に従い，遺言の効力を肯定した判例として東京高裁平成5年9月14日判決（判時1501号112頁，判タ847号271頁），遺言の効力を否定した判例として，東京地裁平成18年12月26日判決（判タ1255号307頁），東京地裁平成19年6月11日判決（平17(ワ)24856号），東京地裁平成22年5月28日判決（平20(ワ)36724号），東京地裁平成24年9月7日判決（平22(ワ)46928号），東京地裁平成24年12月10日判決（平23(ワ)39386号）等がある。

【小西　麻美】

〔参考文献〕
- 中川善之助＝加藤永一編『新版注釈民法⑵⑻〔補訂版〕』88頁以下〔久貴忠彦〕
- 松原正明『判例先例相続法(4)〔全訂版〕』116頁以下
- 魚住庸夫・最高裁判所判例解説民事篇昭和62年度608頁
- 魚住庸夫「昭和62年度主要民事判例解説」判タ臨増677号190頁
- 魚住庸夫・ジュリ902号84頁
- 佐藤義彦・ジュリ902号34頁
- 加藤永一・ジュリ臨増910号93頁
- 辻朗・別ジュリ99号210頁

[30] 自筆証書遺言における日付の誤記と遺言の効力

最判昭和52年11月21日（昭和52年(オ)第696号）
家庭裁判月報30巻4号91頁，金融法務事情851号45頁，金融・商事判例538号16頁

☞ 概　　要

■ 問題点

遺言書の実際上の作成日と遺言書記載の作成日付が相違する場合（自筆証書遺言における日付の誤記）の遺言書の有効性

判決の内容

■ 事案の概要

X_1，X_2及びY_1は，昭和48年10月に死亡したZの子であり，Zは死亡前の昭和48年中に，弁護士であるY_2と相談の上，自筆証書遺言を作成し，Y_2に預けた。

Z死亡後に家裁の検認を受けた同遺言証書には，遺産の大部分をY_1に遺贈すること，遺言執行者をY_2と指定すること等の記載があるが，その作成日付は「昭和28年8月27日」と記載されている。X_1X_2がY_1Y_2を被告として同遺言の無効確認を求めた。

■ 判決要旨

自筆遺言証書に記載された日付が真実の作成日付と相違しても，その誤記であること及び真実の作成の日が遺言証書の記載その他から容易に判明する場合には，遺言はこれによって無効となるものではない。

解　説

1　「日付」の意義

　遺言書は何度でも作成できるものであり，仮に複数の遺言書が存在する場合，後に作成された遺言書が有効とされる。

　そして，遺言書の作成の先後関係は，通常，遺言書の作成日付を基準に把握するものであるから，作成日付の誤記載は，遺言書の作成の先後関係を決する上では，支障となる。

　また，ひとたび，遺言書作成時の遺言能力が争われる場合，遺言能力の有無の基準時として作成日付が手がかりとなってくる。

　そこで，民法は自筆証書遺言の方式として「日付」を要求し，年月の記載があっても，日の記載がない遺言は無効とされ（最判昭52・11・29家月30巻4号100頁），「吉日」と記載した遺言は日付の記載を欠くものとして無効とされる（最判昭54・5・31判時930号64頁）。

　もっとも，歴日でなくとも，日まで特定できれば，○○年敬老の日とか，満○○歳の誕生日などでも「日付」の要件を満たすものと解される。

2　真実の作成日と作成日付が異なる場合の遺言の効力

　前記のとおり，日付の記載は，遺言の成立の時期を明確にするために必要とされるので，真実遺言が成立した日の日付を記載しなければならない。

　したがって，真実の作成日と作成日付が異なる場合，遺言は無効とされる余地があり，少なくとも，故意に遺言の作成日と異なる日付を記載した遺言は無効と解される（東京高判平5・3・23判タ854号265頁）。

　もっとも，遺言者が遺言書のうち日付以外の部分を記載して署名押印し，その8日後に当日の日付を記載して遺言書を完成させることは民法が禁ずるものではなく，同遺言書は，特段の事情のない限り，日付が記載された日に成立した遺言として適式なものと解するのが相当であるとした最高裁判例がある（最判昭52・4・19家月29巻10号132頁）。

3　本判決の意義

　本判決の1審（横浜地判昭50・12・26家月30巻4号92頁），2審（東京高判昭52・3・22金判538号17頁）は，本件遺言書が作成された前後の事情を踏まえ，遺言

書中で遺言執行者に指定されているY₂は昭和47年に初めてZと知り合ったものであり，また，同人が弁護士となったのは昭和30年のことである事実に照らせば，遺言書に記載された「昭和28年」は昭和48年の誤記であることが明白であり，正しい作成日付を容易に判定できるのであるから，誤記は遺言書を無効ならしめるものではないとした。

　遺言書の作成日付の前記機能を背景として，本件においても争われたように，作成日付が誤記であろうと推測される場合についても遺言書の有効性が問われることとなる。

　本判決は，原判決の判断を是認し，誤記であること及び真実の作成の日が遺言証書の記載その他から容易に判明する場合には，遺言はこれによって無効となるものではないとした。

　実際上，作成日付に関して，遺言書の有効性に関する要件として意味を有してくるのは，「真実の作成の日が遺言証書の記載その他から容易に判明する場合」という部分である。

　これは逆にいえば，作成日付が誤記とされる場合において，真実の作成の日が遺言証書の記載その他から容易に判明しなければ，遺言書は無効と評価されてしまうということである。

　しかし，本件のように弁護士が遺言書の作成に関与するなどの事情がない限り，遺言書の実際の作成日について，遺言書に記載された作成日付以外の記録といえるほどの資料が残されないことのほうがむしろ多いと考えられることからして，遺言書の実際上の作成日は必ずしも容易に判明しない場合のほうが多いと思料される。

　また，本件では，遺言書が実際に作成された昭和48年と記載上の日付の昭和28年とで相当程度の時間的な差があり，本判決が指摘するとおり，誤記であること，真実の作成日が遺言書記載その他から容易に判明するケースであったことに留意する必要があろう。

【出口　裕規】

31 自筆証書における「押印」

最判平成元年2月16日（昭和62年（オ）第1137号）
最高裁判所民事判例集43巻2号45頁，家庭裁判月報41巻5号47頁，判例時報1306号3頁，判例タイムズ694号82頁

☞ 概　要

■ 問題点

自筆証書における押印を指印で行うことの適否

判決の内容

■ 事案の概要

被相続人Aは，Y₁に対して全財産を与える内容の自筆証書による遺言を作成していたところ，Aの相続人であるXは，Y₁を含む他の相続人Yらに対し，遺言書は偽造されたものであり，遺言書の押印も印章による押印ではなく指印である等の理由から，遺言書が無効であることの確認を求めて訴訟を提起した。

■ 判決要旨

1　1審（東京地判昭62・2・9民集43巻2号49頁）及び原審（東京高判昭62・5・27民集43巻2号55頁）は，いずれも遺言書はAの真意に基づき作成されたものであり，自筆証書による遺言に押印を必要としたのは，遺言者の同一性を確保することと，遺言が遺言者自身の意思に基づくことを担保することにあるから指印でも差し支えないとして，遺言書は有効なものであると判断しXの請求を棄却した。

本判決も，以下の理由を述べて，原審の判断は正当であるとしてXの上告

を棄却している。

2　自筆証書によって遺言をするには，遺言者が遺言の全文，日付及び氏名を自書した上，押印することを要するが（民968条1項），押印としては，遺言者が印章に代えて拇指その他の指頭に墨，朱肉等をつけて押捺すること（以下「指印」という）をもって足りるものと解するのが相当である。けだし，同条項が自筆証書遺言の方式として自書のほか押印を要するとした趣旨は，遺言の全文等の自書とあいまって遺言者の同一性及び真意を確保するとともに，重要な文書については作成者が署名した上でその名下に押印することによって文書の作成を完結させるという我が国の慣行ないし法意識に照らして文書の完成を担保することにあると解されるところ，押印について指印で足りると解したとしても，遺言者が遺言の全文，日付，氏名を自書する自筆証書遺言において遺言者の真意の確保に欠けるとはいえないし，いわゆる実印による押印が要件とされていない文書については，通常，文書作成者の指印があれば印章による押印があるのと同等の意義を認めている我が国の慣行ないし法意識に照らすと，文書の完成を担保する機能においても欠けるところがないばかりではなく，必要以上に遺言の方式を厳格に解するときは，かえって遺言者の真意の実現を阻害するおそれがあるものというべきだからである。

解　説

1　本判決以前の下級審の動向と本判決の意義

本判決以前の下級審においては，自筆証書遺言における押印が指印で足りるとした例として，本件の1審，原審のほか，①浦和地裁昭和58年8月29日判決（判タ510号139頁），②新潟地裁長岡支部昭和61年7月17日判決（判時1207号110頁），③名古屋地裁昭和62年7月20日判決（判時1259号77頁），指印の場合は原則として無効であるが指印の対照用の印影が保存されている場合に有効とする余地を認めた例として，東京高裁昭和62年5月27日判決（判時1239号54頁，判タ653号128頁），指印の場合は無効とした例として，名古屋高裁昭和63年4月28日判決（判時1294号41頁，判タ676号190頁）等があり判断が分かれてい

た。

　本判決は，下級審の判断が分かれていた中，最高裁として，自筆証書遺言における押印が指印で足りることを明らかにした点において，重要な判決である。

2　自筆証書遺言における押印に関する最高歳の判断

　最高裁において，本件以外に，自筆証書遺言における押印の要件が争われた事例としては，①押印を欠く自筆証書遺言について，遺言者が押印の習慣をもたない帰化者である場合において有効としたもの（最判昭49・12・24民集28巻10号2152頁）や，②遺言書の本文の自署名下には押印はなかったが，これを入れた封筒の封じ目に押印がなされている場合に，押印の要件に欠けるところはなく有効としたもの（最判平6・6・24家月47巻3号60頁）などがあるが，本判決でも述べられているように，遺言の方式を必要以上に厳格に解することになると，かえって遺言者の真意の実現を阻害するおそれがあることから，最高裁は，遺言の全文等の自署などから遺言者の同一性及び真意の確保に欠けるところがないのであれば，押印等の形式的な要件については緩やかに判断し，可能な限り遺言者の真意を実現させることを重視していると考えられる。

【大原　良明】

32 自筆証書における加除訂正

最判昭和56年12月18日（昭和56年(オ)第360号）
最高裁判所民事判例集35巻9号1337頁，家庭裁判月報34巻6号23頁，判例時報1030号36頁，判例タイムズ467号93頁

☞ 概　　要

■ 問題点

1　遺言書の加除その他の変更の方式
2　自筆証書の記載自体からみて明らかな誤記の訂正についての方式違背

判決の内容

■ 事案の概要

　被相続人Aは，昭和32年頃，四女Bの夫Cが代表者である会社Yに対し，Aの所有する建物（以下「本件建物」という）を，月額2万円で賃貸した。

　Aは，昭和49年1月22日，長男Xに本件建物を遺贈する旨の内容の公正証書遺言を作成した。

　Aは，昭和49年3月5日，従前の遺言を取り消す旨の内容の自筆証書遺言を作成した。Aは，同自筆遺言書の全文中，「私は今まで遺言書を書いた記憶はなが（「記憶はないが」の意）つくつた遺言書があるとすれば」との記載の次に「そ」と書きこれを×印で抹消し，それに続けて「それらの」と書いた後，次行上段に「ユ」と書きかけて，行を改め「遺言書は全部」と続け，その次に「取消消取」と記載した部分を直線を数条引いて抹消し，続いて次の行の下方に「取消す」と書いて本文を結び，「そ」，「ユ」及び「取消消取」の，3か所には，氏名自書名下に押捺された印と同一の印がそれぞれ押捺されているが，加除変更の場所を指示し，変更した旨を附記して署名してはい

なかった。

　Aが昭和51年1月31日に死亡したことから，Xは，昭和49年1月22日付公正証書遺言に基づいて本件建物の所有権移転登記手続をし，昭和53年12月7日，Yに対し，延滞賃料を請求する訴訟を提起した（以下「本件訴訟」という）。

　Yは，本件訴訟において，Aが，昭和49年3月5日付自筆証書遺言で昭和49年1月22日付公正証書遺言を取り消したから，同遺言は無効であり，Xは本件建物の所有者でも賃貸人の地位の承継者でもない旨主張し，Xは，昭和49年3月5日付自筆証書遺言には文字の加除があるにもかかわらず，加除変更の方式がとられておらず，要件を満たしていないから無効である旨主張した。

　1審（東京地判昭55・1・29民集35巻9号1343頁）は，昭和49年3月5日付自筆証書遺言には方式違背があるとして同遺言を無効とし，Xの請求を一部認めたため，XY双方が控訴した。

　原審（東京高判昭56・1・28高民集34巻2号114頁）は，自筆証書遺言の一部書損じの抹消については，一旦有効に成立した自筆証書の変更の場合と異なり，民法968条2項により無効とされるいわれはないとして，昭和49年3月5日付自筆証書遺言を有効とし，Xの控訴を棄却し，1審のY敗訴部分を取り消して同部分につきXの請求を棄却したため，Xが上告した。

■ 判決要旨

　1　本判決は，次のとおり判断して，原判決は正当として是認できる旨判示し，Xの上告を棄却した。

　2　自筆証書による遺言の作成過程における加除その他の変更についても，民法968条2項所定の方式を遵守すべきことは所論のとおりである。しかしながら，自筆証書中の証書の記載自体からみて明らかな誤記の訂正については，たとえ同項所定の方式の違背があっても遺言者の意思を確認するについて支障がないものであるから，右の方式違背は，遺言の効力に影響を及ぼすものではないと解するのが相当である（最判昭47・3・17（昭46(オ)678号）民集26巻2号249頁参照）。しかるところ，原審の適法に確定した事実関係によ

れば，本件においては，遺言者が書き損じた文字を抹消した上，これと同一又は同じ趣旨の文字を改めて記載したものであることが，証書の記載自体からみて明らかであるから，かかる明らかな誤記の訂正について民法968条2項所定の方式の違背があるからといって，本件自筆証書遺言が無効となるものではないといわなければならない。

解　説

1　遺言書の加除その他の変更の方式

(1)　民法の規定

遺言書に加除その他の変更を加えたときは，遺言者がその場所を指示し，変更した旨を付記してこれに署名し，さらにその変更場所に押印しなければならない（民968条2項）。

例えば，自筆証書遺言において，5000万円の「5」を「3」として3000万円に訂正したい場合には，訂正した「5」のところに押印して「3」と加筆し，その遺言書の外欄に「この行一字加入一字削除」と付記した上，その次に署名するか，あるいは，遺言書の末尾に「この遺言書の第○行中『5』とあるのを『3』と訂正した」旨付記して署名しなければならない。

民法がこのような方式を採用した理由については，「別ニ自筆ノ遺言書ヲ保管スル官庁ナキ以上ハ，遺言書ノ或部分ヲ末梢シ又ハ書入其他ノ変更ヲ加フルモ何人ガ之ヲ為セシヤハ分明ナラズシテ，徒ニ紛争ヲ生ジ詐欺ヲオコナハシムルニ足ルベシ。故ニ此等ノ弊害ヲ予防スル方法トシテ本案ハ特ニ本条第二項ノ規程ヲ設ケタ」（民法修正案理由書324頁）とされている。訂正加除があったことが遺言者の死後に確証されなければならず，他人による変造を防ぐ必要もあるからである。

しかし，民法968条2項の方式は，変更の場所に署名を要求する等，あまりに厳格であり，一般の文書の加除変更の方式とも異なるため，手続が履践されない変更が生じやすく，立法論としては，方式の厳格さを緩和すべきという見解もある。

(2)　方式違背の効果

加除変更が定められた方式を履践していない場合には，遺言書は加除訂正がなかったものとして扱われることとなり，遺言書自体が当然に無効となるわけではない。

加除変更前の記載が読み取れる場合には，それが本来の遺言として扱われ，加除変更前の記載が判読不能である場合には，その記載はないものとして扱われる。

判読不能部分が遺言書に必要なものである場合には，遺言書自体が無効とされる（仙台地判昭50・2・27判時804号78頁。日付につき元の記載が判読不能であった事案）。

2　自筆証書の記載自体からみて明らかな誤記の訂正についての方式違背

原審は，遺言書の作成過程での加除変更については民法968条2項の適用がないとの立場であるが，学説にも判例にもこのような考え方は見当たらない。

加除変更が遺言書の作成過程でされたものであるかは，遺言者の死後には不明であることが多いのに，そのような不明確な事実関係によって遺言書の効力が左右されるのでは，遺言者の意思の確証という法の趣旨に反するからである（淺生重機・最高裁判所判例解説民事篇昭和56年度838頁）。

本判決は，遺言の作成過程における加除変更にも民法968条2項の適用があるとしつつも，本件自筆証書遺言は，遺言者が書き損じた文字を抹消した上，これと同一又は同趣旨の文字を改めて記載したものであることが証書の記載自体から明らかであり，証書の記載自体からみて明らかな誤記については，民法968条2項所定の方式が踏まれていなくても遺言者の意思の確認に支障はないから，方式違背を理由に遺言を無効とすべきではないとした。

本判決以前に，前掲最高裁昭和47年3月17日判決が，危急時遺言の遺言書に「遺産します」とあるのを「遺言します」と訂正したものを，明らかな誤記の訂正にとどまるから，訂正につき遺言者に読み聞かせなかったという方式違背があっても遺言の効力に影響を及ぼさないと判示し，学説もこれに賛成していたところ，本判決は，これらの判例学説に従ったものである（淺生・前掲841頁）。

【小林　智子】

〔参考判例〕
- 東京地判昭55・1・29民集35巻9号1343頁
- 東京高判昭56・1・28高民集34巻2号114頁
- 最判昭47・3・17民集26巻2号249頁
- 仙台地判昭50・2・27判時804号78頁

33 死亡危急時遺言における「口授」

最判平成11年9月14日（平成9年(オ)第2060号）
最高裁判所裁判集民事193号717頁，裁判所時報1252号1頁，判例時報1693号68頁，金融・商事判例1083号3頁，判例タイムズ1017号111頁

☞ 概　　要

■ 問題点

1　遺言者が「口授」をしたと認められるための要素
2　遺言者の「口授」前に遺言書の下書きを準備することの可否

判決の内容

■ 事案の概要

1　Xら（原告・控訴人・上告人）は，遺言者である亡Aと先妻Bの子らである。
　Y（被告・被控訴人・被上告人）は，亡Aの後妻である。
2　昭和63年9月28日，亡Aは，重度の糖尿病等が原因で入院した。
3　同年10月23日，意識が回復した亡Aは，Yに対し，「Yに亡Aの家財や預金等を与える。」旨の遺言書を作成するよう指示した。
4　同年10月25日，医師3名が病室において証人として立ち会い，亡Aの遺言をする意思を確認した上，草案を一項目ずつ読み上げ，亡Aからその都度「はい。」という返答を得た。最終的に医師が「これで遺言書を作りますが，いいですね。」と質問したところ，亡Aは「よくわかりました。よろしくお願いします。」と答えた。そこで，医師らは退室し，別室において原稿を清書して署名押印した。

5　同年11月13日，亡Aは死亡した。
6　Xらは，亡Aの遺言の無効確認等を求めて提訴した。

■ 判決要旨

1　本判決は，Xらの上告を棄却し，亡Aの遺言（以下「本件遺言」という）が民法976条1項所定の要件を満たすとした原審の判断を正当として是認することができるとした。

2　本判決は，次の3～6の事実関係の下においては，「亡Aは，草案を読み上げた立会証人の一人であるE医師に対し，口頭で草案内容と同趣旨の遺言をする意思を表明し，遺言の趣旨を口授したものというべきであり，本件遺言は民法976条1項所定の要件を満たすものということができる。」と判示した。

3　遺言者である亡Aは，昭和63年9月28日，糖尿病，慢性腎不全，高血圧症，両眼失明，難聴等の疾病に重症の腸閉塞，尿毒症等を併発して病院に入院し，同年11月13日死亡した者であるが，当初の重篤な病状がいったん回復して意識が清明になっていた同年10月23日，Yに対し，Yに家財や預金等を与える旨の遺言書を作成するよう指示した。

4　Yは，かねてから面識のあるC弁護士に相談の上，担当医師らを証人として民法976条所定のいわゆる危急時遺言による遺言書の作成手続をとることにし，また，C弁護士の助言によりC弁護士の法律事務所のD弁護士を遺言執行者とすることにし，翌日，その旨亡Aの承諾を得た上で，亡Aの担当医師であるE医師ら3名に証人になることを依頼した。

5　E医師らは，同月25日，C弁護士から，同弁護士がYから聴取した内容をもとに作成した遺言書の草案の交付を受け，亡Aの病室を訪ね，E医師において，亡Aに対し，「遺言をなさるそうですね。」と問いかけ，亡Aの「はい。」との返答を得た後，「読み上げますから，そのとおりであるかどうか聞いて下さい。」と述べて，右草案を一項目ずつゆっくり読み上げたところ，亡Aは，E医師の読み上げた内容にその都度うなずきながら「はい。」と返答し，遺言執行者となる弁護士の氏名が読み上げられた際には首をかしげる仕種をしたものの，同席していたYからその説明を受け，「うん。」と答

え，E医師から，「いいですか。」と問われて「はい。」と答え，最後に，E医師から，「これで遺言書を作りますが，いいですね。」と確認され，「よくわかりました。よろしくお願いします。」と答えた。

6 E医師らは，医師室に戻り，同医師において前記草案内容を清書して署名押印し，他の医師2名も内容を確認してそれぞれ署名押印して，本件遺言書を作成した。

解　　説

1　問題の所在

本件は，Xらが，「証人が原稿を読み上げたのに対して，亡Aは終始受動的であり能動的表意がないから，口授があったとはいえない。」旨を主張し，遺言の無効確認を求めて提訴した事案である。

「疾病その他の事由によって死亡の危急に迫った者」は，いわゆる死亡危急時遺言をすることができる。その方式は，①証人3人以上が立ち会うこと，②遺言者が証人の1人に遺言の趣旨を口授すること，③口授を受けた証人が，これを筆記すること，④遺言者及び他の証人に筆記を読み聞かせ，又は閲覧させること，⑤各証人が筆記の正確なことを承認すること，⑥承認後に各証人が署名押印をすることである（民976条1項）。

「遺言の趣旨」（民976条1項）とは「遺言の内容」を意味し，「口授」とは「口頭で述べること」を意味すると考えられるところ（中川善之助＝加藤永一編『新版注釈民法(28)』109頁〔久貴忠彦〕），本件のように，遺言者が立会証人に遺言の趣旨を直接口頭で伝えた上で筆記が作成されていなかった場合に，遺言者が遺言の内容を「口授」したといえるのか。以下，判例を踏まえて「口授」の意義を検討する。

なお，「口授」が争点となった死亡危急時遺言の判例は少ないので，死亡危急時遺言と同じく「口授」を方式とする公正証書遺言の判例を中心に検討する。

2　判例・学説の状況

大審院昭和9年7月10日判決（民集13巻1341頁）は，遺言者があらかじめ作

成した書面に基づき公証人が筆記を作成した事案において，遺言者が「さきに交付し置きたる書面の通りなり」（原文カナ）と述べた場合も，「口授」が認められるとして公正証書遺言を有効とした。

　最高裁昭和43年12月20日判決（民集22巻13号3017頁）は，公証人が，あらかじめ他人から聴取した遺言の内容を筆記し，公正証書用紙に清書した上，その内容を遺言者に読み聞かせたところ，遺言者が遺言の内容と同趣旨の言葉（「この土地と家は皆の者に分けてやりたかった。」）を述べ，これを承認して書面に自ら署名押印したという事案において，「口授」が認められるとして公正証書遺言を有効とした。

　最高裁昭和54年7月5日判決（裁判集民127号161頁）は，公証人が事前に準備した筆記を項目ごとに区切って読み聞かせたのに対し，遺言者が，その都度「そのとおりである。」旨を声に出して述べ，金員を遺贈する者の名前や数字の部分についても声に出して述べるなどし，最後に，公証人が筆記を通読したのに対し大きくうなずいて承認したという事案において，公正証書遺言は無効ではないとした原審の判断を是認して，「口授」を認めている。

　さらに，本判決後の最高裁平成16年6月8日決定（金法1721号44頁）は，公証人が，遺言者から公正証書の作成の嘱託を受け，あらかじめ弁護士が遺言者から聴取した遺言内容に従って準備した遺言書文案を遺言者に交付して項目ごとに読み上げ，遺言者がその都度うなずき，遺言書文案の名前の誤記を指摘して訂正を求めた上，読み聞かせが終了した後，公証人が「このとおりで間違いありませんね。」と尋ねたところ，遺言者が「そのとおりで間違いありません。よろしくお願いします。」と答えたという事案において，公正証書遺言は無効ではないとした原審の判断を是認して，「口授」を認めている。

　以上のように，判例は，第一に，遺言者が「口授」をする前に遺言の内容を書面で公証人又は証人に伝え，それに基づいて遺言書の下書きが準備されることを否定していない。第二に，遺言者が遺言の内容を逐一口頭で述べることを求めていない。

　では，遺言者が逐一口頭で遺言の内容を述べる必要がないとしても，あらかじめ作成された筆記に対し，遺言者が形式的に「はい。」，「いいえ。」，「そ

のとおりです。」等と答えれば，それで「口授」と認められるのだろうか。

　具体的な「口授」の在り方について，「口授」は遺言者の真意を確認するための方法の1つに過ぎないと考えれば，「口授」を緩やかに考えることもできる。口授型遺言の手続は，遺言者の真意を遺言書に的確に表示することを狙いとした方式であり，「口授」もその一手段であるとすれば，他の諸事情と合わせて遺言者の真意及び能力が明らかになる限り，挙動をもって「口授」に代えることができるとする見解もある（林貴美「民法判例レビュー」判タ1031号77頁）。

　しかし，最高裁昭和51年1月16日判決（裁判集民117号1頁）は，口頭による申述が全くなかった事案において，「公正証書によつて遺言をするにあたり，公証人の質問に対し言語をもつて陳述することなく単に肯定又は否定の挙動を示したにすぎないときには，民法969条2号にいう口授があつたものとはいえない」旨を判示する。

　学説も，一定の挙動によって遺言の内容を表示しても「口授」とはいえず，その遺言は無効であると解するのが通説である（久貴・前掲110頁）。

3　遺言者が「口授」をしたと認められるための要素

　前掲の判例は，ただ形式的に遺言者の発した言葉をもって「口授」の認定をしていない。本判例も，遺言書を作成するにいたる経緯を詳細に事実認定した上で，「口授」があったとしている。「口授」の目的が，公証人又は証人によって遺言者の真意を確認することにあるからこそ，遺言書を作成するにいたる経緯，特に遺言書が作成される前後の状況を踏まえて「口授」を認定することに意義がある。

　池上哲朗「民法969条2号の公証人に対する『口授』の要件」金判1436号96頁は，判例が「口授」の有無を判断する枠組みにつき，「遺言書作成の動機や背景事情，遺言者による事前の書面（遺言書案）の作成の有無，遺言の内容（単純なものか複雑なものか）等を総合的に考慮した上で，遺言者の発言内容をもって遺言に遺言者の真意が確保できているかを判断し，口授の有無が認定されることになると思われる。」と分析する。

　つまり，「遺言者がどのように申述すれば『口授』たり得るのか。」という問題は，上述のような枠組みを踏まえ，遺言者の真意が遺言書に反映されて

作成されたかを個別具体的に検討する必要がある。

仮に，形式的に「はい。」，「そのとおりです。」等との答えの有無で「口授」と認められるとするなら，安易な誘導尋問を許し，遺言者の真意に反する遺言書が作成されるおそれがある。「口授」が形骸化してしまった場合，「遺言者本人への教示・介助は不十分となり，結果的に中間者の介在を許して，遺言者の真意は一層曲げられることになる。」との見解がある（上原裕之・判タ1065号180頁）。

実務家は，遺言者が「先にお渡しした書類のとおりです。」，「間違いありません。」と答えていることをもって，安易に「口授」があったと考えてはならない。

4 本判決の意義と射程

本判決は，事例判決であり，新たな判例理論を立てた判決ではない。

しかし，上述のとおり，「口授」の有無が争われた判例の多くは公正証書遺言の有効性が争われた事案である。そこに，死亡危急時遺言における「口授」の事実認定について判断が示されたことに意義がある。

【関口　慶太】

〔参考判例〕

本文中に挙げたもののほか，
- 横浜地判平18・9・15判タ1236号301頁
- 東京地判平20・11・13判時2032号87頁

〔参考文献，評釈等〕

本文中に挙げたもののほか，
- 東条宏＝齋藤巖・判タ1065号182頁

第4　遺言能力

34　公正証書遺言における遺言能力

東京高判平成25年3月6日（平成24年(ネ)第6567号）
判例時報2193号12頁，判例タイムズ1395号256頁

☞ **概　　要**

■ **問題点**

遺言能力の有無

判決の内容

■ **事案の概要**

　被相続人Aは，平成19年8月死亡し，法定相続人は，Aの妹X，Aの弟Y_1，Aより後に死亡したAの別の弟の妻Y_2，Aの妹Y_3の4名である。
　Aは，昭和55年4月，全財産をAの妻Bに相続させる旨の自筆証書遺言（旧遺言）をなしていたが，Bの生存中である平成19年3月2日付けで，「Aの全財産をXに相続させ，Xを祭祀承継者及び遺言執行者とする」という内容の遺言公正証書（本件遺言）が存する。
　XがYらに対し本件遺言が有効であることの確認を求めたところ，Yらは，本件遺言当時，Aが重度のうつ病，認知症であり，平成19年2月22日以降，高熱を出して不穏行動を繰り返し，重篤な肺炎に罹患し，危機的状況にあったので，遺言能力を欠いていたと主張して有効性を争った。
　原審（横浜地横須賀支判平24・9・3判時2193号23頁）は，AがBの病名，病状等からして，旧遺言を変更することは十分あり得るとし，遺言能力がなかっ

たとはいえないとして，Xの請求を認容した。

■ **判決要旨**

取消し，自判

1 本件遺言書作成当時，Aは，うつ病と認知症に罹患しており，平成19年2月19日と20日には大声独語，幻視幻聴，妄想，ベッドよりの滑落，体動，言語活発などの問題がある行動があり，同月28日には精神科の医師による情緒不安定，易怒性，常同保続の所見から種々の薬剤が処方されていた状態であり，同年3月1日の時点においてもリスパダールを処方され，夜間時々覚醒していて不眠を訴えており，Aは，判断能力が減弱した状態にあり，意思能力を備えていたと認めることが困難である。

2 上記の認定・判断を左右するに足りる特段の事情があるかをみると，本件においては，Aの転院が本人の希望に反してXの一存で行われ，XがAに無断でAの住所をXの自宅住所に変更し，無断で印鑑登録まで行い，Aが新たに遺言をしたいとの話は聞いていないのに，XがAから全財産の相続を受ける内容の遺言を作成する手続を行っている上，公証人の本件遺言書等の作成手続には本人（自宅住所）確認の不十分，受遺者を排除していない，署名の可否を試みていない，Aの視力障害に気づいていない，任意後見契約をAが理解できたかなどの諸点に疑問がある。

3 Aは，自分の全財産を妻であるBに相続させるとの自筆による旧遺言を作成しているところ，平成19年3月2日当時，Bの病名やその進行程度について正しく認識しておらず，Bが生存中であるにもかかわらず，全財産をXに相続させる旨の遺言を作成する合理的理由が見当たらない。

4 Aは，本件遺言時に遺言事項を具体的に決定し，その法律効果を弁識するのに必要な判断能力たる意思能力を備えておらず，遺言能力があったとはいえないから，本件遺言は有効とは認められない。

■ **解　　説**

1　公正証書遺言において遺言能力が否定された判例

一般的に，自筆証書より公正証書によって遺言書を作成したほうが無効を主張される危険性が少ないといわれるが，理論的にはそうであっても裁判上は意外に無効とされる事例が多い。2審まで争って無効とされた判例だけでも，①東京高裁昭和52年10月13日判決（判時877号58頁），②名古屋高裁平成5年6月29日判決（判時1473号62頁），③東京高裁平成12年3月16日判決（判時1715号34頁），④名古屋高裁平成14年12月11日判決（平23(ネ)376号），⑤大阪高裁平成19年4月26日判決（判時1979号75頁），⑥東京高裁平成22年7月15日判決（判タ1336号241頁）がある。

このうち，遺言能力を肯定した原審を変更して無効としたのは①③④の判例である。そして，①乃至⑥の判例のいずれも遺言者の病状を踏まえている点は一致しているが，②は遺言者と受遺者（弁護士）の関係，③は遺言内容の複雑さ，⑤は作成経緯の不自然さ，作成手続に関与した立会証人や公証人の証言への疑義，⑥は作成手続に関与した司法書士等に対する疑義などを加味して判断している。

また，地裁レベルで無効とした判例としては，大阪地裁昭和61年4月24日判決（判タ645号221頁），東京地裁平成4年6月19日判決（家月45巻4号119頁），宮崎地裁日南支部平成5年3月30日判決（家月46巻5号60頁），東京地裁平成9年10月24日判決（判タ979号202頁），東京地裁平成10年6月29日判決（判時1669号90頁），東京地裁平成11年11月26日判決（判時1720号157頁），東京地裁平成18年7月4日判決（判タ1224号288頁），横浜地裁平成18年9月15日判決（判タ1236号301頁）を挙げることができる。

これらの地裁判例もやはり種々の要素を加味して判断がなされており，判断要素は一様ではない。

自筆証書遺言に関するものであるが，東京地裁平成16年7月7日判決（判タ1185号291頁）は，「遺言能力の有無は，遺言の内容，遺言者の年齢，病状を含む心身の状況及び健康状態とその推移，発病時と遺言時との時間的関係，遺言時と死亡時との時間的間隔，遺言時とその前後の言動及び精神状態，日頃の遺言についての意向，遺言者と受遺者との関係，前の遺言の有無，前の遺言を変更する動機・事情の有無等，遺言者の状況を総合的に見て，遺言の時点で遺言事項（遺言の内容）を判断する能力があったか否かによって判定す

べきである。」と判示する。前記の判例群もおよそこれらの要素を踏まえて判断するものといって差し支えないであろう。

2 本判決の認定

　本件判決の原審においても，Aの経歴及び入院までの状況，入院中の様子などを詳細に認定して遺言能力に問題が生じていたものとは認められないとし，本件遺言も単純な内容であること，公証人の回答も不自然であるとはいえないこと，AがBの病名（末期がん），病状等を把握しており，Bの生存中に旧遺言の内容を変更しようとすることは十分あり得ること，Aの世話をしていたのはXのみであったことなどから，遺言能力がなかったと認めることはできないと判示している。

　しかし，本判決は，原審よりもさらに詳細に診療録や看護日誌などから病状を摘示して反対の結論を導いている。原審と本判決を比較すると，原審が何らかの事実を見逃したというよりも，Aの病状に対する把握の違いから，種々の事実関係の評価の仕方に違いが生じているものと考えることができるようである。

　したがって，訴訟当事者から見れば，いずれの結論が出されるか予想が付きにくい事案であると思われるし，そのような事案は少なくないであろう。

3 実務上の留意点

　まず，公正証書だからといって無効になることも多いことを認識すべきである。

　また，診断書等の資料や医師の意見書などの書証のみならず，医師や公証人などの第三者の尋問が必要となる場合が多いので，当事者や代理人弁護士としては，多大な労力を要する覚悟が必要であろう。

　そして，遺言書の文案作成に携わったり，立会証人となった弁護士が紛争に巻き込まれることも多く，そのような場合には遺言書作成の経緯や遺言者の精神状態に関する資料やメモを準備しておくべきである。

【仲　　隆】

35 自筆証書遺言における遺言能力

東京高判平成21年8月6日（平成19年(ネ)第5482号）
判例タイムズ1320号228頁

☞ 概　要

■ 問題点

自筆証書遺言における遺言能力の有無

判決の内容

■ 事案の概要

　Xら及びYの亡父A（平成17年5月，91歳で死亡）作成名義の平成13年3月1日付自筆証書遺言（遺言作成当時87歳）があるところ，Xらが，それぞれ，Yに対し，同遺言が無効であるとして，その無効確認を求めた事案である（●図表6も参照）。

　原審（さいたま地判平19・9・28（平17(ワ)2581号，平18(ワ)704号））は，上記遺言は有効であるとして，Xらの請求を棄却した。Xら控訴。

●図表6

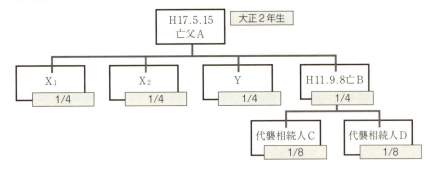

〔別紙遺言目録〕

> 遺　言　書
>
> 深川の土地，西川口の自宅・マンションの家屋，敷地をYに相続させる。
> その他の畑はBの子供（C，D），X_1，X_2に１／３づつ相続させる。
> その他の相続財産は１／４づつ相続させる。
> 墓はYにまもらせる。
>
>
> 平成十三年三月一日
> 甲野A　印

〔鑑定人による鑑定内容〕

　Aの平成８年当時から死亡にいたるまでの診療録（検査所見を含む），看護記録等の病状の経過を分析した結果として，Aは平成８年ころに発病したと思われるアルツハイマー病があり，平成９年９月30日に生じた左脳脳梗塞の合併で痴呆が重症化し，平成10年以降も痴呆は緩徐に進行し，平成12年６月ころまでにはやや高度の痴呆状態にいたり，平成13年以降も進行があり，平成15年以降衰弱が目立ち，平成17年５月15日に心不全，呼吸不全で死亡したもので，平成10年から平成15年までの間に痴呆は改善の兆しがなく次第に重くなる経過をたどったものであり，Aは本件遺言書を作成したとされる平成13年３月１日当時にはアルツハイマー病と脳梗塞の合併した混合型痴呆症に罹患しており，やや重い痴呆状態にあったもので，自らの意志で遺言を思い立ち，遺言内容を考えて遺言をするという能力に欠けていたとみなせると判断した。

■　判決要旨

原判決取消し，自判
「認定の事実に……鑑定の結果を併せて検討すると，Aは，平成８年ころ

から痴呆の症状が顕著となり，このころアルツハイマー病を発症したことが推認され，平成9年9月に脳梗塞で倒れて，見当識障害，記憶障害等の症状が認められるようになり，アルツハイマー病と左脳脳梗塞の合併症により痴呆が重症化し，平成12年2月には老人性痴呆が重症であると診断され（診断書を作成した医師が事実と異なる記載をしたことはうかがわれない。），同年4月ころに実施された改訂長谷川式簡易知能評価スケールで8点と，やや高度の痴呆とされ，その後も老人性痴呆は進行し，本件遺言をした平成13年3月当時，見当識障害，記憶障害等の症状は持続しており，アルツハイマー病と脳梗塞の合併した混合型痴呆症によりやや重い痴呆状態にあったものと認められ，遺言能力に欠けていたと判断するのが相当である。鑑定人の上記鑑定の結果は，Aの病状の経過及びCT検査等の客観的所見に照らして，十分に信用することができるものである」

解説

1　本判決における遺言能力の判断

　遺言書作成当時，遺言能力を有していたとの原審判断に対し，控訴審では，診療録や看護記録等からうかがわれる事実関係をもとに，裁判所鑑定を実施し，基本的に鑑定意見を採用する形で，遺言書作成当時における遺言能力が否定されている。

　原審では，Aが遺言書の全文を自署し，その名下に自ら実印を押印したものであると認定し，また，Aは平成8年ころから痴呆の症状が顕著となり，平成9年9月脳梗塞で入院中に見当識障害，記憶障害等の症状が認められ，退院後の平成11年秋に実施された改訂長谷川式簡易知能評価スケールによるテストで8点（やや高度に該当）であったものの，本件遺言をした平成13年3月当時，見当識障害，記憶障害は持続していたものの，徘徊，暴力行為等の問題行動や，せん妄，妄想，興奮，不穏等の症状は認められず，痴呆の程度が重度のものであったことを認めるに足りないとして，Aの遺言能力を肯定している。

　さらに，西川口の自宅・マンションの敷地とその他の畑とは1筆の土地の

各一部であるが、それぞれ特定することができるから、遺言としての特定性を欠き無効であるとはいえないとして、Xらの遺言無効確認請求を棄却している。

　ところで、遺言の有効性について遺言者の遺言能力の有無を巡り相続人間で争われる事案は少なくない。もっとも、紛争が発生した段階では、既に遺言者は亡くなっていることから、遺言者の遺言能力の有無を直接確かめようもない。そのため、遺言者の生前の入通院時の診療録、看護記録、要介護認定資料等を鑑定資料として、遺言能力の有無を検証するアプローチがとられることとなる。その際、遺言者の生前の診療録、看護記録等の医療機関の資料を判断材料として専門医による鑑定を実施する場合も生じ得る。本件では、原審において、鑑定申立てはなされていなかったところ、必ずしも診療録、看護記録等の医療情報が十分に認定判断に供されていなかったようである。

　なお、本件では、遺言書作成経緯についても比較的踏み込んだ指摘もしている。すなわち、「本件遺言書は、あらかじめ被控訴人が起草したことがうかがわれ、遺言内容をAに読ませて録音テープにとっているのは、被控訴人において、控訴人らに本件遺言がAの自主的な意思によるものでないことが疑われることを考えて、記録に残したものと推認されるが、そうであれば、被控訴人は、本件遺言書の作成について、Z弁護士に相談していたのであるから、遺言者であるAの遺言意思をより確実に残すことができる公正証書遺言を選択するなどの助言がされ、これによってしかるべきであったと考えられるにもかかわらず、これによらなかったのは、公証人によるAの遺言能力及び遺言意思の確認を回避する意図があったためであることがうかがわれるし、その殊更に残した録音内容も、本件遺言時のもののみでなく、それより以前のBが死亡し被控訴人が控訴人らを排除してAの財産を管理するようになった後の平成11年11月及び平成12年6月当時のものも含めて、Aが自主的に発言しているものではなく、被控訴人の指示を受けて発言していることがうかがわれるものであり、Aの意思能力に問題があったことをうかがわせるに十分なものである。また、被控訴人においても、Aの痴呆が進行していたことを認識していたことは、平成12年4月にAの白内障の手術を希望した

際の医師に対する発言や，それ以前からAの部屋に色々な貼紙をしていることなどからもうかがわれるところであるし，同年2月の医師の診断書等により，Aの痴呆の程度が重症であることを認識していたものと推認される」との指摘である。遺言書の作成経緯も遺言能力の有無の判断に少なからず影響を与える事情といえる。

なお，本件では，遺言書記載事項それ自体としては，十分，意味内容が通るものであり，文面上は必ずしも遺言能力の存在を疑わしめるほどのものではないともいえる。

すなわち，いわば当然ともいえるが，仮に遺言書の趣旨が明らかであるとしても，それとは別途，遺言能力の有無については慎重な吟味が必要であることを再認識させる事例としても参考になろう。

2 遺言能力の判断材料

遺言能力の判断材料を一般的に掲げることは困難である。ただ，下級審判決であるが，東京地裁平成16年7月7日判決（判タ1185号291頁）は，「遺言能力の有無は，遺言の内容，遺言者の年齢，病状を含む心身の状況及び健康状態とその推移，発病時と遺言時との時間的関係，遺言時と死亡時との時間的間隔，遺言時とその前後の言動及び精神状態，日頃の遺言についての意向，遺言者と受遺者との関係，前の遺言の有無，前の遺言を変更する動機・事情の有無等遺言者の状況を総合的に見て，遺言の時点で遺言事項（遺言の内容）を判断する能力があったか否かによって判定すべきである。」と判示しているので，参考となる。

【出口　裕規】

〔参考文献〕
・　本山敦＝奈良輝久＝松久和彦・金判1436号84頁

第5　公序良俗違反

36　不貞の相手方に対する遺贈の効力

最判昭和61年11月20日（昭和61年(オ)第946号）
最高裁判所民事判例集40巻7号1167頁，判例時報1216号25頁，判例タイムズ624号89頁

☞ **概　　要**

■ **問題点**

不貞の相手方に対する遺贈が公序良俗（民90条）に反し無効となるか否か

判決の内容

■ **事案の概要**

　被相続人Aは，昭和50年10月25日に死亡した。相続人は，Aの妻X_1（Aと昭和22年7月に婚姻）及びAの子X_2であった。Aは，昭和49年8月21日に遺言書を作成しており，その内容は，「小生が死亡せる場合はX_2に全遺産の参分の壱，X_1に同参分の壱，Yに同参分の壱を贈与することを確言する。（以下略）」というものであった。

　YはAと昭和42年2月ころから交際していた女性で，昭和44年9月ころからはA所有の建物でAと寝泊まりするようになり，生活の資を専らAに頼るようになった。Yは昭和46年1月にはAとの交際をいったん終了したものの，交際は1か月程度で再開し，その後AはYの住居で寝泊まりをするなどして交際を続けた。結局AY間の交際は，Aの死亡した昭和50年10月ころまで続いた。AとYとの間には，交際期間中，喧嘩，口論，別れ話などもあっ

たが，それは一時的なものであり，Aが死亡するまで約7年間，AとYはいわば半同棲の男女関係にあった。

一方，X_1とAは，昭和40年ころから別居していた。X_1は，昭和43年ころAとYとの交際を知るにいたり，その後Aは，YをX_1の住むマンションに宿泊させたり，敬老の日の記念旅行などにも同伴したりし，A，Y及びX_1らで一緒に旅行するなどしており，AとYはAの家族あるいはその他周辺の人々にも半ば公然とその関係を継続してきた。

Aが亡くなる約1年2か月前である昭和49年8月21日，Aは，当時のYの住居を訪れ，急に遺言書を書くからといい，近くにあったノートを切り取って前述の遺言書を作成した。YはAの助言により遺言書を自分の銀行の金庫に保管していた。X_1らは，遺言書の作成は単に不倫な関係の維持継続のためにのみなされたものであり，公序良俗に反するもので無効であるなどと主張した。

■ **判決要旨**

1 本判決は，X_1らの請求を棄却した1審，原審を支持して，次のとおり判断した。

2 原審が適法に確定した，①Aは妻であるX_1がいたにもかかわらず，Yと遅くとも昭和44年ごろから死亡時まで約7年間いわば半同棲のような形で不倫な関係を継続したものであるが，この間昭和46年1月ころ一時関係を清算しようとする動きがあったものの，間もなく両者の関係は復活し，その後も継続して交際した，②Yとの関係は早期の時点でAの家族に公然となっており，他方AとX_1間の夫婦関係は昭和40年ころから既に別々に生活する等その交流は希薄となり，夫婦としての実体はある程度喪失していた，③本件遺言は，死亡約1年2か月前に作成されたが，遺言の作成前後において両者の親密度が特段増減したという事情もない，④本件遺言の内容は，妻であるX_1，子であるX_2，及びYに全遺産の3分の1ずつを遺贈するものであり，当時の民法上の妻の法定相続分は3分の1であり，X_2が既に嫁いで高校の講師等をしているなど原判示の事実関係のもとにおいては，本件遺言は不倫な関係の維持継続を目的とするものではなく，専ら生計をAに頼ってい

たYの生活を保全するためにされたものというべきであり，また，右遺言の内容が相続人らの生活の基盤を脅かすものとはいえないとして，本件遺言が民法90条に違反し無効であると解すべきではないとした原審の判断は，正当として是認することができる。

解　説

1　本判決の位置づけ

　民法総則の規定は家族法の通則として適用されるべきではないというのが通説であるが，公序良俗違反の行為が無効であることは法律秩序のすべてを支配する理念であるから民法90条は身分行為にも当然適用される（高野芳久・判タ553号187頁）。戦前の判例で，愛人関係の継続維持を条件とする遺贈は善良の風俗に反する不法な条件を付した法律行為であり無効であるとの理由で，妾として被相続人の死亡まで同棲すれば１万円を遺贈する遺言を無効としたものがある（大判昭18・3・19民集22巻185頁）。その判断は，愛人関係を維持強化するための遺贈は無効だが，愛人の生活を保全するためのものであれば有効であるとの理論に基づくと理解されている（松川正毅・別ジュリ132号228頁，高野・前掲187頁）。

　本判決の原審（東京高判昭61・2・27民集40巻7号1203頁）は，不倫関係にある男女の一方が他方に対し自己の財産を遺贈する旨の遺言をした場合，その目的が不倫関係の継続ではなく他方の生活の保全にあるときは，財産供与の範囲が著しく不相当でない限り，公序良俗違反故に無効とはいえない旨判示した上，1審（東京地判昭59・12・19判タ553号187頁）同様，上記判決要旨の①〜④の事実関係のもとではYに対する財産的利益の供与は社会通念上著しく相当性を欠くものともいえず，本件遺言が民法90条に違反し無効と解すべきではないと判断した。

　本判決はこの判断を支持したものである。本判決の特徴としては，遺贈が公序良俗に反するか否かの判断にあたり，(i)遺贈の目的（不倫関係の維持継続か相手方の生活保全か）のほかに，明示的に(ii)遺言の相続人に与える影響をも判断の材料に加えていることがあげられる（松川・前掲228頁，同195号28頁）。

2 遺贈が公序良俗違反か否かの判断要素

遺贈が民法90条，すなわち公序良俗違反にあたるか否かを判断するに際し，裁判所は種々の要素を総合判断する方向にあるとして，要素の抽出・分類及び結論への影響を分析する論考がある（松倉耕作・判タ581号114頁）。

これによれば，①夫婦の関係（同居・別居），②愛人との交際状況（同棲期間等），③利益供与の内容，④妻側への影響，⑤その他の事情（愛人側における配偶者の存否，愛人との年齢差の大小など）が要素として挙げられている。①夫婦が長期間にわたり別居している，②愛人との同棲が比較的長期間にわたる，③遺贈が高額なものといえない，④遺贈が妻側の生活基盤を脅かすものではない，⑤愛人には配偶者がいない，愛人と被相続人との年齢差が大きくないなどの事情は，遺言が公序良俗違反にあたらず有効との判断を方向付けるようである。たしかに，このような事情があればあるほど(i)遺贈の目的が不倫関係の維持継続ではなく相手方の生活保全であり，(ii)相続人に与える影響が大きくないと認定しやすいものと思われる。

3 本判決後の裁判例の動向

(1) 公序良俗に反し無効と判断されたケース

本件の後の裁判例で，愛人に対する全遺産の遺贈が公序良俗に違反し無効とされたケースがある（東京地判昭63・11・14判時1318号78頁，判タ735号188頁）。

このケースでは，被相続人が最後の約20年間は愛人と同居しており，遺言は愛人のそれまでの協力や今後愛人に世話になることに対する被相続人の感謝の気持ちからなされたものであると認定された。

しかしながら，裁判所は，被相続人とその妻との婚姻関係破綻の原因が愛人との長年の不貞関係の継続にあることや，遺贈の対象（被相続人の全遺産）に被相続人の妻の住居兼（賃料）収入源たる建物が含まれていることなどの諸事情を総合して，遺言は公序良俗に反し無効であると判断した。

(2) 公序良俗に反しないと判断されたケース

仙台高裁平成4年9月11日判決（判タ813号257頁）をはじめとして，●図表7（後掲）のとおり，遺言が公序良俗に反しないとした裁判例がいくつかある。

【南部　朋子】

〔参考判例〕
・後掲●**図表7**参照

〔参考文献〕
・ 松倉耕作「愛人への全遺産の遺贈と90条違反」判タ824号73頁（前掲仙台高判平4・9・11の評釈）
・ 原島克己「重婚的内縁の妻に対する全財産の包括遺贈が公序良俗に反しないとされた事例」判タ852号168頁（前掲仙台高判平4・9・11の評釈）

第6章 遺　　言　　第5　公序良俗違反

●figure 図表7　参考裁判例一覧

※便宜上，被相続人をA，戸籍上の妻をX（XA間の子も含める場合は「Xら」），不貞の相手方をYと表記した。なお，必ずしもXが原告，Yが被告というわけではない。

出典	判決日付	裁判所	遺言日	Aの死亡日	夫婦（AX間）の関係等	AY間の交際状況
判タ813号257頁	平4・9・11	仙台高裁	昭63・3・22	平元・3・14	AとXは昭和49年頃から夫婦関係が悪化し，昭和50年7月にAが家を出て別居。	Yは昭和53年3月末頃から，Yの前夫（死別）との間の子2人とともに，Aと同居開始。以来，A死亡まで約11年間同居。
LLI／DB判例秘書L05930427	平16・1・30	東京地裁	平13・9・12	平13・11・14	Aは著名な脚本家。AとXは昭和42年12月に婚姻し，以来同居継続。	Yは昭和49年頃Aと知り合い，昭和53年頃Aと肉体関係をもつようになり，翌54年には夫と離婚した。Yは，平成元年設立の株式会社B（Aの脚本による収入を管理する目的で設立）の事務を担当するようになった。Yは，Aが退院してから死亡するまで看護し，その最期を看取った。

Yへの利益供与の内容	不倫関係維持の目的の有無に対する裁判所の判断	妻（X）側への影響に対する判断	その他事情（AY間の年齢差・Yの配偶者の有無など）
遺産の全部	Yとの同居開始時にはAX間の婚姻関係は事実上破たん状態にあった。Aは本件遺言作成までの10年間はYと内縁関係を継続しており，いわゆる妾関係とは区別される。本件包括遺贈の目的となったAの主たる遺産である土地建物は，Aが，Yとの共同生活を営むためにYと同棲生活に入った後に購入したものであり，Yもその代金の一部を負担している。遺言はYの将来の生活を案じ専らその生活を保全するためになされたものである。	Xは，Aから相当な生前贈与を受け，XとAとの間の子ら（法定相続人であり訴訟の当事者）は成人し独立している。Xらの生活状況や，上記子らには遺留分減殺請求が認められることなどの事情を考えると，本件遺言の内容によって直ちにXらの生活基盤が脅かされるとは認め難い。	AY間の年齢差不明。Yには配偶者がいたが，Aと同居を開始する前に死別している。
Aの所有した著作に関する一切の権利（600万円相当）及び株式会社Bの株式全部（0円相当）を遺贈	不倫関係維持目的なし	遺贈によって，Xらの生活が困窮するとまでは認め難い。	AはYより約6歳年上。AY間で肉体関係をもつようになった時点でYには配偶者あり。

					AとX	AとY
LLI／DB判例秘書 L06032677	平17・7・28	東京地裁	平14・8・19	平14・12・27	AとXは昭和36年6月に婚姻。Aは昭和38年に職を求めてXと別居。AはXのもとへの帰省頻度が月1回から年5，6回，冠婚葬祭等行事・見舞いのときのみと減っていき，平成6年5月頃以降，XA間では，別居しているというにとどまらない婚姻関係の形骸化が進行。	AとYは昭和60年に出会い，Yは平成3年3月からA死亡までAと同居。
LLI／DB判例秘書 L06530554	平22・9・22	東京地裁	平18・10・19	平20・2・7	AとXは昭和45年6月に婚姻。昭和57年頃から別居。	AとYは，昭和57年頃から交際をはじめ，同居をするようになった。AとYは，昭和60年8月に新婚旅行に行った。Aは，平成8年3月にはYの子の結婚式・披露宴に子の父として出席した。Aは，平成9年頃からアルコール依存症となった。AとYは，Aの治療に専念するため平成13年8月マンションに転居。Yは看病・ストレスのため平成17年頃から体調が悪化・精神状態不安定になり，投薬治療を開始。Yは，平成19年にはうつ病，不眠症を患い，同年，Aを相手に内縁関係解消に伴う慰謝料等請求調停を申し立てた。

現金及び預金のすべてを遺贈	AとYは，遅くとも平成3年3月頃から実質的な婚姻関係を形成しており，単なる不倫関係ということはできない。 遺言の目的は，関係維持，継続というよりはこれまでのYとの生活に対する感謝及びYの将来に対する配慮というべき。 法律婚の形骸化が進行しているなかで，実質的内縁関係にあった者に対し遺贈したとしても公序良俗違反とまでいうことはできない。	経済的に惨めというのであれば，それは遺留分減殺請求をもって対処すべき。	AY間の年齢差不明。Aとの交際開始時点でYには少なくとも2人の子がいた（Yの配偶者の有無は不明）。 Aはおそろいの結婚指輪を作成しYと2人ではめ，還暦の写真をYと並んで撮影，YとYの子らと旅行に行くなどした。 YはAの介護や看病などをした。
遺産の4分の1の遺贈	Aが本件遺言をした当時，既にAとXとの夫婦関係が実体を失っていたことに加え，自らも体調を崩し精神状態が不安定になっていたYがAの介護に明け暮れていたことに照らせば，本件遺言は，Aが死亡した後のYの生活を保全するためになされたものと推認することができる。	Xらは，遺産の4分の3を取得することができ，生活基盤が脅かされるということはできない。	AY間の年齢差不明。Aとの交際開始時点でYには少なくとも3人の子がいた（Yの配偶者の有無は不明）。

ウエストロー・ジャパン2010WLJPCA11018003	平22・11・1	東京地裁	平10・1・30	平19・12・29	AはXと昭和37年2月に婚姻。Aは，平成初め頃からは勤務先近くで部屋を借りて宿泊することが多くなり，平成10年3月頃も同様に勤務先の近くに部屋を借りて仕事に邁進していた。Xは平成11年5月，カリフォルニアに転居。平成18年8月，Xは帰国し，AとXは同居した。	Aは遅くとも昭和63年6月以降，Yと極めて親密な関係にあった（Aは，遅くとも昭和63年頃から平成10年頃にかけ，Yに対しハートや唇のマークをつけたメモないし手紙を残している）。
ウエストロー・ジャパン2013WLJPCA06218012	平25・6・21	東京地裁	平15・1・14	平17・5・4	AX間の婚姻日は不明。昭和25年から昭和32年にかけて両者間に3人の子が出生。	AはYと昭和56年頃から交際を開始し，金沢市内のマンションでYと同居するようになった。平成6年にYが離婚。Yは平成9年に千葉県内に自宅を建築し，Aと2人で同居を開始。Aは，ひと月のうち相当日数をYと過ごしていた。

1億円を遺贈	ＡＸ間の婚姻関係が事実上破たんしていたとまで認めるべき証拠はない。しかし、ＡとＹが極めて親密な関係にあったと認められる昭和63年6月から遺言書の作成日付までは10年以上の歳月が流れている。ＡがＹに遺言書を手渡した頃にＡＹ間の関係が危機に瀕していたとか、遺言作成日付以後、両者の関係の親密度が増大したといった事情も認められないから、不倫な関係の維持継続を目的としたものとはいえない。	Ｙは、Ａがその莫大な資産のうちから1億円を遺贈したからといって、残された遺族の生活が何らの痛痒も感じないことは明らかであると主張し、Ｘらがこれを争うことを明らかにしない以上、本件遺贈は、Ｘらの生活の基盤を脅かすものとはいえない。	ＡはＹより約18歳年上。Ｙは昭和52年7月に別の男性と婚姻したが、平成2年3月に離婚した。Ａはある化粧品のブランドを始めて美容関係業界で成功を収めた者であり、平成16年度の高額納税者（81位）として公表されるほど資産を形成していた。
預金合計約3000万円の遺贈	本件遺言書による遺贈が不倫関係を維持する目的でされたものであるとの事実は認められない。平成15年1月4日付別遺言書の記載内容からすれば、本件遺言書による遺贈は、長年、内縁の妻としてＡの身の回りの世話などをしてきたＹへの感謝の思いからされたものと認めるのが合理的。	ＡがＹを晩年の約22年間にわたる内縁の妻として捉え、深い感謝の意を表していたのに対し、その間におけるＡとＸとの関係は希薄さがうかがわれることからすると、本件遺言書の内容が公序良俗に違反して無効ということはできない（なお、本件遺言は、金沢市の不動産や渋谷区のマンション、株式などはＸやＡＸ間の子らに相続させる旨の内容となっている）。	ＹはＡとの交際開始時に配偶者がいたが、既に別居していた。なお、本件遺言のほかに、平成13年10月17日付遺言、平成15年1月4日付遺言（「Ｙさんは、私Ａの今日迄の弐拾弐年間に亘り内縁の妻として世話をして頂いた事を深く感謝し、遺言書が私の希望通り実施されることを願っています」との記載がある）及び、同年3月22日付遺言がある。

第6　遺贈の効力

37　特定遺贈と対抗力

最判昭和39年3月6日（昭和36年（オ）第338号）
最高裁判所民事判例集18巻3号437頁

☞ **概　　要**

■ 問題点

特定遺贈に基づく権利の取得における対抗要件の要否

判決の内容

■ 事案の概要

　被相続人Aは，遺言により本件不動産を乙ほか5名に遺贈した。
　A死亡により本件不動産の所有権は乙らに移転した。
　ところが，乙らが所有権移転登記を経由しない間に，Aの長男丙（相続分4分の1）の債権者Yが，丙に代位して丙のために本件不動産につき，相続による持分（4分の1）移転の登記を経た上，同持分に対する強制競売の申立てをし，これにより強制競売手続開始決定がなされ，同競売申立てが登記簿に記入された。
　Xは，上記強制競売申立記入登記の後，家庭裁判所において遺言執行者に選任され，相続財産である本件不動産につき，管理権を取得したとして，Yに対し，同強制執行の排除を求めて第三者異議の訴えを提起した。
　Yは，抗弁として，本件不動産の受遺者である乙ほか5名は，遺贈による所有権移転登記を経由していないから，当該所有権取得を差押債権者である

Yには対抗できないと主張した。

1審（福岡地判昭35・6・18民集18巻3号441頁）及び2審（福岡高判昭35・12・26民集18巻3号443頁）はともに，Yは，民法177条の第三者に該当するとして，Yの抗弁を認め，Xの請求を棄却した。これに対し，Xが上告。

■ 判決要旨

本判決は，以下のとおり判示し，Xの上告を棄却した。

「不動産の所有者が右不動産を他人に贈与しても，その旨の登記手続をしない間は完全に排他性ある権利変動を生ぜず，所有者は全くの無権利者とはならないと解すべきところ（当裁判所昭和31年(オ)1022号，同33年10月14日第三小法定判決，集12巻14号3111頁参照），遺贈は遺言によつて受遺者に財産権を与える遺言者の意思表示にほかならず，遺言者の死亡を不確定期限とするものではあるが，意思表示によつて物権変動の効果を生ずる点においては贈与と異なるところはないのであるから，遺贈が効力を生じた場合においても，遺贈を原因とする所有権移転登記のなされない間は，完全に排他的な権利変動を生じないものと解すべきである。そして，民法177条が広く物権の得喪変更について登記をもつて対抗要件としているところから見れば，遺贈をもつてその例外とする理由はないから，遺贈の場合においても不動産の二重譲渡等における場合と同様，登記をもつて物権変動の対抗要件とするものと解すべきである。しかるときは，本件不動産につき遺贈による移転登記のなされない間に，亡Aと法律上同一の地位にある丙に対する強制執行として，丙の前記持分に対する強制競売申立が登記簿に記入された前記認定の事実関係のもとにおいては，競売申立をしたYは，前記丙の本件不動産持分に対する差押債権者として民法177条にいう第三者に該当し，受遺者は登記がなければ自己の所有権取得をもつてYに対抗できないものと解すべきであり，原判決認定のように競売申立記入登記後に遺言執行者が選任せられても，それはYの前記第三者たる地位に影響を及ぼすものでないと解するのが相当である。」

解　説

1　不動産の特定遺贈と民法177条の第三者

　判例及び通説によれば，特定物の遺贈は，遺贈者の死亡と同時に物権的効力を生ずる（大判昭13・2・23民集17巻259頁）。しかし，受遺者がその権利取得を登記なくして第三者に対抗し得るかという点については，本判決前の大審院判例においては，登記を対抗要件とするもの（大判昭8・12・6新聞3666号10頁）と，登記を要しないとするもの（大判昭10・8・21大審院判決全集1輯21号15頁）とに分かれていた。

　学説は，遺贈が意思表示による物権変動であることを理由に，登記を対抗要件と解するのが通説である（我妻榮＝有泉亨『民法總則・物權法』268頁，舟橋諄一『物權法』160頁，末川博『物權法』121頁）が，受遺者が遺贈の事実を知るまでは登記をすることもできないので，対抗問題とすることは適当でないとする考え方もある（幾代通「遺贈と登記」中川善之助先生追悼現代家族法大系編集委員会編『現代家族法大系(5)』131～139頁参照）。

　本判決は，遺贈は意思表示によって物権変動の効果を生ずる点においては，贈与と異なるところはないとして，登記必要説の立場に立つことを明らかにした。

　上記のように，登記必要説をとれば，登記なくしては遺贈による物権変動を対抗し得ない第三者の範囲が問題となるが，一般に差押債権者が民法177条の第三者に該当することは異論のないところである（大判昭14・5・24民集18巻10号623頁等）。

2　包括遺贈による不動産取得の対抗問題

　包括受遺者は，相続人と同一の権利義務を有する（民990条）。しかしながら，包括遺贈による不動産取得の対抗問題については，相続とは違った処理がなされるべきであるとされている（中川善之助＝加藤永一編『新版注釈民法(28)』225頁〔阿部徹〕）。

　すなわち，相続人が相続による不動産取得を第三者に対抗するには登記を必要としないが（最判昭38・2・22民集17巻1号235頁），包括受遺者は，登記がない限り，第三者にその不動産の取得を対抗することができないと解するべ

きである。その理由は，遺贈は相続と違って遺言者の意思による処分であることに尽きる。実質論としては，第三者が遺贈の有無やその効力を確認することは相続開始の事実及び相続人の範囲を確認するよりも困難であり，第三者保護の必要があることが挙げられる。

本判決は，一般論として，「遺贈は遺言によつて受遺者に財産権を与える遺言者の意思表示にほかならず，……，意思表示によつて物権変動の効果を生ずる点においては贈与と異なるところはない」としており，包括遺贈についても同様の立場をとることを示唆したものと解される。

3　相続させる旨の遺言と登記に関する判例との関係

判例は，「相続させる」趣旨の遺言の性質について，特段の事情のない限り遺産分割方法の指定であるとし，その法的効果について，当該遺言において相続による承継を当該相続人の意思表示にかからせたなど特段の事情のない限り被相続人の死亡時に直ちに遺産承継が生ずるとし（最判平3・4・19民集45巻4号477頁），さらに，「相続させる」趣旨の遺言によって不動産を取得した相続人（受益相続人）と当該不動産について利害関係を生ずるにいたった第三者との関係については，受益相続人は，登記なくして自らの権利取得を第三者に対抗できるとしている（最判平14・6・10家月55巻1号77頁）。

平成14年の最高裁判決は，遺贈に関する本判決と結論が異なる理由については事案を異にするとして明確な理由付けを行っていないのであるが，「相続させる」趣旨の遺言は，被相続人の意思に基づく点で遺贈と共通性を有するから，遺贈の事例において，登記必要説の根拠を，被相続人の意思表示であることに求める本判決との矛盾が指摘されている（池田恒男・判タ1114号82頁）。

4　民法1013条との関係

遺言執行者は，相続財産の管理その他遺言の執行に必要な一切の行為をする権利義務を有し，遺言執行者が選任された場合には，相続財産の処分又はその他遺言の執行をすることができず（民1012条・1013条），これに反してなされた相続人の処分行為は，絶対的に無効であると解されている（大判昭5・6・16民集9巻8号550頁，最判昭62・4・23民集41巻3号474頁）。

一方，強制執行は，執行債権者の申立てに基づいて，目的物を差し押さえ

てこれを換価するものであるから，債務者が目的物の処分権を有することを前提としている。したがって，遺言執行者の選任後に，相続人に対する債権者が相続財産に対し差押えをしても，相続人（債務者）から徴収すべき処分権はなく，実質的に何らの権利をも取得するものではないから，右差押債権者は民法177条の第三者に該当しないと解するべきであろう（栗山忍・最高裁判所判例解説民事篇昭和39年度71頁）。

　本判決の事案では，Yが本件不動産の丙持分に対して差押えをしたときには，Xは未だ遺言執行者に選任されていなかったから，Yは差押えにより丙の持分に対する処分権を有効に徴収したものであるが，強制執行手続は，執行債権者の申立てに基づき，目的物を差し押さえて執行債務者の処分権を徴収し，これに基づいて目的物を売却する手続にほかならず，債務者に処分権があることを前提とするものであるから，差押え後，権利移転の効力が生ずる時までに，債務者が民法1013条により目的物権の処分権を法律上喪失すれば，差押債権者はその後の手続を続行し得ないと解する余地がある。このように解すれば，遺言執行者の選任後においては，Yは執行債権者としてその後の手続を続行し得ない意味において，民法177条の第三者に該当しなくなるという見解も成立し得るが，本判決は，この点について，競売申立記入登記後に遺言執行者が選任されても，Yの第三者たる地位に影響を及ぼさないと判示している。

　遺贈も意思表示による物権変動であり，贈与と区別する実質上の理由をみいだし難く，また，それが故に登記を対抗要件とするものと解すべき以上は，一般原則により取引の安全を保護し，遺言執行者選任前の差押債権者の地位を保証するのが相当であろうが（浦野雄幸・別ジュリ40号246頁），遺言執行者選任後においては，差押えが許されないことと比較すると，遺言執行者選任前においてこそ，受遺者を保護する必要性が大きいことから，バランスを欠くと指摘する見解もある（石田喜久夫・別ジュリ66号223頁）。

【吉川　佳子】

38 遺言と異なる内容の遺産分割協議から除外された特定遺贈の効力

最判平成12年9月7日（平成12年(受)第135号）
金融法務事情1597号73頁

☞ 概　　要

■ 問題点

遺言と異なる内容でなされた遺産分割協議において，分割の対象から除外された財産についての特定遺贈の効力

判決の内容

■ 事案の概要

被相続人Aは昭和55年12月22日，自筆証書により，その所有する不動産，株式，預貯金を妻であるXに遺贈する旨の遺言（以下「本件遺言」という）をした。Aはその後，平成3年8月死亡し，Aの法定相続人は，Xのほか，子であるB，Y_1，Y_2，Y_3（以下，Y_1ないしY_3をあわせて「Yら」という）の5名であった。Aの遺産は，本件遺言により，Xに対する遺贈の対象とされていたものであるが，相続人らは，平成4年1月8日，定期預金債権を除く遺産について本件遺言と異なる内容の遺産分割協議（以下「本件遺産分割協議」という）を成立させた。なお，本件遺言は本件遺産分割協議中に発見され，相続人らは遺言の存在及び内容を知った上で分割協議を行った。本件定期預金もAの遺産に含まれ，本件遺言によってXに対して贈与されたものであるが，本件遺産分割協議の時点ではXを含む相続人らにおいて，本件定期預金が遺産に属するという認識がなかったことから，本件遺産分割協議の対象とされていなかった。

Yらは本件定期預金がAの遺産であると主張して分割を求めていたところ，Xは，本件定期預金は固有財産である，仮にそうでなくとも本件遺言によって遺贈を受けたと主張して本件定期預金がXに属することの確認を求めて提訴した。

原審は，①本件定期預金は，本件遺言によりXに対して特定遺贈されたものである，②Xが本件遺産分割協議において，本件定期預金について遺贈の放棄をしたものとは認められない，③しかし，本件遺産分割協議が有効に成立したことにより，本件遺言はその役割を終えたものと見るのが相当であるから，本件遺言による遺贈の効力はもはや本件定期預金には及ばないとして，Xの本訴請求を棄却すべきものと判断した。これに対して，Xが上告。

■ **判決要旨**

1 本判決は，上記①，②の認定事実を前提としながらも，③については，次のとおり原審と異なる判断をし，原判決を破棄した。

2 本件の事実関係によれば，本件定期預金は，本件遺言によりXに対して特定遺贈されたものであるところ，本件遺産分割協議の対象とはされておらず，Xによる遺贈の放棄はなされてなかったというのであるから，他に右遺贈の無効事由について特段の主張立証のない本件においては，本件定期預金はAの死亡により直ちにXに帰属したものというべきであり，本件遺産分割協議の成立は，右遺贈の効力を何ら左右するものではない。

3 したがって，本件遺産分割協議の成立によって本件遺言はその役割を終えたとして本件定期預金についての遺贈の効力が失われたとした原審の判断には法令の解釈適用を誤った違法がある。

■ **解　　説**

1　問題の所在

本件では，被相続人AがXに遺産を特定遺贈する旨の遺言を残したにもかかわらず，かかる遺言の存在と内容を認識した上で，相続人らで本件遺言と異なる内容の遺産分割協議を成立させているところ，本件遺産分割協議が，

本件遺言でなされた本件定期預金についての遺贈の効力を失わせるか否かが問題となった。

2 原判決の判断

原判決は，本件定期預金は，本件遺言でXに遺贈されたものであり，本件遺産分割協議において，Xは本件定期預金について遺贈の放棄をしたものとは認められないとしたものの，本件遺産分割協議により「本件遺言はその役割を終えた」として，遺贈の効力は失われると判断した。

しかし，本件遺産分割協議は，本件定期預金を対象としておらず，さらに，これについての遺贈の放棄をしていないと認定しているにもかかわらず，遺言が役割を終了したから遺贈の効力が否定されるというのは分かりにくいという批判がある。

3 遺贈及び遺贈の放棄の効果

特定遺贈によって遺贈の目的たる特定物の権利は，遺贈者の死亡と同時に直接に受遺者に移転する（民985条1項）。しかし，受遺者は，遺言者の死亡後いつでも遺贈の放棄をすることができ，その効力は遺言者の死亡時に遡って効力を生じる（民986条）。そして，放棄によって遺贈が効力を失ったときは，受遺者がうけるべきであったものは，相続人に帰属することになる（民995条）。

4 本判決の判断と考え方

本判決は，本件遺産分割協議の対象とされた遺産については，本件遺産分割協議成立によってXが遺贈の放棄をしたものと認められるものの，本件遺産分割協議の対象とされていなかった本件定期預金については，遺贈の放棄の意思表示をしたとは認められないから，他に遺贈の無効事由がない限り，本件定期預金はAの死亡により直ちにXに帰属しており，本件遺産分割協議は遺贈の効力を何ら左右しないとした。

これに対しては，本件遺言の存在とその内容を認識した上であえて本件遺産分割協議を成立させているのであるからXとしては遺贈すべてについて放棄の意思表示をしたとみるべきであるとも思える。しかし，本件では，本件遺産分割協議において，本件定期預金は，分割の対象とされていなかったところ，対象とされていない財産については，受贈者として何らの意思を表明

していないと見るのが自然であるから，対象としていない財産を含めてすべての遺贈を放棄するという明示の意思表示があるような場合を除き，一部の遺贈について放棄の意思表示があったからといってすべての遺贈について放棄の意思表示があったものと考えるべきではない。また，遺言は，被相続人の最終意思の表示であるところ，かかる意思は可能な限り実現されるべきであるから，かかる観点からも遺贈について一部の放棄があった場合，直ちにすべての遺贈について放棄の意思表示があったと捉えるべきではない。

さらに，たしかに，遺贈の対象とされた個々の不動産，株式，預貯金等は独立した個別の財産であるが，特定遺贈の対象たる財産の集合体の1つに組み込まれた以上は，被相続人が死亡し，特定遺贈の効果が生じた際に，観念的には密接不可分に一体となった1つの財産ということができるのではないかとも思える。しかし，本来別個独立した財産について，相続人が死亡し，特定遺贈の効力が生じた瞬間に独立性を失うというのは不自然であるし，その必要性もない。特定遺贈の内容が可分であるときは，その一部のみの放棄も可能であるというべきであり，本件遺言による特定遺贈は，その対象とされた個々の財産についての集合体であるとみられるので，その一部の財産について遺贈を放棄したとしても，残りの財産の遺贈の効力については影響しないはずであり，遺贈の放棄がされた他の財産について遺産分割協議が成立したからといって，直ちに本件定期預金の遺贈の効力が左右される理由はないと考えたものと思われる。

【日原聡一郎】

第7 相続させる遺言

39 相続させる遺言の性質

最判平成3年4月19日（平成元年(オ)第174号）
最高裁判所民事判例集45巻4号477頁，判例時報1384号24頁，判例タイムズ756号107頁

☞ 概　　要

■ 問題点

1　特定の遺産を特定の相続人に「相続させる」趣旨の遺言の解釈
2　特定の遺産を特定の相続人に「相続させる」趣旨の遺言があった場合における当該遺産の承継

判決の内容

■ 事案の概要

1　遺言の内容と請求の趣旨

被相続人Aは，昭和61年4月3日死亡し，法定相続人らは以下のとおりである。

```
相続人二女（1審原告，被上告人）　＝X₁
二女の夫　　（1審共同原告）　　　＝X₂
相続人三女（1審共同原告）　　　　＝X₃
相続人長女（1審被告，上告人）　　＝Y
相続人夫　　（1審共同被告）　　　＝B
```

Aの遺産として，土地①〜⑧（ただし，⑧については4分の1の共有持分）があ
る。

Aは以下のいずれも自筆証書遺言をなした。
ア　昭和58年2月11日付
　　「③乃至⑥の土地について，X₁一家の相続とする。」
イ　昭和58年2月19日付
　　「①及び②の土地について，X₁の相続とする。」
ウ　昭和59年7月1日付
　　「⑦の土地について，X₂に譲る。」
エ　昭和59年7月1日付
　　「⑧の土地のAの持分4分の1について，X₃に相続させてくださ
　　い。」（なお，X₃は⑧の4分の1の共有持分を有していた）

Xらは，Yを被告として，次の請求の趣旨を掲げて提訴した。
Ⅰ　X₁が，①乃至⑥の土地につき所有権を有することを確認する。
Ⅱ　X₂が，⑦の土地につき所有権を有することを確認する。
Ⅲ　X₃が，⑧につき2分の1の共有持分権を有することを確認する。

2　1審（東京地判昭62・11・18民集45巻4号500頁）

「相続人でないX₂に対する右遺言の趣旨を遺贈と解するべきことは明らか
であるが，相続人であるX₁及びX₃に対する右各遺言の趣旨を右同様遺贈と
解することができるかは問題である。一般に，被相続人が特定の遺産を共同
相続人の一人に取得させる旨の遺言をした場合，これを遺贈とみるべきか，
それとも遺産分割の方法の指定とみるべきかは，被相続人の遺言の意思解釈
の問題に帰着するところ，本件では，Aは右各遺言の対象にした不動産以外
にも多くの遺産を残しており……，かつ，X₁及びX₃に対する右各遺言書に
は相続させる旨の文言が使用されていることなどを考えると，右各遺言の趣
旨は遺産分割方法の指定と解するのが相当である。そうすると，X₁及びX₃
は遺言によって直ちにAの有した権利を取得し得るものではなく，遺産分割
の手続で右各遺言の趣旨に従った分割が実施されることにより，初めて相続
開始時に遡って，権利帰属が具体的に確定されるのであり，それまでは遺産
共有の状態にあるにとどまるから，未だ遺産分割の行われていないことが明

らかな本件においては，右原告らは法定相続分の範囲で権利を承継しているにすぎないといわなければならない。」と判示し，X_1につき①乃至⑥の土地につき法定相続分として６分の１の共有持分権，X_2につき⑦の土地の所有権，X_3につき⑧の土地のＡの持分４分の１の６分の１の共有持分権を承継し，自己固有の持分４分の１と合わせて，24分の７の共有持分権を有するとの結論を導いた。

3 原審 （東京高判昭63・7・11民集45巻4号507頁）

これに対し，原審は，原判決を変更し，「遺産分割の方法を指定した遺言によって，アイエの遺言に記載された特定の遺産がX_1又はX_3の相続により帰属することが確定するのは，相続人が相続の承認，放棄の自由を有することを考え併せれば，当該相続人が右の遺言の趣旨を受け容れる意思を他の共同相続人に対し明確に表明した時点であると解するのが合理的であるところ，X_1については遅くとも本訴を提起した昭和61年９月25日，X_3については同じく同年10月31日のそれぞれの時点において右の意思を明確に表明したものというべきであるから，相続開始の時に遡り，X_1は前記①及び②の土地の所有権と③乃至⑥の土地の２分の１の共有持分を，X_3は前記⑧の土地のＡの４分の１の共有持分をそれぞれ相続により取得したものというべきであり，X_2は，前記(3)の遺言の効力が生じた昭和61年４月３日，前記⑦の土地の所有権を遺贈により取得したものというべきである。」(注：本最高裁判決が引用した原審の判断) と判示し，X_1につき①及び②の土地の所有権及び③乃至⑥の土地の２分の１の共有持分権，X_2につき⑦の土地の所有権，X_3につき⑧の土地の２分の１の共有持分権を有するとした。

■ **判決要旨**

上告棄却

1　特定の遺産を特定の相続人に「相続させる」趣旨の遺言は，遺言書の記載から，その趣旨が遺贈であることが明らかであるか又は遺贈と解すべき特段の事情のない限り，当該遺産を当該相続人をして単独で相続させる遺産分割の方法が指定されたものと解すべきである。

2　特定の遺産を特定の相続人に「相続させる」趣旨の遺言があった場合

には，当該遺言において相続による承継を当該相続人の意思表示にかからせたなどの特段の事情のない限り，何らの行為を要せずして，当該遺産は，被相続人の死亡の時に直ちに相続により承継される。

解　説

1　特定の遺産を特定の相続人に「相続させる」趣旨の遺言の解釈

　1審は，従前の見解に立ち，相続させる遺言は，遺産分割の方法を定めたものにすぎないとして，対象不動産について未だ遺産共有状態にあるとしたので，当該不動産を分割するためにさらに遺産分割手続が必要であるということになる。

　これに対して，原審は，1審と同じく，遺産分割方法の指定と解した上で，対象不動産が相続人に帰属することが確定するのは，当該相続人が右の遺言の趣旨を受け容れる意思を他の共同相続人に対し明確に表明した時点であると解するのが合理的であるとして，結論的には，本判決と同様，遺産分割手続を経ずして，相続人が権利を取得するとしている。

　原審は，本判決と結論においては同じであるが，やや技巧的であることは否めないであろう。

　本判決は，相続させる遺言は，原則として，遺贈ではなく，遺産分割方法の指定をしたものであるとしているので，この点に関する限りは差異はない。しかし，遺言者の真意としては，単独で相続させる趣旨であると解するのが合理的な意思解釈であるとした点で原審とは大きく異なる。

　このことから，次に述べる「遺産の承継」に影響を与えることになる。

2　特定の遺産を特定の相続人に「相続させる」趣旨の遺言があった場合における当該遺産の承継

　本判決は，次のとおり判示する。「『相続させる』趣旨の遺言は，正に同条〔注：民908条〕にいう遺産の分割の方法を定めた遺言であり，他の共同相続人も右の遺言に拘束され，これと異なる遺産分割の協議，さらには審判もなし得ないのであるから，このような遺言にあっては，遺言者の意思に合致するものとして，遺産の一部である当該遺産を当該相続人に帰属させる遺産の一

部の分割がなされたのと同様の遺産の承継関係を生ぜしめるものであり，<u>当該遺言において相続による承継を当該相続人の受諾の意思表示にかからせたなどの特段の事情のない限り，何らの行為を要せずして，被相続人の死亡の時（遺言の効力の生じた時）に直ちに当該遺産が当該相続人に相続により承継されるものと解すべきである。</u>そしてその場合，遺産分割の協議又は審判においては，当該遺産の承継を参酌して残余の遺産の分割がされることはいうまでもないとしても，当該遺産については，右の協議又は審判を経る余地はないものというべきである。」

すなわち，「相続させる」遺言は，遺産分割方法の指定であるとしつつ，遺産分割協議等の何らの行為を経ずして，被相続人の死亡と同時に，権利が承継されるということになる。

本判決の論理は，実務上完全に定着しているが，批判も少なくない。

平成15年の税制改正以前は，登録免許税について遺贈よりも相続の方がかなり低額であったため，主として節税目的で，遺贈ではなく，遺産分割方法の指定によって遺産を相続人に帰属させるため，「相続させる」との文言を用いた公正証書遺言を作成することが多くなったという経緯がある。

また，登記手続において，遺贈の場合，登記義務者たる相続人との共同申請となるが，相続の場合，単独申請ができ，遺産分割方法の指定も相続であるから，受益相続人の単独申請が可能となる。

そうすると，本判決は，このような公証実務や登記実務に追従するかのような感があることが否めないのである。特に，現在では相続人に対する遺贈は相続と同率となっていることからすると節税目的の意味は喪失しているので，より本判決の論理は必要がないのではないかとの疑念もなくはない。

併せて，相続させる遺言に関連する諸問題につき，遺贈に近づけて解釈したり，遺贈と異なる解釈をしたりして，相続法を難解にしているとも思われる。

とはいえ，相続させる遺言と解される場合には遺産分割手続の必要がなくなった点で，実務上，裁判所や当事者の負担が大きく軽減されたものといえる。

【仲　　隆】

40 相続させる遺言と対抗力

最判平成14年6月10日（平成11年(受)第271号）
最高裁判所裁判集民事206号445頁，判例時報1791号59頁，判例タイムズ1102号158頁

☞ **概　　要**

■ 問題点

「相続させる」旨の遺言に基づく権利の取得における対抗要件の要否

判決の内容

■ 事案の概要

被相続人Aは，本件各不動産を含むAの一切の財産をその妻であるXに相続させること，及び，Xを遺言執行者として指定することを内容とする遺言をした。

Aの死亡後，AXの長男Bの債権者であるYらは，Bが本件各不動産を法定相続分（2分の1）に従い相続したものとして，本件各不動産に係るBの持分につき不動産仮差押命令を申し立て，仮差押決定を得た。Yらは，同決定をもとに代位登記申請を行い，Bが法定相続分に従い本件各不動産上の権利を相続した旨の登記を経由した上，本件各不動産に係るBの持分について仮差押えを執行し，その旨の登記がされた。また，Yらは，Bとの間で締結した強制執行認諾文言付の債務弁済契約公正証書を債務名義として，本件各不動産に係るBの持分について競売開始決定を申し立て，その旨の決定を得て強制執行に及び，差押えの登記がされた。

これに対して，Xは，遺言により本件各不動産を単独で相続したものと主張し，Yらによる仮差押えの執行及び強制執行の排除を求めて，第三者異議

訴訟を提起した。

■ 判決要旨

1　本判決は，以下のとおり判断して，Xが単独相続により本件各不動産を取得したことをその旨の登記なくしてYらに対抗できるとしてXの請求を是認した原判決を正当と認め，Yらの上告を棄却した。

2　特定の遺産を特定の相続人に「相続させる」趣旨の遺言は，特段の事情のない限り，何らの行為を要せずに，被相続人の死亡の時に直ちに当該遺産が当該相続人に相続により承継される（最二小判平3・4・19（平元(オ)174号）民集45巻4号477頁参照）。このように，「相続させる」趣旨の遺言による権利の移転は，法定相続分又は指定相続分の相続の場合と本質において異なるところはない。そして，法定相続分又は指定相続分の相続による不動産の権利の取得については，登記なくしてその権利を第三者に対抗することができる（最二小判昭38・2・22（昭35(オ)1197号）民集17巻1号235頁，最二小判平5・7・19（平元(オ)714号）裁判集民169号243頁参照）。したがって，本件において，Xは，本件遺言によって取得した不動産又は共有持分権を，登記なくしてYらに対抗することができる。

■ 解　説

1　問題の所在

相続を契機とする不動産の取得を第三者に対抗するために登記を具備することを要するかについては，判例上，遺産分割による取得，遺贈による取得については必要とされ（前者について最判昭46・1・26民集25巻1号90頁，後者について最判昭39・3・6民集18巻3号437頁），法定相続による取得，遺言による指定相続分の相続による取得については不要とされている（前者について最判昭38・2・22民集17巻1号235頁，後者について最判平5・7・19裁判集民169号243頁）。

これに対し，「相続させる」旨の遺言については，本判決も引用する最高裁平成3年4月19日判決（民集45巻4号477頁）が，その法的性質を，特段の事情のない限り遺産分割方法の指定であるとし，その効果について，特段の事

情のない限り，何らの行為も要することなく，被相続人の死亡時に直ちに対象財産が，「相続させる」旨の遺言の名宛人たる相続人（以下「受益相続人」という）に相続により承継されることを明らかにしたが，同判決は，「相続させる」旨の遺言による不動産の取得を第三者に対抗するために登記を具備することを要するかについては明らかにしておらず，未解決な問題として残されていた。

2　学説の状況

「相続させる」旨の遺言による不動産の取得を登記なくして第三者に対抗することができるかについては，「相続させる」旨の遺言の法的性質をどのように考えるか，第三者の取引の安全をいかに図るべきかにより，立場が分かれている。

(1)　対抗要件必要説

対抗要件必要説は，法定相続分による相続を原則的な相続形態と考え，「相続させる」旨の遺言は，「当該遺産を当該相続人に帰属させる遺産の一部の分割がなされたのと同様の遺産の承継関係を生ぜしめるもの」であり（前掲最判平3・4・19），遺言者の処分行為によって原則的な相続形態（法定相続分による相続）に変更を加えるものであることから，遺産分割の場合と同様に，物権変動につき対抗要件を要するものと考えるべきとする立場である。この立場の背後には，受益相続人は相続を原因として単独で容易に移転登記できたはずであるのに，これを怠っていたのだから，対抗問題として処理することで取引の安全を保護すべきであるとの価値判断があるものと思われる。

もっとも，この立場によるとしても，当該遺言について遺言執行者が指定されている場合には，相続人は相続財産について処分権をもたず（民1013条），これに反して相続人が処分行為をなし，第三者が登記を備えたとしても，その処分行為は無効であり，第三者は権利を取得できないことから（最判昭62・4・23民集41巻3号474頁），結論として，対抗要件不要説と同様になると考えられている。

なお，相続させる遺言の場合には受益相続人が単独で登記申請でき，遺言執行者が指定されている場合でも，相続登記申請それ自体は遺言執行者の執

行事務ではないことから民法1013条が適用されないようにも思われるが、最高裁平成11年12月16日判決（民集53巻9号1989頁）は、「相続させる遺言による権利移転について対抗要件を必要とすると解すると否とを問わず、甲（受益相続人）に当該不動産の所有権移転登記を取得させることは、民法1012条1項にいう『遺言の執行に必要な行為』に当たり、遺言執行者の職務権限に属するものと解するのが相当である。……甲への所有権移転登記がされる前に、他の相続人が当該不動産につき自己名義の所有権移転登記を経由したため、遺言の実現が妨害される状態が出現したような場合には、遺言執行者は、遺言執行の一環として、右の妨害を排除するため、右所有権移転登記の抹消登記手続を求めることができ、さらには、甲への真正な登記名義の回復を原因とする所有権移転登記手続を求めることもできる」旨判示していることから、結局、相続させる旨の遺言に反してなされた処分行為は民法1013条に反するものとして無効と解される。

(2) 対抗要件不要説

対抗要件不要説は、「相続させる」旨の遺言による財産取得は、相続開始と同時に、何らの行為も要することなく、当然に、指定された相続人に直接に承継されるものであることから（前掲最判平3・4・19）、他の共同相続人は対象財産については当初から無権利者にすぎず、受益相続人は、無権利者たる共同相続人から譲り受けた第三者に対し、登記なくして不動産の取得を対抗することができると考える立場である。

3　本判決の考え方

本判決は、「相続させる」旨の遺言の効果について、何らの行為を要することなく直接に受益相続人に当該財産が承継されるとの最高裁平成3年4月19日判決の立場を前提に、「相続させる」旨の遺言による権利の移転について、法定相続分又は指定相続分の相続の場合と本質において異なるところはないとして、これらの場合と同様に（前者について前掲最判昭38・2・22、後者について前掲最判平5・7・19）、登記なくして権利取得を第三者に対抗することができることを明らかにした。

4　残された問題点

(1) 第三者の取引の安全をいかに保護するか

上記のとおり，対抗要件なくして「相続させる」旨の遺言による権利取得を第三者に対抗できるか否かについて，本件判決が対抗要件不要説の立場に立つことを明らかにしたことにより，実務上，決着が図られた。本判決は，基本的には，遺言の効力発生後に受益相続人以外の共同相続人と取引関係に入った者や同共同相続人の債権者などの第三者が抱く法定相続に対する期待よりも，どの相続人に何を相続させるかについての被相続人の意思を尊重するものということができる。

もっとも，受益相続人が，相続による移転登記を長期にわたって怠り，その間に他の共同相続人が相続登記をした上で第三者と取引関係に入った場合について，常に受益相続人が保護されると解するのは，利益衡量の観点から適切とは言い難い。

このような問題については，学説上，民法94条2項の類推適用により第三者の取引の安全を図るべきとする見解もあり，取引の安全とのバランスをどのように図るのか，今後の判例の集積が待たれるところである。

(2) 生前の被相続人から対象財産を譲り受けた第三者との関係

本判決は，相続開始後に，受益相続人以外の相続人から対象財産を取得した第三者との関係について判示したものである。これに対し，生前に被相続人（遺言者）から当該財産を取得した第三者との関係については，本判決の事例とは状況が全く異なる。

この論点も，「相続させる」旨の遺言の法的性質をどのように考えるかが結論を左右する。「相続させる」旨の遺言について，法定相続に変更を加えるものと捉えて遺贈と同視すれば，共同相続人の1人に対する生前贈与と他の共同相続人への遺贈とは対抗関係に立つものと判示した最高裁昭和46年11月16日判決（民集25巻8号1182頁）と同様に，対抗問題として処理すべきとも考え得る。

しかし，受益相続人も，相続人として被相続人の権利義務を包括的に承継する立場であり，したがって，被相続人の生前にした処分行為についての履行義務も承継することとなる。また，前掲最高裁平成3年4月19日判決は，「相続させる」旨の遺言について，遺産分割方法を指定するものと捉え，これにより，遺言の効力発生と同時に，何らの行為を要さずに対象財産は受

益相続人に承継されるとしており，明らかに，「相続させる」旨の遺言における相続（一般承継）の側面を重視している。以上からすれば，受益相続人と，生前の被相続人から対象財産を譲り受けた第三者との関係は，受益相続人が被相続人の履行義務を承継することから，物権変動の当事者の関係に立ち，対抗問題とならず，第三者が保護されるものと考えられる。

【川口　幸作】

〔参考判例〕
- 最判昭38・2・22民集17巻1号235頁
- 最判昭39・3・6民集18巻3号437頁
- 最判昭46・1・26民集25巻1号90頁
- 最判昭46・11・16民集25巻8号1182頁
- 最判昭62・4・23民集41巻3号474頁
- 最判平3・4・19民集45巻4号477頁
- 最判平5・7・19裁判集民169号243頁
- 最判平11・4・23判時1711号29頁

〔参考文献〕
- 秋武憲一・判タ1153号60頁以下
- 西口元・判タ822号48頁以下
- 赤松秀岳・法教268号130頁以下
- 水野謙・ジュリ1246号79頁以下

41 遺言者より先に受益相続人が死亡した場合の遺言の効力

最判平成23年2月22日（平成21年(受)第1260号）
最高裁判所民事判例集65巻2号699頁，裁判所時報1526号7頁，
判例タイムズ1344号115頁

☞ **概　　要**

■ 問題点

1　「相続させる」旨の遺言の趣旨
2　「相続させる」旨の遺言の受益相続人が先死した場合における当該財産の承継

判決の内容

■ 事案の概要

1　A（遺言者）の夫は本件不動産を所有していたが，平成4年死亡した。その法定相続人A，長女X及び長男Bの間で遺産分割協議がなされず，Aが本件不動産につき2分の1の共有持分を法定相続分として取得していたところ，Aは，平成5年2月17日，Bに全財産を「相続させる」旨及び遺言執行者の指定の条項からなる公正証書遺言を作成した。Aは平成18年9月23日死亡し，相続が開始したが，その前の平成18年6月21日にBは死亡していた。

Xは，本件遺言が失効したとして，Bの子であるYらに対して，本件不動産につき，Xが2分の1の共有持分を有することの確認を求めた。

2　1審（東京地判平20・11・12民集65巻2号709頁）は，本件遺言を遺産分割方法の指定と解釈し，相続させる旨の遺言において遺産を承継するものとさ

れた相続人が遺言者の死亡以前に死亡した場合は，原則として代襲相続の規定が準用され，本件では，本件遺言によりAの遺産はYらが代襲相続するとして，Xの請求を棄却した。

　3　原審（東京高判平21・4・15民集65巻2号717頁）は，遺言は，遺言者の死亡時からその効力を生ずるのであるから（民985条1項），遺言者の死亡時に受遺者又は遺言により財産を承継するとされた者が存在することが必要であるのは当然であり，遺言者が相続分の指定又は遺産分割方法の指定をしていても，その対象となった相続人が遺言者の死亡以前に死亡していた場合には，その遺言は，その効力を生じないとし，もっとも，当該遺言の趣旨として，遺言者死亡時に遺言による指定に係る相続人が既に死亡している場合には，当該相続人の代襲相続人にその効力を及ぼす旨を定めていると読み得るものもあり得るところであるが，これはあくまで遺言の解釈問題であるというだけであるとして，本件では，本遺言書の記載からは，Aの死亡以前にBが死亡した場合にはBの代襲相続人にその効力を及ぼすこととする趣旨は読み取ることはできないとして，本件遺言は，BがAよりも先に死亡したことによって効力を生じないこととなったとして，原判決を取り消し，Xの請求を認容した。Yらが上告受理申立てをした。

■　判決要旨

上告棄却

　1　被相続人の遺産の承継に関する遺言をする者は，一般に，各推定相続人との関係においては，その者と各推定相続人との身分関係及び生活関係，各推定相続人の現在及び将来の生活状況及び資産その他の経済力，特定の不動産その他の遺産についての特定の推定相続人の関わり合いの有無，程度等諸般の事情を考慮して遺言をするものである。このことは，遺産を特定の推定相続人に単独で相続させる旨の遺産分割の方法を指定し，当該遺産が遺言者の死亡の時に直ちに相続により当該推定相続人に承継される効力を有する「相続させる」旨の遺言がされる場合であっても異なるものではなく，このような「相続させる」旨の遺言をした遺言者は，通常，遺言時における特定の推定相続人に当該遺産を取得させる意思を有するにとどまるものと解され

る。
　したがって，上記のような「相続させる」旨の遺言は，当該遺言により遺産を相続させるものとされた推定相続人が遺言者の死亡以前に死亡した場合には，当該「相続させる」旨の遺言に係る条項と遺言書の他の記載との関係，遺言書作成当時の事情及び遺言者の置かれていた状況などから，遺言者が，上記の場合には，当該推定相続人の代襲者その他の者に遺産を相続させる旨の意思を有していたとみるべき特段の事情のない限り，その効力を生ずることはないと解するのが相当である。
　2　本件では，「特段の事情」があるとはいえず，本件遺言は，その効力を生ずることはない。

解　　説

1　問題の所在

　特定の遺産を特定の相続人に「相続させる」旨の遺言については，最高裁平成3年4月19日判決（民集45巻4号477頁，判タ756号107頁）により，遺贈とすべき特段の事情がなければ遺産分割方法の指定と解され，この場合には，何らの行為を要せず当該遺産は被相続人死亡時に直ちに相続により承継されるとされた。
　ところで，遺贈すなわち相続人でない特定の者に財産を与える場合は，遺言者の死亡以前に受遺者が死亡した場合，民法994条1項により，当該遺言の効力は生じないことになる。
　一方，民法では，推定相続人が被相続人の死亡以前に死亡した場合は，その代襲者が代襲相続をする（民887条2項・3項）。
　そうすると，「相続させる」旨の遺言があった場合，その受益相続人が先に死亡した場合は，当該遺産はだれが承継するのかという問題が生じることになる。

2　本判決以前の裁判例や学説

　特定の相続人に「相続させる」旨の遺言における受益相続人が遺言者の死亡以前に死亡した場合の代襲相続の可否については，これまでの裁判例や学

説は，代襲相続否定説が多数であり，登記先例及び公証実務においても，代襲相続を否定する取扱いであった（昭和62・6・30法務省民三第3411号民事局第三課長回答）。

　否定説は，遺言者の通常の意思が特定の受益相続人に向けられていることを根拠とし，遺言者の通常の意思として，受益相続人が先死した場合に，その受益相続人の子に相続させたものだと解釈するのは難しいとする。

　ところが，東京高裁平成18年6月29日判決（判時1949号34頁）において，かかる場合において代襲相続を肯定する判断がなされた。

　同事案では，遺言を，遺産分割方法の指定を定めたものとした上で，代襲相続は，相続における衡平の観点から相続人の有していた相続分と同じ割合の相続分を代襲相続人に取得させるものであり，その相続分は，相続人から承継して取得するものではなく，直接被相続人に対する代襲相続人の相続分として取得するものであり，そうすると，相続人に対する遺産分割方法の指定による相続がされる場合においても，この指定により同相続人の相続の内容が定められたにすぎず，その相続は法定相続分による相続と性質が異なるものではなく，代襲相続人に相続させるとする規定が適用ないし準用されると解するのが相当であるとした上，遺産分割方法の指定は相続であり，相続の法理に従い代襲相続を認めることこそが，代襲相続制度を定めた法の趣旨にも沿うものであり，相続人間の衡平を損なうことなく，被相続人の意思にも合致することは，法定相続において代襲相続が行われることからして当然である，として，代襲相続人からの請求を認容した。そして，これに対して上告受理申立てがなされたが，最高裁では不受理決定がなされた。

　これ以降，実務においても，肯定の立場をとる見解が増加した。これら肯定説は，受益相続人が「相続」により遺産を承継するはずだったことから，当該財産を代襲者に取得させることが相続人の衡平にかなう，ということ，遺贈との相違などを根拠とし，代襲相続の規定を適用ないし準用するものである。

3　本判決の意義

　本判決以前は，上記でみたように，肯定説も否定説も，代襲相続の可否という枠組みで捉えていた。

これに対して，本判決は，既に検討されているように，この問題について，それ以前の裁判例や学説の議論と異なり，代襲相続の可否の問題としてではなく，遺言の解釈の問題として捉えたものである（本判決は，判決本文中で，民法994条1項には触れていない）。

すなわち，「相続させる」旨の遺言は，通常，遺言時における特定の推定相続人に当該遺産を取得させる意思を有するにとどまり，受益相続人が遺言者の死亡以前に死亡した場合は，原則として当該遺言は効力を生じないとしつつ，受益相続人の「代襲者その他の者に遺産を相続させる旨の意思を〔遺言者が〕有していたとみるべき特段の事情」がある場合には，例外的に，受益相続人の代襲者その他の者が承継する余地を認めた。本判決によれば，特段の事情の有無は，①「当該『相続させる』旨の遺言に係る条項と遺言書の他の記載との関係」，②「遺言書作成当時の事情及び遺言者の置かれていた状況など」から検討されることになる。

本判決では，この「特段の事情」については，上記①について，「BはAの死亡以前に死亡したものであり，本件遺言書には，Aの遺産全部をBに相続させる旨を記載した条項及び遺言執行者の指定に係る条項のわずか2か条しかなく，BがAの死亡以前に死亡した場合にBが承継すべきであった遺産をB以外の者に承継させる意思を推知させる条項はない」とし，さらに，上記②については，「本件遺言書作成当時，Aが上記の場合に遺産を承継する者についての考慮をしていなかったことは所論も前提としているところである」として，「特段の事情」を否定した。

4 「特段の事情」の検討

(1) その他の者による遺産の承継の可能性

本判決のいう「特段の事情」にあたる場合がどのような場合であるかは，今後の事例の集積を待つほかないところではあるが，本判決によれば，「特段の事情」がある場合には，「受益相続人の代襲者その他の者」に当該財産を承継されることになるので，遺言の解釈によっては，代襲者だけでなくその他の者による遺産の承継の可能性がある。

例えば，遺言者が，長男に相続させると遺言していた財産につき，長男が遺言者より先に死亡したケースにおいて，当該遺言の解釈によって，長男に

承継させようとしていた財産を，長男の子（代襲者）ではなく，二男に承継させる意思を有していたとみるべき特段の事情があると解釈される場合などが考えられる。

(2) 遺言外の事情の考慮

本判決によれば，「特段の事情」の有無の判断につき，遺言の記載に現れた事情のみならず，「遺言書作成当時の事情及び遺言者の置かれていた状況」という遺言外の事情も考慮に入れることになり，遺言書の中に，受益相続人が死亡した場合を仮定した補充的な条項が設けられていない場合，特段の事情の有無の判断が分かれることが予想される。

もっとも，遺言書の中に，このような補充的な条項が設けられていないにもかかわらず，受益相続人の代襲者等に遺産を相続させる旨の意思を有していたとみるべき特段の事情があると認められる場合というのがどういう場合をいうのか，という点は問題となるところである。

(3) 今後の実務における影響

本判決が出た現在では，実務としては，遺言作成の際に，受益相続人が先に死亡した場合に備えて，遺言において補充的条項を設けることを検討する必要があるといえる。また，そのような補充的条項を有しない遺言書を既に作成していた場合に，その遺言後に受益相続人が死亡した際に，遺言者が，先死した受益相続人に承継されると遺言していた財産の承継につき特定の意思を有するのであれば，当該財産の承継につき，新たに遺言を作成することを検討する必要もあろう，と考えられる。

【長濱　晶子】

42 相続させる遺言における債務の帰属

最判平成21年3月24日（平成19年(受)第1548号）
最高裁判所民事判例集63巻3号427頁，家庭裁判月報61巻9号93頁，判例時報2041号45頁，判例タイムズ1295号175頁，金融法務事情1871号46頁

☞ 概　要

■ 問題点

財産全部を相続させる遺言の効力は相続債務（金銭債務）にも及ぶか否か

判決の内容

■ 事案の概要

　被相続人Aは生前，財産全部をYに相続させる旨の公正証書遺言（以下「本件遺言」という）をしたが，相続開始時のAの財産は，積極財産は4億3231万7003円，消極財産は4億2483万2503円であった。Yは，Aの全財産を承継した上，遺産である不動産（以下「本件不動産」という）につき所有権移転登記を経由した。そこでXは，遺留分減殺請求権を行使し，本件不動産について所有権の一部移転登記手続を求めて提訴した。

　Xは，Aの消極財産のうち可分債務については法定相続分に応じて当然に分割され，その2分の1をXが負担することになることから，Xの遺留分侵害額は，積極財産から消極財産を差し引いた額の4分の1である187万1125円に，債務総額の2分の1に相当する2億1241万6252円を加算した2億1428万7377円であると主張した。Yは，本件遺言によりYが相続債務をすべて負担するから，Xの遺留分侵害額の算定において遺留分の額に相続債務の額を加算することは許されず，遺留分侵害額は，積極財産から消極財産を差し

引いた額の4分の1である187万1125円であると主張した。1審（福岡地判平19・2・2民集63巻3号437頁），原審（福岡高判平19・6・21民集63巻3号446頁）ともYの主張を容れ，Xの負担する債務はゼロ故，法定相続分に応じた相続債務の額を加えるべきではなく，遺留分侵害額は187万1125円であるから，Xは，本件不動産につき，4億3231万7003分の187万1125の割合による共有持分権を取得したとし，YがXに対して弁償されるべき価額である191万3034円（本件不動産の総額4億4200円にXの共有持分割合を乗じた金額）を支払わなかったときは，本件不動産につき，遺留分減殺を原因として，上記持分の所有権移転登記手続をすべき旨をYに命ずる限度でXの請求を認容した。Xが上告受理申立て。

■ **判決要旨**

1　本判決は，次のとおり判示し，原判断を維持した。

2　相続人のうち1人に対して財産全部を相続させる旨の遺言により相続分全部が当該相続人に指定された場合，遺言の趣旨等から相続債務については当該相続人にすべてを相続させる意思のないことが明らかであるなどの特段の事情がない限り，当該相続人に相続債務もすべて相続させる旨の意思が表示されたものと解すべきである。これにより，相続人間においては，当該相続人が指定相続分の割合に応じて相続債務をすべて承継することになる。

3　遺言による相続債務についての相続分の指定は，債権者の関与なくされたものであるから，債権者に対してはその効力は及ばないものと解するのが相当であり，各相続人は，相続債権者から法定相続分に従った相続債務の履行を求められたときには，これに応じなければならず，指定相続分に応じて相続債務を承継したことを主張することはできない。相続債権者の方から相続債務についての相続分の指定を承認し，各相続人に対し，指定相続分に応じた相続債務の履行を請求することは妨げられない。

解説

1　財産全部を相続させる旨の遺言の解釈

特定の遺産を相続させる旨の遺言の法的性質については、最高裁平成3年4月19日判決（民集45巻4号477頁）が、遺贈と解すべき特段の事情のない限り、当該遺産を当該相続人に単独で相続させる遺産分割の方法が指定されたものと解するべきであるとし、特段の事情のない限り、何らの行為を要せずして、当該遺産は、被相続人死亡時に直ちに相続により承継されると判示した。そして、相続人に対して財産を相続させる旨の遺言により遺産分割の方法が指定され、その対象財産の価額が当該相続人の法定相続分を超える場合には、相続分の指定を伴う遺産分割の指定であると解するのが一般的である。

本件遺言は、財産全部を相続させる旨の遺言であるが、1審及び原審は、法定相続分を超える遺産を相続させることになるから、遺産分割方法の指定がされたとともに相続分が指定されたものと解すべきとしており、本判決も、明示はしないものの、1審及び原審を否定していないことから同様に解していると考えられる。

2 遺産全部を相続させる旨の遺言と相続債務の承継

それでは、本件遺言のような財産全部を相続させる旨の遺言の効力は積極的財産のみならず、被相続人の有していた金銭債務にも及ぶか。

(1) 裁判例

名古屋地裁平成14年12月20日判決（判タ1133号191頁）は、本件遺言同様、財産全部を特定の相続人に相続させる旨の遺言において、「財産」に被相続人の債務が含まれるか否かが問題になったが、単に遺言中の財産との文言のみならず、遺言がなされるにいたった経緯、相続人らに与える効果等を検討した上で財産との文言に債務が含まれるか否かを判断し、「財産の全て」には被相続人の債務は含まれないと消極的に解した。

(2) 学説

(a) 消極説

財産全部を相続させる遺言があっても、相続債務がどのように承継されるかは明らかでないこと、遺産には相続債務は含まれないと解されることを理由として、右遺言は、相続債務をも相続させる趣旨とは解されないとする見解である。

(b) 積 極 説

多くの学説は，相続分の指定がなされた場合は，共同相続人間の内部関係では，相続債務についても指定相続分の割合により承継されると解していた。

(3) 本判決の考え方

本判決は，このような見解の対立のあるなか，多くの学説と同旨の見解に立つことを明らかにし，相続債務については当該相続人にすべてを相続させる意思のないことが明らかである等の特段の事情がない限り，当該相続人に相続債務もすべて相続させる旨の意思が表示されたものと解すべきであるとした。

3　相続債権者との関係

もっとも，相続債務の承継について，最高裁昭和34年6月19日判決（民集13巻6号757頁）は，債務者が死亡し，その相続人が数名ある場合は，被相続人の金銭債務その他可分債務は，法律上当然に分割され，各共同相続人がその相続分に応じてこれを承継するとしており，右判例との関係が問題となる。

この点，相続債務についての相続分の指定は債権者の関与なくされたものであるから，債権者に対してはその効力は及ばず，債権者からの法定相続分に基づく請求に応じなければならないとしており，相続債務の債権者との対外関係においては昭和34年判決を踏襲しているものである。

4　遺留分侵害額の算定における相続債務の扱い

なお，遺留分の侵害額の算定について，最高裁平成8年11月26日判決（民集50巻10号2747頁）は，相続債務の取扱いを含めた一定の計算式を示したが，共同相続人間では負担しないが，債権者に対しては負担する相続債務を遺留分侵害額の算定においてどのように扱うべきか，すなわち，法定相続分に応じた債務の額を相続債務負担額として加算すべきか否か明らかでなかった。

この点，学説には肯定説と否定説の両説が対立していたが，本判決は，遺留分侵害額の算定が，遺留分権利者の手元に最終的に取り戻すべき遺産の数額を算定するものであるとして，共同相続人間では相続債務の負担がない以上，法定相続分に応じた債務の額を遺留分の額に加算することは許されな

いとした。その上で本判決は，遺留分権利者が相続債務の履行をした場合は，相続債務を承継した相続人に求償できるとした。

　これに対し，本判決の考え方によると，遺留分権利者が法定相続分に応じた履行をなした場合に，求償の相手方である相続債務を承継した相続人が無資力に陥った際の危険を遺留分権利者に負担させるものであるという批判がある。

【日原聡一郎】

〔注〕
・　本判例については，本書【49】でも記載。

第8　遺言の撤回

43　撤回遺言を遺言で撤回した場合の旧遺言の効力

最判平成9年11月13日（平成7年(オ)第1866号）
最高裁判所民事判例集51巻10号4144頁，判例時報1621号92頁，判例タイムズ958号105頁

☞　概　　要

■ 問題点

遺言を撤回する遺言をさらに別の遺言をもって撤回した場合，当初の遺言の効力は復活するか

判決の内容

■ 事案の概要

被相続人Aは平成3年11月15日に死亡し，その相続人は妻B，子X_1，X_2，Y，Cである。Aは昭和62年12月6日付で，D弁護士立会いの下，Yにほとんどの遺産を相続させる旨の第一遺言（以下「甲遺言」という）を作成した。その後，Aは，平成2年3月4日付で「この遺言書以前に作成した遺言書はその全部を取り消します」と記載した第二遺言（以下「乙遺言」という）を作成し，X_1に渡した。さらにその後，平成2年11月8日付で「X_1に渡した遺言状はすべて無効とし，D弁護士の下で作成したものを有効とする」と記した第三遺言（以下「丙遺言」という）を作成した。

Yは，Aの死後，「D弁護士のもとで作成したもの」である甲遺言に基づき，複数の不動産について相続を原因とする所有権移転登記を行った。これ

に対し，X₁らは，乙遺言によって甲遺言は失効したとし，甲遺言の無効確認を求めるとともに，不動産につき法定相続分に従った共有登記への更正登記手続を求めて訴えを提起した。

1審（高松地観音寺支判平6・9・27民集51巻10号4157頁）は，民法1025条本文の趣旨に照らし甲遺言を復活させるのは相当でないとしてX₁らの請求を認容したが，2審（高松高判平7・6・26民集51巻10号4168頁）は，遺言自由の原則に照らし遺言者の意思をできる限り尊重するのが相当であるとして甲遺言の復活を認め，X₁らの請求を棄却した。そこで，X₁らが民法1025条の解釈適用の誤りを主張して上告した。

■ 判決要旨

1　本判決は，以下のとおり判断して，X₁らの上告を棄却した。

2　「遺言（以下「原遺言」という。）を遺言の方式に従って撤回した遺言者が，更に右撤回遺言を遺言の方式に従って撤回した場合において，遺言書の記載に照らし，遺言者の意思が原遺言の復活を希望するものであることが明らかなときは，民法1025条ただし書の法意にかんがみ，遺言者の真意を尊重して原遺言の効力の復活を認めるのが相当と解される。これを本件について見ると，……亡Aは，乙遺言をもって甲遺言を撤回し，更に丙遺言をもって乙遺言を撤回したものであり，丙遺言書の記載によれば，亡Aが原遺言である甲遺言を復活させることを希望していたことが明らかであるから，本件においては，甲遺言をもって有効な遺言と認めるのが相当である。」

解　説

1　問題の所在

民法は，遺言者の最終意思を尊重するという遺言制度本来の趣旨に基づいて，遺言の撤回自由の原則を採用している。民法が定める遺言の撤回事由は次のとおりである。すなわち，①遺言者の意思に基づく撤回遺言（民1022条），②抵触する遺言による撤回（民1023条1項），③抵触する生前行為による撤回（民1023条2項），④遺言者が故意に遺言書を破棄することによる撤回

（民1024条前段），⑤遺言者が故意に遺贈目的物を破棄することによる撤回（民1024条後段）である。

民法1025条は，これらによって撤回された遺言については，その撤回行為が撤回され，取り消され，又は効力が生じなかった場合においても，撤回行為が詐欺又は強迫による場合を除いては，以前の遺言の効力は復活しないことを規定する（非復活主義）。なお，民法1025条は，「前三条の規定により撤回された」と規定するが，破棄による撤回（民1024条）に関しては，事実行為でありその性質上撤回することはできないため，民法1025条が定める再度の撤回が可能なのは，①撤回遺言，②抵触遺言，③抵触生前行為ということになる。

本件は，第一遺言を撤回した行為が撤回等されたとき，民法1025条が規定する非復活主義により，詐欺・強迫を理由に取り消された場合を除き，いかなる場合においても第一遺言の効力は復活しないものなのか，一定の場合には第一遺言の効力が復活するか否かが問題になった事案である。

2　学説・判例の状況

撤回遺言をさらに遺言の方式により撤回した場合における第一遺言の復活の可否については，以前から学説において見解が分かれていた。

(1)　復活説

復活説は，第一遺言の復活を希望する遺言者の意思が明確であるならば復活を認めるべきとして，遺言者の意思解釈，あるいは民法1025条但書の類推適用により，第一遺言の復活を肯定する。

もっとも，復活説の中でも，第一遺言を撤回した第二遺言（撤回遺言）をさらに撤回する行為については，遺言者の意思は第一遺言の復活を求めていると解するほかないとして，当然に第一遺言が復活すると考える見解もある。

(2)　非復活説

これに対し，非復活説は，復活説によると第一遺言による意思表示を流用することになるが，失効した後相当の日時の経過があり得ることを考慮すると，流用を認めることによりかえって相続開始時の状況にそぐわない結果となるおそれがあること，第一遺言の復活を希望する遺言者の意思が必ずしも

明瞭ではないこと，遺言の方式に従った撤回がされた時点で第一遺言は効力を失うから，その「撤回」を撤回しても第一遺言は復活しないことを理由に，第一遺言の復活を否定する。

(3) 判　　例

本判決より前に，撤回遺言（民1022条）が遺言の方式により撤回された場合に第一遺言が復活するか否かの問題を扱った判例を確認することはできないが，抵触生前処分（民1023条2項）については，下級審判例がある。津地裁昭和36年11月18日判決（下民集12巻11号2768頁）は，「遺言者の意思が，客観的に争う余地がないほど明らかに遺言の復活を希望するものとみられる場合についてまでも，非復活主義を固執すべき理由はなく，遺言者の意思が遺言の復活にあることが客観的に争う余地がない程度に明白な場合には，本条〔注：民法1025条〕但書を類推して遺言の復活を認めるのが相当であると解される」として，復活説に立つ旨判示したものといえる。

3　本判決の考え方

本判決は，民法1022条に従って第一遺言が第二遺言によって撤回された後に，さらに第三遺言により第二遺言が撤回された場合，第一遺言の効力は復活するかについて判断を示した初めての最高裁判決であり，一定の場合に第一遺言の復活を認めることを明らかにした。

第一遺言を撤回した第二遺言が第三遺言により撤回された場合について，本判決が非復活説をとらなかったことは明らかであるが，他方で，本判決は一律に第一遺言が復活するとの立場にも立たず，遺言書の記載に照らし，個別具体的に判断すべきであるとの見解に立つものである。そして，個別的な検討の結果として，「遺言書の記載に照らし，遺言者の意思が原遺言の復活を希望するものであることが明らか」な場合に限って，「民法1025条ただし書の法意にかんがみ，遺言者の真意を尊重して」第一遺言の復活を認めるというものである。

上記のとおり，本判決は，遺言者の意思が第一遺言の復活を希望するものであることが明らかな場合に限って，第一遺言の復活を認めるものであり，そのような意思が明らかでない場合には第一遺言の復活を認めない。このことから，本判決は，民法1025条について，遺言者の意思が不明な場合につき

非復活を定め，第一遺言を復活させる意思が明らかな場合には，その意思が同条に優先するものとして，任意規定のごとく捉えたものということができる。したがって，本判決の立場は，復活説のうち遺言の解釈の問題とする見解と同様の法律構成であると思われる。

もっとも，本判決は第一遺言の復活を認める要件として，「撤回遺言を遺言の方式に従って撤回した場合」であること（第一要件）と，「遺言書の記載に照らし，遺言者の意思が原遺言の復活を希望するものであることが明らかなとき」（第二要件）という2つの要件を立てていることから，通常の任意規定とは異なり，本条に関して考慮される遺言者の意思は，あくまで，適式な遺言上の記載において示されたもののみとしている。

4 残された問題点

(1) 第一遺言を抵触遺言により撤回した場合

本判決は，第三遺言で第一遺言の復活の意思が明らかになっていれば，第一遺言の内容を繰り返す別途の遺言は要しないとするものであり，第二遺言が抵触遺言であったとしても本判決の一般論は及ぶものと考えられる。

(2) 第一要件を満たさない場合

第二遺言の撤回が遺言ではなくその他の行為によってなされた場合（例えば，第二遺言を故意に破棄した場合等），第一遺言の復活を希望する遺言者の意思が明らかであるといえる場合もあると思われる。もっとも，遺言書の記載に照らし遺言者の意思を判断する本判決の射程は直接には及ばないものと解され，この問題についてどのように解すべきか最高裁判所の判断が待たれる。

(3) 第二要件の該当性判断について

本判決は，第三遺言があるからといって一律に第一遺言が復活すると結論付けるのではなく，第一遺言の復活を希望する遺言者の意思が明らかな場合に限りその復活を認めるものである。

この点，本判決の事例では，第三遺言において，第一遺言を有効とする旨明示されていたが，そのような明示がない場合（例えば，第三遺言が単に第二遺言を撤回するとのみ記載されている場合）にも，「遺言書の記載に照らし，遺言者の意思が原遺言の復活を希望するものであることが明らかなとき」と言い得る場合があるか，遺言解釈の事例判断の集積が待たれるところである。

以上とは別に，遺言書の記載に照らし第一遺言の復活を希望する遺言者の意思が明らかとはいえないとしても，遺言書以外の証拠ないし事情からその意思が明らかな場合に第一遺言の復活が認められるかについては，河邉義則・最高裁判所判例解説民事篇平成9年度㊦1395頁以下は否定的な立場を示している。

【川口　幸作】

〔参考判例〕
・　津地判昭36・11・18下民集12巻11号2768頁

〔参考文献〕
・　河邉義典・最高裁判所判例解説民事篇平成9年度㊦1381頁以下
・　中川善之助＝加藤永一編『新版注釈民法(28)』396頁以下〔山本正憲〕
・　右近健男・法教212号122頁以下
・　沖野眞已・ジュリ1135号（平成9年重要判例解説）89頁以下

第7章

遺　留　分

第1　遺留分減殺請求権の性質

44　目的物返還請求権と時効

最判昭和57年3月4日（昭和53年（オ）第190号）
最高裁判所民事判例集36巻3号241頁，判例時報1038号285頁，判例タイムズ468号102頁

☞ 概　　要

■ 問題点

　遺留分減殺請求権の行使の効果として生じた目的物返還請求権等は，民法1042条所定の消滅時効に服するか

判決の内容

■ 事案の概要

　1　原告Xは，父A及び母Bの二男，被告Yは長男であり，他にAB間には2名の子供がいる。

　2　Aは，昭和46年5月に，同人所有の第一ないし第三の土地について，その持分3分の2をYに，3分の1をBに遺贈する旨の遺言をし，昭和47年4月8日に死亡した。

　3　Bは，昭和47年11月15日に，Aから遺贈を受けた土地持分の全部をYに遺贈する旨の遺言をし，同月23日に死亡した。

　4　XはYに対し，Aの遺言により遺留分が侵害されたとして遺留分減殺請求の意思表示をし，調停により，YがXに対して第二の土地の所有権を移転して，Aの遺贈による遺留分減殺に対する返還とし，昭和48年5月11日に

登記が経由された。

5　XはYに対し，昭和48年5月下旬頃，Bの遺言につき遺留分減殺請求の意思表示をした。

6　Xは，遺留分減殺請求により第一ないし第三の土地につき24分の1の持分を取得したとして，第一の土地については24分の1の持分移転登記を，第二の土地については，Xに所有権が移転したので民法1040条類推適用による24分の1の価額弁償を，第三の土地については，Yが公衆用道路として売却したので24分の1の価額弁償をそれぞれ求めて訴訟提起した。

7　Yは，民法1042条は減殺請求権とその行使によって生ずる返還請求権を一体として一年の消滅時効にかかることを規定したものである等と主張して争った。

8　1審（名古屋地判昭51・9・28民集36巻3号244頁）は，「遺留分減殺請求権は形成権であり，必ずしも裁判上の請求によることなく，一旦減殺の意思表示がなされた以上，それにより法律上当然に効力を生じ，右減殺請求権の行使の結果生ずる返還請求権が，右の形成権とは別個に消滅時効にかかるものではない」等としてXの請求を認容した。

原審（名古屋高判昭52・10・31民集36巻3号263頁）は，1審の上記理由中「右の形成権とは別個に」とあるのを「民法1042条の規定により」と改めた上で，控訴を棄却した。

■　**判決要旨**

1　本判決は，次のとおり判断して，原審の判断を是認し，上告を棄却した。

2　民法1031条所定の遺留分減殺請求権は形成権であって，その行使により贈与又は遺贈は遺留分を侵害する限度において失効し，受贈者又は受遺者が取得した権利は右の限度で当然に遺留分権利者に帰属するものと解すべきものであることは，当裁判所の判例とするところであり（最判昭41・7・14（昭40（オ）1084号）民集20巻6号1183頁，最判昭51・8・30（昭50（オ）920号）民集30巻7号768頁），したがって，遺留分減殺請求に関する消滅時効について特別の定めをした同法1042条にいう「減殺の請求権」は，右の形成権である減殺請求

権そのものを指し，右権利行使の効果として生じた法律関係に基づく目的物の返還請求権等をもこれに含ましめて同条所定の特別の消滅時効に服せしめることとしたものではない，と解するのが相当である。

解　説

1　遺留分減殺請求権の法的性質

　遺留分減殺請求権の法的性質については，①形成権であり，その効果は物権的に生ずるとする説，②形成権であり，その効果は債権的に生ずるとする説，③請求権とする説がある。本判決が引用している2つの判例のうち，昭和41年判例は形成権説を採用し，昭和51年判例は形成権説かつ物権的効果説を採用した。形成権・物権的効果説が通説判例である。

2　1年間の時効により消滅するのは何か

(1)　条文と本判決の結論

　民法1042条は，「減殺の請求権は，遺留分権利者が，相続の開始及び減殺すべき贈与又は遺贈があったことを知った時から1年間行使しないときは，時効によって消滅する。相続開始の時から10年を経過したときも，同様とする。」と規定している。

　本判決は，遺留分減殺請求権の法的性質を形成権とし，かつその効果が物権的に生ずることを理由に，「したがって」，1年間で消滅する「減殺の請求権」は，形成権である減殺請求権そのものを指し，形成権行使の効果として生じた法律関係に基づく目的物の返還請求権等は1年間の消滅時効に服さない旨判示した。

(2)　学説の状況

　遺留分減殺請求権の法的性質について①形成権・物権的効果説をとりながら，民法1042条の解釈として，遺留分減殺請求権を行使した結果生じた目的物の返還請求権等が時効により消滅するのか，消滅するとしてどのような消滅時効に服するのかについては，学説上は以下の四説に分かれており，遺留分減殺請求権の法的性質から必然的に本判決の結論が導かれるものとはいえない。

(a) 第 一 説

減殺請求権及びその権利行使の効果として生じた目的物の返還請求権が一体として1年の消滅時効にかかるとする説（中川善之助＝泉久雄『相続法〔新版〕』591頁）。

(b) 第 二 説

民法1042条の期間制限に服するのは遺留分減殺請求権そのもののみであり，その行使の効果として生じた物権的請求権は消滅時効にかからないとする説（谷口知平「遺留分権利者の減殺請求権の性質」民商56巻2号295頁）。

(c) 第 三 説

民法1042条の期間制限に服するのは遺留分減殺請求権そのもののみであるが，目的物の返還請求権は，不当利得返還請求権の性質を有するので10年の消滅時効にかかるとする説（中川善之助＝泉久雄『相続法〔第3版〕』632頁）。

(d) 第 四 説

民法1042条の期間制限に服するのは遺留分減殺請求権そのもののみであるが，その行使の効果として生じた物権的請求権は相続回復請求権（民884条）の消滅時効にかかるとする説（高木多喜男「遺留分減殺請求権の性質」中川淳編『判例相続法』199頁）。

(3) **第一説の採用**

この点，遺留分を巡る法律関係の早期安定という要請があるとはいえ，上記第一説のように，減殺請求権及びその権利行使の効果として生じた目的物の返還請求権が一体として1年の消滅時効にかかるとすれば，実際的な問題として遺留分減殺請求権者の権利行使が相当困難になってしまう。

本判決は，このような実際的な観点から，上記四説のうち第一説を採用しないことを明らかにしたものといえる。

3 形成権行使の結果生じた請求権の消滅時効について

もっとも本判決は，第二説ないし第四説のいずれの立場に立つのかは明らかにしなかった。

しかし，後に最高裁平成7年6月9日判決（判タ885号154頁等）は，「遺留分権利者が特定の不動産の贈与につき減殺請求をした場合には，受贈者が取得した所有権は遺留分を侵害する限度で当然に右遺留分権利者に帰属すること

になるから……，遺留分権利者が減殺請求により取得した不動産の所有権又は共有持分権に基づく登記手続請求権は，時効によって消滅することはないものと解すべきである」として，上記のうち第二説をとることを明らかにした。

4 実務への影響

　形成権たる遺留分減殺請求権そのもののみが，民法1042条により1年間で時効消滅するとの考え方は，既に実務に定着しているものといえる。

【生方　麻理】

〔参考文献〕
・　中川善之助＝加藤永一編『新版注釈民法(28)』524頁〔高木多喜男〕

45 遺留分減殺請求権の代位行使の可否

最判平成13年11月22日（平成10年（オ）第989号）
最高裁判所民事判例集55巻6号1033頁，判例時報1775号41頁，
判例タイムズ1085号189頁

☞ **概　　要**

■ 問題点

1　債権者代位権と一身専属権
2　遺留分減殺請求権の代位行使の可否

判決の内容

■ 事案の概要

　被相続人Aは，農業を営み，本件土地及び同土地上の居宅や多数の農地を所有していた。Aには妻Cとの間に10名の子がいた。Aの五男Xは，後継者としてA所有の農地で農業に従事していたほか，A及びCと同居して扶養をしていた。Aは，所有する田2筆を四男に相続させるほか，本件土地や居宅及びその余の農地をXに相続させ，他の子らには何も相続させない趣旨の本件公正証書遺言を作成した。Yは，金融業者であり，Aの三男Bに対して貸付を行った。Yは，Bに対して貸金請求訴訟を提起し，勝訴した。その後，Cが死亡し，さらにAが死亡した。Yは，Aの死亡に前後して時効中断のため，前訴と同趣旨の判決を得て，Bに代位して本件土地につきBはじめ10名の子の共有持分を法定相続分どおり各10分の1とする相続登記を了した上で，Bの持分に対する強制執行を申し立ててこれを差し押さえた。
　これに対して，Xが，強制執行の排除を求める第三者異議訴訟を提起した。Yは，一部抗弁として，Bに代位してXに対して遺留分減殺請求権行使

の意思表示をし，その遺留分割合に相当するBの法定相続分の2分の1（20分の1）の限度でYがした差押えは有効であると主張して争い，遺留分減殺請求権が債権者代位の目的となるか否かが争点となった。

■ 判決要旨

1 1審判決（浦和地判平9・6・26），原判決（東京高判平10・2・5判時1653号114頁）とも，遺留分減殺請求権は債権者代位の目的とならないとして，Yの抗弁を退けてXの第三者異議を全部認容した。本判決は，次のとおり判示して，Yの上告を棄却した。

2 遺留分減殺請求権は，遺留分権利者が，これを第三者に譲渡するなど，権利行使の確定的意思を有することを外部に表明したと認められる特段の事情がある場合を除き，債権者代位の目的とすることができないと解するのが相当である。その理由は次のとおりである。

遺留分制度は，被相続人の財産処分の自由と身分関係を背景とした相続人の諸利益との調整を図るものである。民法は，被相続人の財産処分の自由を尊重して，遺留分を侵害する遺言について，いったんその意思どおりの効果を生じさせるものとした上，これを覆して侵害された遺留分を回復するかどうかを，専ら遺留分権利者の自律的決定にゆだねたものということができる（民1031条・1043条参照）。そうすると，遺留分減殺請求権は，前記特段の事情がある場合を除き，行使上の一身専属性を有すると解するのが相当であり，民法423条1項但書にいう「債務者の一身に専属する権利」にあたるというべきであって，遺留分権利者以外の者が，遺留分権利者の減殺請求権行使の意思決定に介入することは許されないと解するのが相当である。民法1031条が，遺留分権利者の承継人にも遺留分減殺請求権を認めていることは，この権利がいわゆる帰属上の一身専属性を有しないことを示すものにすぎず，上記のように解する妨げとはならない。なお，債務者たる相続人が将来遺産を相続するか否かは，相続開始時の遺産の有無や相続の放棄によって左右される極めて不確実な事柄であり，相続人の債権者は，これを共同担保として期待すべきではないから，このように解しても債権者を不当に害するものとはいえない。

解　説

1　債権者代位権と一身専属権

　一身専属権は，代位行使ができない「行使上の一身専属権」と，相続性・譲渡性がない「帰属上の一身専属権」とに分けられる。両者は必ずしも一致しない。債権者代位権は債務者の意思と無関係にその権利を行使する制度であることから，「債務者の一身に専属する権利」(民423条1項但書)は，その権利を行使するか否かが専ら債務者の意思のみに委ねられる権利，すなわち，「行使上の一身専属権」であるとされる（我妻栄『新訂債権総論』167頁）。

　ある権利が「行使上の一身専属権」として債権者代位の対象となるか否かの判断基準としては，従来の通説は，上記のとおり，「権利の行使を債務者の自律的判断に委ねるのが相当か」という権利の性質から判断したが，近年の有力説では，債権者の共同担保たる債務者の一般財産の確保に資する財産的利益といえるかという債権者代位制度の目的も加味して，個別的に判断すべきであるとされている（中田裕康『債権総論』200頁，瀬戸口壮夫・最高裁判所判例解説民事篇平成13年度644頁参照）。

2　遺留分減殺請求権の代位行使の可否

(1)　学説・判例の状況（判タ1085号190頁，中田裕康・法協119巻11号199頁）

　遺留分減殺請求権の代位行使の可否について，本判決以前に，明確に判断した最高裁判例は見当たらない。裁判例の流れは否定説，学説の多数は肯定説という状況にあった。

　(a)　代位肯定説

　民法1031条が遺留分の特定承継を認めていることを強調して，遺留分減殺請求権は身分から切り離された純粋な財産権であるとする。

　裁判例では，遺留分減殺請求権の代位行使を肯定し得る旨を説示したのは明治民法時代の水戸地裁下妻支部大正11年3月28日判決（評論11巻(上)民法259頁）の1件のみで，結論的には他の理由で遺留分減殺請求を否定している。

　(b)　代位否定説

　民法1031条が遺留分減殺の効力を遺留分減殺請求権の行使に係らせていることを強調して，民法は，その行使を専ら被相続人と密接な身分的人的関係

にある遺留分権利者の自律的決定に委ねる趣旨であるとする。ただし，代位否定説も，遺留分減殺請求権が，遺留分権利者によって第三者に譲渡された後は，一身専属性は失われて債権者代位の目的となり得るとする。

　裁判例では，東京地裁平成２年６月26日判決（判時1377号74頁），原判決（東京高判平10・2・5判時1653号114頁）がある。

(2) 本判決の考え方

　本判決は，学説上議論が分かれていた問題について，判決要旨のとおり判示し，特段の事情がない限り，遺留分減殺請求権を債権者代位の目的とすることはできないとして，最高裁として初めて代位否定説をとることを明らかにした。

　本判決は，その理由として，民法は，遺留分を侵害する遺言を直ちに無効とはせずにいったんその意思どおりの効果を生じさせるものとした上で，その効果を覆して侵害された遺留分を回復するかどうかを「専ら遺留分権利者の自律的決定にゆだねたものということができる」ことを指摘して，遺留分減殺請求権は，「行使の一身専属性」を有すると判示しており，従来の通説の判断基準に依拠したものと評価できる。また，代位肯定説への反論的な意味を込めて，「民法1031条が，遺留分権利者の承継人にも遺留分減殺請求権を認めていることは，この権利がいわゆる帰属上の一身専属性を有しないことを示すものにすぎ」ないと判示している。さらに，「債務者たる相続人が将来遺産を相続するか否かは，相続開始時の遺産の有無や相続の放棄によって左右される極めて不確実な事柄であり，相続人の債権者は，これを共同担保として期待すべきではない」と述べ，「共同担保」性に言及し，近年の有力説にも配慮した判示を行っている（中田・前掲法協119巻11号206頁，瀬戸口・前掲653頁）。

　なお，本判決は，相続人の債権者が遺留分減殺請求権を代位行使し得るかが問題となった事案であるが，「遺留分減殺請求権は，……特段の事情がある場合を除き，債権者代位の目的とすることができない」という一般的な形で判示しており，また減殺請求権は行使上の一身専属性を有していないという理由づけも一般性を有していることから，被相続人の債権者が代位行使する事案（例えば，被相続人の債権者が，当該債務を相続した相続人〔遺留分権利者〕に

代位して，被相続人によって相続人以外の者に贈与又は遺贈された財産につき遺留分減殺請求権を行使しようとする場合など）についても本判決の射程が及ぶものと解されている（幡野弘樹・別ジュリ193号190頁，瀬戸口・前掲661頁）。

(3) 遺留分減殺請求権の代位行使が認められる例外的場合

本判決は，遺留分権利者が「権利行使の確定的意思を有することを外部に表明したと認められる特段の事情がある場合」には，例外的に遺留分減殺請求権の代位行使が認められるとした上で，その典型例として遺留分権利者が減殺請求権を第三者に譲渡した場合を挙げている。

具体的に，どのような場合に「特段の事情」が認められるかについては，今後の下級審における事例の集積を通じて明らかにされていくことが期待される。

学説では，本判決のいう特段の事情が認められる余地のある場合として，相続開始後に遺留分権利者が減殺請求権の行使を確約して減殺請求権を事実上の担保として債権者から融資を受けた場合や，相続開始前からの債権者の返済の請求に対して相続開始後に遺留分権利者が減殺請求権の行使を確約した場合などが挙げられている（瀬戸口・前掲678頁）。

なお，相続開始前は遺留分侵害が発生するかなどはまだ確定しておらず，また，相続開始前の遺留分の放棄には家裁の許可を要する（民1043条1項）ことを考えると，相続開始前に減殺請求権の行使を約束したり，相続開始を条件として遺留分減殺により取得する財産を譲渡・処分する旨約しても，特段の事情があるとはいえないとの見解（大山和寿・NBL747号37頁）がある。

3　相続法上の他の権利と債権者代位

関連して，他に，代位行使の可否について，争いのある相続法上の権利について，いくつか挙げておく。

(1) 相続の承認権・放棄権

相続の承認権・放棄権について，債権者代位の目的となるか否か直接触れた判例は見当たらないが，代位行使を否定する学説が多数を占めている。

なお，相続放棄が詐害行為取消権の対象となるか否かについて，最高裁昭和49年9月20日判決（民集28巻6号1202頁）は，「相続の放棄は，……これを既得財産を積極的に減少させる行為というよりはむしろ消極的にその増加を妨

げる行為にすぎない」、「相続の放棄のような身分行為については、他人の意思によつてこれを強制すべきでない」として、これを否定した。

(2) 遺産分割請求権

　遺産分割請求権が債権者代位の対象となるか否かについて直接触れた最高裁判例はない。下級審決定では、相続人たる夫との間で遺産の贈与契約をした妻（相続権なし）が、贈与契約上の債権者として、夫に代位して被相続人の遺産分割の審判申立てができるとした事例がある（名古屋高決昭43・1・30家月20巻8号47頁）。学説では、代位行使を認めるものが多い。中田・前掲『債権総論』201頁は、遺産分割手続において相続人の債権者に認められた地位（利害関係人として参加し得るが当事者にはならない。相続分の譲渡を受けた場合は別論）、債権者は遺産分割前でも相続財産に執行できることを考えると、債務者に代わって遺産分割協議をすることは基本的には否定すべきであるが、遺産分割審判の申立ての代位行使は認めてよいとする。

　なお、遺産分割協議が詐害行為取消権の対象となるか否かについて、最高裁平成11年6月11日判決（民集53巻5号898頁）は、「遺産分割協議は、相続の開始によって共同相続人の共有となった相続財産について、その全部又は一部を、各相続人の単独所有とし、又は新たな共有関係に移行させることによって、相続財産の帰属を確定させるものであり、その性質上、財産権を目的とする法律行為である」として、これを肯定している。

4 相続させる旨の遺言と登記

　本件で、YはまずBの相続持分の差押登記をしたが、いわゆる「相続させる」遺言であったために、登記なくしてXの権利取得が対抗されることとなり（最判平14・6・10判時1791号59頁参照）、遺留分減殺請求権の代位の問題となってYは敗訴した。もし、遺留分の侵害が遺贈によるものであれば、相続人債権者による相続持分の差押えと受遺者との関係は、遺言執行者がいる場合を除き（最判昭62・4・23民集41巻3号474頁）、対抗問題となる（最判昭39・3・6民集18巻3号437頁）ので、相続人債権者が先に差押登記をすれば、受遺者に対し権利取得を対抗でき、遺留分減殺請求の代位行使の問題になることを回避し得る（前田陽一・金法1684号18頁）との指摘がなされている。

【岡田　侑子】

第2　遺留分減殺請求の対象財産

46　遺留分減殺の対象となるべき生前贈与の範囲

最判平成10年3月24日（平成9年（オ）第2117号）
最高裁判所民事判例集52巻2号433頁，判例時報1638号82頁，判例タイムズ973号138頁

☞　概　要

■　問題点

1　遺留分算定の基礎財産に算入される生前贈与の範囲
2　遺留分減殺の対象となる生前贈与の範囲

判決の内容

■　事案の概要

　被相続人Aは生前，複数の不動産を所有していた。Aは，昭和62年8月20日に死亡し，その相続人は妻X_1，長女X_2，長男Yであるところ，Aは昭和53年10月16日と昭和54年1月16日の2回に分けて，所有していたうちの6筆の土地をY及びYの妻子に贈与していた（以下，まとめて「本件贈与」という）。そこで，X_1，X_2は，本件贈与が遺留分を侵害するとして，そのうち最も遅く贈与された2筆の土地について，遺留分減殺を理由にXらに帰属した持分の移転登記を請求した。

■　判決要旨

1　要旨2のとおり判断してXらの請求を棄却した原判決について，本判

決は，要旨**3**のとおり判断して破棄し，事件を高等裁判所に差し戻した。

　2　本件贈与はいずれも相続開始の1年以上前になされたものであるから，これらを遺留分減殺の対象とするためには，当事者双方が遺留分権利者に損害を加えることを知って贈与したものであることが必要だが，本件贈与はいずれも遺留分権利者であるXらに損害を加えることを知って行われたものであるということはできず，したがって，本件贈与は遺留分減殺の対象とならない。

　3　民法903条1項に定める相続人に対する贈与は，右贈与が相続開始よりも相当以前にされたものであって，その後の時の経過に伴う社会経済事情や相続人など関係人の個人的事情の変化をも考慮するとき，減殺請求を認めることが右相続人に酷であるなどの特段の事情のない限り，同法1030条の定める要件を満たさないものであっても，遺留分減殺の対象となるものと解するのが相当である。

　けだし，民法903条1項の定める相続人に対する贈与は，すべて民法1044条，903条の規定により遺留分算定の基礎となる財産に含まれるところ，右贈与のうち民法1030条の定める要件を満たさないものが遺留分減殺の対象とならないとすると，遺留分を侵害された相続人が存在するにもかかわらず，減殺の対象となるべき遺贈，贈与がないためにその者が遺留分相当額を確保できないことになり得るが，それでは遺留分制度の趣旨を没却するものというべきであるからである。

▍解　　説

1　問題の所在

　民法1044条は，特別受益者の相続分に関する民法903条を遺留分につき準用している。もっとも，民法は，この準用が具体的に意味するところを明確に定めていないことから，遺留分と特別受益との関係については，後述**4**の論点を含め多くの解釈上の論点が生じているが，本判決に関連する論点は，次の2点である。

　①　民法903条所定の贈与について，民法1030条の要件（相続開始前の1年間

にしたもの，又は，1年前の日より前にしたものであっても当事者双方が遺留分権利者に損害を加えることを知って行われたもの）を満たさなくても，遺留分算定の基礎財産に含まれるか。
② 民法903条所定の贈与が遺留分算定の基礎財産に含まれるとして，当該贈与が遺留分減殺の対象となるか。

2 学説・判例の状況

(1) 民法903条所定の贈与は，民法1030条の要件を満たさずとも，遺留分算定の基礎財産に含まれるか（上記論点①）

(a) 学説

この問題については，特別受益にあたる贈与であっても非相続人が受けた贈与と同様に，民法1030条の範囲内，すなわち，当該贈与が相続開始前1年間に行われた場合又は当事者双方が遺留分権利者に損害を加えることを知ってなされた場合にのみ，遺留分算定の基礎財産に算入すべきであるという立場もある（限定的算入説）。

しかし，特別受益にあたる贈与については，民法1030条とは別に民法1044条が903条を準用していることを根拠に，民法1030条の定める要件を満足していなくても，すべて遺留分算定の基礎に加えられるとする無限定算入説が通説であり，この結論にほぼ異論はない。

(b) 判例

判例に関しても，最高裁判例（最判昭51・3・18民集30巻2号111頁）は，相続開始の30年以上前になされた特別受益としての贈与について，民法1030条による限定を考慮せず無限定に算入されることを前提に，当該贈与財産である金員を相続開始時の貨幣価値に換算して評価すべき旨判示している。

(2) 民法903条所定の贈与は遺留分減殺の対象となるか（上記論点②）

特別受益にあたる贈与が遺留分減殺の対象となるかについては，学説上見解が分かれている。

(a) 肯定説（多数説）

特別受益にあたる贈与も含め，遺留分算定の基礎に含まれる贈与は減殺の対象となるとする見解である。この見解は，特別受益を遺留分算定の基礎財産に算入しながら，減殺の対象としないことは矛盾しているし，遺留分制度

の意味が失われることを理由とするものである（中川善之助＝加藤永一編『新版注釈民法(28)〔補訂版〕』483頁〔高木多喜男〕）。

(b) 否定説（少数説）

特別受益にあたる贈与は，民法1030条の定める限度でしか減殺の対象とならないとする見解である。この見解は次のように考えるようである。

すなわち，民法1030条の要件を満たす贈与が減殺の対象となることは民法1031条によって明確に定められており，これらの贈与財産は減殺の前提として遺留分算定の基礎財産に加算される。これに対し，特別受益にあたる贈与については，民法1031条のような規定はなく，民法1044条が準用する民法903条も，特別受益の持戻しを定めているにすぎず，特別受益にあたる贈与は持戻しの結果として遺留分算定の基礎財産に加算されるが，持戻しの効果として減殺請求の対象となるとまで解することはできない。また，民法903条により特別受益とされる生前贈与を減殺対象となるとすると，特別受益が持ち戻されない場合（特別受益を受けた共同相続人が相続放棄した場合や欠格事由に該当する場合等）も，同じ取扱いを認めなければ公平に反するが，そのような根拠規定がない。

否定説は，民法1044条による民法903条の準用の意味するところについて，民法903条が，相続財産に特別受益にあたる贈与の価額を加算した「みなし相続財産」をもとに一応の相続分を計算し，特別受益にあたる贈与を受けた相続人の一応の相続分から当該贈与の価額を控除したものを当該相続人の具体的相続分とし（同条1項），当該贈与の価額が一応の相続分に等しいか，それを超えるときは具体的相続分を有しないこと（同条2項）を規定していることとパラレルに，次のように考える。

すなわち，否定説によれば，民法1044条が民法903条を準用するのは，民法1029条，1030条が定める遺留分算定の基礎財産に特別受益にあたる贈与を加算した「みなし遺留分算定基礎財産」をもとに一応の遺留分を計算し，特別受益にあたる贈与を受けた遺留分権利者の一応の遺留分から当該贈与の価額を控除したものを当該遺留分権利者の具体的遺留分とすること（民903条1項の準用），当該贈与の価額が一応の遺留分に等しいか，それを超えるときは具体的遺留分を有しないこと（同条2項の準用）を意味するにとどまり，特別

受益にあたる贈与が当然に遺留分減殺の対象となるものではないとされる。

3 本判決の考え方
(1) 原　則

本判決は，遺留分算定の基礎財産に算入される生前贈与の範囲（論点①）について，「民法903条1項の定める相続人に対する贈与は，すべて民法1044条，903条の規定により遺留分算定の基礎となる財産に含まれる」と述べて，通説に立つことを前提とした上で（高木・前掲469頁），遺留分減殺の対象となる生前贈与の範囲（論点②）について，特別受益としての贈与は民法1030条の要件を満たさなくても減殺請求の対象となる旨判示し，原則として肯定説に立つことを明らかにしたものである。

遺留分制度は，被相続人が有していた相続財産の一定割合を一定の法定相続人に留保させることで相続人を保護することを目的とするものであるが，本件事案のような，老齢な被相続人から相続人に対する特別受益としての生前贈与については，非相続人に対する贈与と異なり，相続分の前渡しの実質を有することが多く，民法1030条の要件を満たさずとも遺留分減殺の対象とするのが，上記遺留分制度の趣旨に適う。他方，否定説に立つ場合，特別受益にあたる贈与によって遺留分が侵害された相続人がいても，その相続人は当該贈与を減殺請求できないこととなり，その他に減殺対象となる遺贈・贈与がない場合には，遺留分制度による保護を受けられないこととなる。

本判決も，このような帰結は遺留分制度の趣旨を没却するものであることを指摘し，原則として，特別受益にあたる贈与が遺留分減殺の対象となることを肯定したものである。

(2) 原則が修正される例外的事情

他方，本判決は，特別受益にあたる贈与が「相続開始よりも相当以前にされたものであって，その後の時の経過に伴う社会経済事情や相続人など関係人の個人的事情の変化をも考慮するとき，減殺請求を認めることが右相続人に酷であるなどの特段の事情」があるときには，減殺請求の対象とならないこともあり得る旨の留保を付している。

遺留分算定の基礎となる財産の評価は，相続開始時を基準になされることから（前掲最判昭51・3・18），相続開始の何十年も前にされた特別受益にあた

る贈与が減殺請求の対象となる事案においては、貨幣価値の著しい上昇により、被請求者の経済的状況次第では、被請求者に苛酷な結論となりかねない。

　本判決における上記留保は、このような場合を念頭に置いたものと考えられるが、なお「特段の事情」がいかなる場合を指すのかについては、今後の判例の集積が待たれるところである。

4　実務上の問題点
(1)　単独相続で、第三者への遺贈等が減殺対象となる場合
　共同相続の場合については、民法1044条が同法903条を準用していることから、前述のとおり、特別受益にあたる贈与の価額を、遺留分算定の基礎財産に算入することにほぼ争いはない。

　これに対し、単独相続した相続人が被相続人から特別受益にあたる贈与を受けていた場合についても、第三者への遺贈等を減殺請求するにあたり、遺留分算定の基礎財産に、特別受益にあたる贈与の価額を算入すべきか否かに関して、民法は明確に規定していない。この点、単独相続人に対して特別受益にあたる贈与がされた場合であっても、当該贈与は相続分の前渡しとしての性格をもち、民法903条の趣旨と異なるところはないとして、単独相続した相続人が被相続人から特別受益にあたる贈与を受けていた場合についても、第三者への遺贈等を減殺請求するにあたり、遺留分算定の基礎財産に、特別受益にあたる贈与の価額を算入すべきものと考えられる（中川善之助＝加藤永一編『新版注釈民法(28)〔補訂版〕』466〜467頁〔中川淳〕）。

(2)　受贈者が相続人の資格を失った場合
　上記のとおり、本判決は、特別受益にあたる贈与は、民法1030条の要件を満たさなくても、遺留分算定の基礎財産に算入され、減殺請求の対象となるとの立場をとっている。

　他方、特別受益者たる共同相続人が相続を放棄した場合（民939条）、欠格事由に該当する場合（民891条）、廃除（民892条・893条）の審判が確定した場合、その者は相続人としての資格を失う。これらの場合には、相続人の地位にあった者に対して本来特別受益にあたる贈与がなされていたとしても、相続人でない者に対する贈与として扱われ、民法1030条に該当しない限り、減

殺の対象とならないことになる。その結果，本判決の立場を前提とすれば，相続資格を失った場合の方が失わない場合に比較して有利に扱われるという均衡を失した事態が生じてしまう。今後は，このような法の間隙を縫うような事案に対する法解釈さらには立法による対応が求められよう。

【川口　幸作】

〔参考判例〕
- 最判昭51・3・18民集30巻2号111頁

〔参考文献〕
- 中川善之助＝加藤永一編『新版注釈民法(28)〔補訂版〕』466～467頁〔中川淳〕
- 中川善之助＝加藤永一編『新版注釈民法(28)〔補訂版〕』468～469頁，483～484頁，538頁〔高木多喜男〕
- 中川善之助教授還暦記念『家族法大系(7)』263～264頁〔高木多喜男〕
- 潮見佳男・金法1952号64頁
- 松原正明・判タ1100号498～499頁
- 都築民枝「平成10年度主要民事判例解説」判タ1005号148～149頁

47 遺留分減殺請求の対象財産に対する取得時効の効力

最判平成11年6月24日（平成8年（オ）第2292号）
最高裁判所民事判例集53巻5号918頁，判例時報1687号70頁，判例タイムズ1010号241頁

☞ 概　　要

■ 問題点

1　遺留分減殺の対象としての要件を満たす贈与に基づき目的物を占有した者の取得時効の援用の可否
2　贈与に対する遺留分減殺請求による目的物の権利の帰属

判決の内容

■ 事案の概要

1　平成2年1月24日に被相続人Aが死亡し，Aの子であるXらとY₁を含む15人が相続した。Aは，昭和51年11月から翌年1月の間に，当時所有していた10件の不動産（本件不動産）をY₁，Y₁の妻B及びY₁とBの子のY₂に順次贈与（本件贈与）した（昭和55年Bが死亡してBへの贈与はY₂が相続）。当該贈与当時，Aには本件不動産のほかに見るべき財産がなくかつ将来新たな財産増加はないことを，Yら及びBは知っていた。

Xらは，本件贈与がXらの遺留分を侵害しているとして，平成2年12月19日，Yらに対し，遺留分減殺請求をした。これに対し，Yらは，本件贈与から10年を経過したことにより，本件不動産について時効取得が完成しており減殺請求は認められないと主張した。

2　1審（富山地判平7・4・20民集53巻5号930頁），原審（名古屋高判平8・

7・17民集53巻5号948頁）は，YらはXらの遺留分を侵害することを知って本件贈与を受けているので占有開始の始めに善意無過失であったとはいえず，また，仮に取得時効の余地があったとしても，これによって遺留分侵害の事実とその認識という遺留分減殺請求権を基礎付ける事実が払拭されるわけではないとしてXの請求を認容した。Yらが上告。

■ **判決要旨**

1　上告棄却。
2　「被相続人がした贈与が遺留分減殺の対象としての要件を満たす場合には，遺留分権利者の減殺請求により，贈与は遺留分を侵害する限度において失効し，受遺者が取得した権利は右の限度で当然に右遺留分権利者に帰属するに至るものであり……，受贈者が，右贈与に基づいて目的物の占有を取得し，民法162条所定の期間，平穏かつ公然にこれを継続し，取得時効を援用したとしても，それによって，遺留分権利者への権利の帰属が妨げられるものではないと解するのが相当である。」

解　説

1　問題の所在

生前贈与から被相続人の死亡までに長年を経過することは稀ではなく，遺留分減殺請求に対して受贈者は取得時効を主張して減殺請求を排斥できるかという問題については，①贈与の目的物について取得時効が成立するか，②取得時効が成立するとして，それによって遺留分減殺請求権は消滅するか，③遺留分減殺請求権が消滅しないとして，その行使の効果はどうか，という観点から考えられる。

(1)　①について

大審院昭和9年9月15日判決（新聞3801号9頁）は，贈与により所有権を取得してこれを占有していた者は他人の者を占有していたとはいえないことを理由に，取得時効を認めなかった。その後，最高裁は，自己の所有物の時効取得を他人の占有と同視し得る場合に限ってではあるが限定的に認めた（最

判昭42・7・21民集21巻6号1643頁）（二重譲渡型で後れたる受贈者）。さらに，自己の所有物についても広く一般的に時効取得が認めるにいたった（最判昭44・12・18民集23巻12号2476頁）（売買により占有を取得した未登記買主につき売主との関係で取得時効の成立を承認）。この最高裁判例に従えば，Yらによる本件不動産の時効取得を否定する理由はないと考えられる。

　また，原判決は，遺留分権利者を害する認識があったとの理由で短期取得時効を否定しているが，民法162条2項の善意，無過失は，自己の所有に属すると信じ，かつ，信ずることに過失のないことをいうのであり，遺留分を侵害する贈与であっても，これが減殺されるまでは有効なのであるから，自己の所有について善意，無過失であると言わざるを得ないと考えられる。

(2)　②について

　本件において，AからY1，B及びY2への贈与は，A死亡の1年以上前になされたものであるが，共同相続人の1人であるY1になされた贈与は遺留分を害する認識がなくとも遺留分減殺請求の対象となり，B及びY2になされた贈与についても遺留分を害する認識があったものということができるので遺留分減殺請求の対象となると考えられる。そして，本件不動産を取得したとしても，贈与についてのこれらの事実がなくなるわけではないので，Yらが本件不動産を時効取得したとしても，遺留分減殺請求権が消滅することはないと考えるべきである。

(3)　③について

　遺留分減殺請求権の性質について，判例は，形成権・物権的効果説に立っており，Xらの遺留分減殺請求により受贈者が取得した権利は遺留分侵害の限度でXらに帰属することになるはずである。もっとも，Yらによる時効取得により，遺留分減殺請求の効果が排斥されるかについては検討を要する。

　この点，取得時効による権利取得は原始取得と解されているが，必ずしも負担のない完全な所有権を取得するわけではなく，取得される所有権の範囲は取得時効の基礎となる占有によって決まると考えるのが通説である。判例も同様の立場であり，占有者が抵当権の負担を容認して占有を継続した場合には，抵当権付の所有権を時効取得するにすぎないとの見解をとっている（大判大9・7・16民録26輯1108頁）。

2　本判決の考え方

　生前贈与から被相続人の死亡までに長年を経過することは稀ではなく，遺留分減殺請求に対して，受贈者が取得時効を主張して減殺請求を排斥できるかは重要な問題となる。本判決は，受贈者の取得時効の主張によって減殺請求は排斥されないと判示している。

　その理由として，本判決は，民法は，遺留分減殺によって法的安定が害されることに対し一定の配慮をしながら（民1030条前段・1035条・1042条等），遺留分減殺の対象としての要件を満たす贈与については，それが減殺請求の何年前にされたものであるかを問わず，減殺の対象となるものとしていること，前記のような占有を継続した受贈者が贈与の目的物を時効取得し，減殺請求によっても贈与者が取得した権利が遺留分権利者に帰属することがないとするならば，遺留分を侵害する贈与がされてから被相続人が死亡するまでに時効期間が経過した場合には，遺留分権利者は，取得時効の中断をする法的手段のないまま，遺留分に相当する権利を取得できない結果となることなどにかんがみると，遺留分減殺の対象としての要件を満たす贈与の受贈者は，減殺請求がされれば，贈与から減殺請求までに時効期間が経過したとしても，自己が取得した権利が遺留分を侵害する限度で遺留分権利者に帰属することを容認すべきであるとするのが，民法の趣旨であると解されるからであるとの点を挙げている。

　前記③の問題点との関係で考えると，本判決は，受贈者は遺留分減殺の対象となることを容認していわば負担付の所有権を時効取得したのであり，時効を援用しても，負担である遺留分請求の結果生じる遺留分権利者への権利帰属を否定できないと構成して判示していると考えられる。

　本判決の立場は，実質的にいっても妥当であると考えられる。受遺者が贈与財産を時効取得すればこれに対する遺留分減殺請求権の行使は効果が生じないとの見解をとった場合，遺留分を侵害する贈与がなされても被相続人がその後10年以上生存していると遺留分権利者による財産の取り戻しが否定されることとなり，そのような結論は不当である。また，民法903条は，特別受益について，遺留分の規定に反する限りでその効力を有しないと規定しているが，被相続人死亡の10年以上前の贈与について遺留分減殺請求の効果を

認めないという限定を加えることは，民法903条の適用を免れることになり不当である。さらに，相続人が金銭を贈与した場合は時効取得が考えられず何年経過しても遺留分減殺請求を認められることと比較すると不動産についてだけ時効取得により減殺請求が認められない結論は不均衡である。

　以上の考えからすると，本判決のように，受贈者による贈与財産の占有は，遺留分制度による制約を容認すべきものであって，仮に受贈者が贈与財産を時効取得しても，遺留分制度の制約の下にある権利を取得したにすぎず，減殺請求の効果の発生を妨げられないと解するのが相当である。

　本判決は，民法の遺留分減殺請求に関する規定の趣旨等からかかる結論を出していると考えられ，そうであるとすると，受贈者が贈与とは別個の事由により取得した占有に基づいて贈与目的物を時効取得した場合は別途検討の必要があると考えられる。

【瀬川　千鶴】

〔参考判例〕
- 最判昭42・7・21民集21巻6号1643頁
- 最判昭44・12・18民集23巻12号2476頁
- 大判大9・7・16民録26輯1108頁

48 生命保険金受取人を変更する行為の対象財産性

最判平成14年11月5日（平成11年(受)第1136号）
最高裁判所民事判例集56巻8号2069頁，判例時報1804号17頁，
判例タイムズ1108号300頁

☞ **概　　要**

■ **問題点**

生命保険金受取人の変更が遺留分減殺の対象となるか否か

判決の内容

■ **事案の概要**

　亡Ａは，亡Ａを被保険者とする生命保険契約（終身保険。死亡保険金2000万円）を締結していた。また，亡Ａの勤務先である社団法人Ｂは，亡Ａを被保険者とする生命保険契約（団体定期保険。死亡保険金1500万円。亡Ａが保険料を負担し，死亡保険金の受取人の指定変更権は実質的に亡Ａに与えられていた）を締結していた。当初，各死亡保険金の受取人は妻X_1とされていた。

　ところが，亡Ａは，X_1と不仲になったことから，自己所有のすべての財産を亡Ａの父Ｙに遺贈する遺言をした上，本件各生命保険契約の死亡保険金の受取人をX_1からＹに変更した。

　亡Ａの死後，X_1は，主位的に，本件各死亡保険金受取人の変更が権利の濫用として無効であるとして，X_1が各保険金の支払請求権を有することの確認を求め，X_1，X_2及びX_3（X_2及びX_3は亡ＡとX_1との間の子）は，予備的に，本件各死亡保険金の受取人変更が死因贈与契約又はこれと同視すべき無償の処分とみるべきであり遺留分減殺請求の意思表示をしたとして，遺留分（X_1が4分の1，X_2及びX_3が各8分の1）に相当する各死亡保険金の支払請求権

を有することの確認を求めて本件訴訟を提起した。

1審（福岡地判平11・1・18民集56巻8号2081頁），原審（福岡高判平11・6・30民集56巻8号2085頁）ともに，本件各死亡保険金の受取人変更は権利濫用にあたらないとしてX_1の主位的請求を退けた上，死亡保険金請求権は受取人固有の権利であり遺産を構成しないこと等を理由に受取人の変更行為は遺留分減殺の対象とはならないとしてXらの予備的請求も退けた。

Xらは，原判決のうち予備的請求を棄却した部分につき上告受理申立てをした。

■ 判決要旨

「自己を被保険者とする生命保険契約の契約者が死亡保険金の受取人を変更する行為は，民法1031条に規定する遺贈又は贈与に当たるものではなく，これに準ずるものということもできないと解するのが相当である。けだし，死亡保険金請求権は，指定された保険金受取人が自己の固有の権利として取得するのであって，保険契約者又は被保険者から承継取得するものではなく，これらの者の相続財産を構成するものではないというべきであり（最高裁昭和36年(オ)第1028号同40年2月2日第三小法廷判決・民集19巻1号1頁参照），また，死亡保険金請求権は，被保険者の死亡時に初めて発生するものであり，保険契約者の払い込んだ保険料と等価の関係に立つものではなく，被保険者の稼働能力に代わる給付でもないのであって，死亡保険金請求権が実質的に保険契約者又は被保険者の財産に属していたものとみることもできないからである。」

■ 解　説

1 裁判例及び学説

自己を被保険者とする生命保険契約につき，契約者が第三者を死亡保険金の受取人に指定・変更する行為が遺留分減殺の対象となるか否かにつき，これまで最高裁の判例はなかった。

下級審裁判例では，東京高裁昭和60年9月26日判決（金法1138号37頁）と東

京家裁昭和55年2月12日審判（家月32巻5号46頁）が，死亡保険金請求権は遺留分減殺請求の対象とならない旨を述べていたが，いずれもこの問題を正面から判断するものではなかった。

学説においては，肯定説と否定説があった。肯定説は，概ね，死亡保険金請求権と保険料とが対価関係にあり，実質的に保険契約者から保険金受取人に対して無償の出捐があり，保険金受取人の指定・変更行為は遺贈又は死因贈与と同視すべき無償処分であるとして，保険金受取人の指定・変更行為は遺留分減殺請求の対象になるとする。ただし，実質的に保険契約者から保険金受取人に対して無償の出捐があるといっても，契約者が支払う保険料の総額と受取人が受領する死亡保険金額は等価の関係にはなく，肯定説の中でも，遺留分減殺をなし得る範囲については対立があった。

他方，否定説は，概ね，死亡保険金請求権は保険金受取人が自己の固有の権利として取得するのであって，保険契約者又は被保険者から承継取得するものではないとして，保険金受取人の指定，変更行為は遺留分減殺の対象とはならないとする。

2 本判決

本判決は，死亡保険金の受取人を変更する行為は民法1031条に規定する遺贈又は贈与にあたるものではないという結論を導くにあたって，「死亡保険金請求権は，指定された保険金受取人が自己の固有の権利として取得するのであって，保険契約者又は被保険者から承継取得するものではなく，これらの者の相続財産を構成するものではないというべきであ」ると述べており，否定説に立つものである。

また，本判決は，死亡保険金請求権は「保険契約者の払い込んだ保険料と等価の関係に立つものではな」い等として，保険契約者が払い込んだ保険料と受取人が取得する死亡保険金請求権との等価性を否定する等した上，「死亡保険金請求権が実質的に保険契約者又は被保険者の財産に属していたものとみることもできない」としている。これは，肯定説が，保険金受取人の指定・変更行為につき，実質的には保険契約者から受取人への遺贈又は死因贈与と同視すべき無償処分であるとするところ，本判決は，死亡保険金請求権は法的に受取人が承継取得するものではないということのみならず，経済的

実質をみても，保険金受取人の変更は保険契約者から受取人への遺贈又は死因贈与と同視すべき財産の処分とはいえないとするものであろう。

3 実務への影響

本判決は，自己を被保険者とする生命保険契約について契約者が第三者を死亡保険金の受取人に指定・変更する行為が遺留分減殺の対象となるか否かの問題につき決着をつけるものである。

そして，本判決後，最高裁（最決平16・10・29民集58巻7号1979頁）は，共同相続人の1人を死亡保険金の受取人とする養老保険契約に基づく死亡保険金請求権が特別受益ないしこれに準ずるものとして持戻しの対象となるかが争われた事案において，死亡保険金請求権は「民法903条1項に規定する遺贈又は贈与に係る財産には当たらない」が，「保険金受取人である相続人とその他の共同相続人との間に生ずる不公平が民法903条の趣旨に照らし到底是認することができないほどに著しいものであると評価すべき特段の事情が存する場合には，同条の類推適用により，当該死亡保険金請求権は特別受益に準じて持戻しの対象となる」とした。本判決のように相続人でない第三者を死亡保険金の受取人に指定・変更する場合は，共同相続人間の公平性を考える必要がないが，生命保険金の特別受益性を考える場合はそれを考慮する必要がある。

最高裁（最判平10・3・24民集52巻2号433頁）は，「民法903条1項の定める相続人に対する贈与は，右贈与が相続開始よりも相当以前にされたものであって，その後の時の経過に伴う社会経済事情や相続人など関係人の個人的事情の変化をも考慮するとき，減殺請求を認めることが右相続人に酷であるなどの特段の事情のない限り，同法1030条の定める要件を満たさないものであっても，遺留分減殺の対象となる」としているところ，共同相続人が死亡保険金の受取人とされている事案で，前掲最高裁平成16年10月29日決定が述べる特段の事情が認められ死亡保険金請求権が特別受益に準ずるものと扱われる場合に，それが遺留分減殺請求の対象となるか否かの問題が残されている。

【佐藤　正章】

第3 遺留分侵害額の算定

49 相続債務がある場合の算定方法

最判平成21年3月24日（平成19年（受）第1548号）
最高裁判所民事判例集63巻3号427頁，家庭裁判月報61巻9号93頁，判例時報2041号45頁，判例タイムズ1295号175頁，金融法務事情1871号46頁

☞ **概　　要**

■ **問題点**

相続人のうちの1人に対して財産全部を相続させる旨の遺言がされた場合において，遺留分の侵害額の算定にあたり，遺留分権利者の法定相続分に応じた相続債務の額を遺留分の額に加算することの可否

判決の内容

■ **事案の概要**

1　本件は，相続人の1人であるXが，被相続人からその財産全部を相続させる遺言に基づきこれを相続した他の相続人Yに対し，遺留分減殺請求権を行使したとして，相続財産である不動産について所有権の一部移転登記手続を求めた事案である。

2　被相続人Aは，平成15年7月23日，自己の所有する財産全部をYに相続させる旨の公正証書遺言（以下「本件遺言」という）を作成し，同年11月14日に死亡した。法定相続人は，Aの子であるX及びYのみである。
　Aの遺産は，4億2700万円の不動産（以下「本件不動産」という）を含む積極

財産4億3231万7003円と，消極財産4億2483万2503円であった。本件不動産については，AからYに対する相続を原因とする所有権移転登記がされた。

XはYに対して遺留分減殺請求の意思表示をした上，Yに対し，本件不動産につき，遺留分減殺を原因とする持分4億3231万7003分の2億1428万7377の所有権一部移転登記手続をすることを求めた。これに対し，Yは，Xに対し，遺留分減殺に対する価額弁償の意思表示をした。

3 Xは，Aの消極財産のうち可分債務については法定相続分に応じて当然に分割され，その2分の1をXが負担することになるため，Xの遺留分の侵害額の算定においては，積極財産4億3231万7003円から消極財産4億2483万2503円を差し引いた748万4500円の4分の1である187万1125円に，相続債務の2分の1に相当する2億1241万6252円を加算しなければならず，この算定方法によると，上記侵害額は2億1428万7377円になると主張した。

これに対し，Yは，本件遺言によりYが相続債務をすべて負担することになるから，Xの遺留分額の侵害額の算定において遺留分の額に相続債務の額を加算することは許されず，上記侵害額は，積極財産から消極財産を差し引いた748万4500円の4分の1である187万1125円になると主張した。

4 1審（福岡地判平19・2・2民集63巻3号437頁）は，Yの主張を容れてXの遺留分の侵害額を187万1125円であると認め，本件不動産の総価額4億4200万円にXの共有持分の割合（4億3231万7003分の187万1125）を乗じた額（191万3034円）を価額弁償の額とした上，Xの請求のうち，Xに対する持分4億3231万7003分の187万1125の所有権一部移転登記手続を求める限度で認容し，その余を棄却した。原審（福岡高判平19・6・21民集63巻3号446頁）は，1審判決の判断を是認し，Xの控訴を棄却した。

Xが上告受理申立て。最高裁第三小法廷は，上告受理決定をした上，次のとおり判示して，Xの上告を棄却した。

■ 判決要旨

相続人のうちの1人に対して財産全部を相続させる旨の遺言がされた場合には，遺言の趣旨等から相続債務については当該相続人にすべてを相続させる意思のないことが明らかであるなどの特段の事情のない限り，相続人間に

おいては当該相続人が相続債務もすべて承継したと解され、遺留分の侵害額の算定にあたり、遺留分権利者の法定相続分に応じた相続債務の額を遺留分の額に加算することは許されない。

解　説

1　問題の所在

　被相続人が相続開始時に債務を有していた場合における遺留分の侵害額の算定をするにあたっては、被相続人が相続開始時に有していた財産の価額にその贈与した財産の価額を加え、その中から債務の全額を控除して遺留分算定の基礎となる財産額を確定し、それに法定の遺留分を乗じるなどして算定した遺留分の額から、遺留分権利者が相続によって得た財産の額を控除し、同人が「負担すべき相続債務」がある場合はその額を加算して算定することになる（最判平8・11・26民集50巻10号2747頁）。

　本件では、Xの遺留分額の侵害額を算定するにあたって、遺留分額に加算すべきXが「負担すべき相続債務」の額の具体的内容が争われた。

2　相続させる旨の遺言と相続債務の承継

　特定の遺産を特定の相続人に「相続させる」趣旨の遺言は、遺産分割の方法が指定されたものであり、特段の事情のない限り、何らの行為を要せずして、当該遺産は、被相続人の死亡の時に直ちに相続により承継されると解されている（最判昭34・6・19民集13巻6号757頁）。

　そして、相続させる旨の遺言における対象財産の価額が当該相続人の法定相続分を超える場合には、民法902条1項本文に規定する相続分の指定を伴う遺産分割の指定であると解するのが一般的な見解である（東京高判昭60・8・27家月38巻5号59頁等）。

　したがって、本件遺言も、特段の事情のない限り、Yの相続分を全部と指定し、Aの有する財産全部をYに単独で相続させる遺産分割の方法が指定されたものと解すべきことになる。

　そして、この場合、相続債務をも相続させる趣旨であると解すべきかについて、本判決は、「相続人のうちの1人に対して財産全部を相続させる旨の

遺言により相続分の全部が当該相続人に指定された場合，遺言の趣旨等から相続債務については当該相続人にすべてを相続させる意思のないことが明らかであるなどの特段の事情のない限り，当該相続人に相続債務もすべて相続させる旨の意思が表示されたものと解すべき」であるとして，相続人間においては，法定相続分ではなく，「指定相続分の割合に応じて相続債務をすべて承継することになると解するのが相当である」と判示した。

もっとも，相続債権者に対する関係では，遺言による相続債務についての相続分の指定は，相続債権者に対してはその効力が及ばないものと解した。

3　債務に関する相続分指定の効力と遺留分侵害額との関係

(1)　問 題 点

それでは，共同相続人間で遺留分権利者が負担することになる指定相続分に応じた相続債務は，遺留分侵害額の算定の際に，どのように取り扱うべきか。

最高裁平成 8 年11月26日判決（民集50巻10号2747頁）は，「遺留分侵害額＝（被相続人が相続開始時に有した財産の価額＋被相続人が贈与した財産の価額－相続債務の全額）×民法1028条の遺留分の割合×当該遺留分権利者の法定相続分の割合－当該遺留分権利者が得ていた特別受益－当該遺留分権利者が相続によって得た財産＋当該遺留分権利者が負担すべき相続債務」という算定式を示したが，「負担すべき相続債務」の具体的算定方法は明らかではなかった。そのため，共同相続人間においては相続債務についての負担部分がないが，債権者との関係では負担しなければならない相続債務を遺留分侵害額の算定においてどのように扱うべきか，すなわち，法定相続分に応じた債務の額を相続債務負担額として加算すべきか否かが明らかでなく，残された問題となっていた。

(2)　本判決の考え方

この点，本判決は，遺留分侵害額の算定は，共同相続人間での法律関係であるとの前提に立ち，相続人間では遺留分権利者に相続債務の負担がない以上，相続債務の額を遺留分の額に加算することは許されないものと解するのが相当であると判示した。

(3)　相続分の指定と相続債務の承継割合

遺留分の侵害額の算定は，相続人間において，遺留分権利者の手元に最終的に取り戻すべき遺産の額を算出するものであるから，当該遺留分の侵害額の算定にあたっては，共同相続人間における相続債務の承継割合を前提とすべきであり，相続分の指定により相続債務を承継しないこととされた相続人には，「負担すべき相続債務」が存しないことになる。

4 家裁実務への影響
(1) 本判決の意義と影響
　本判決は，本件遺言のような「相続させる」趣旨の遺言が相続債務の承継割合に与える影響を明らかにした上，共同相続人間における当該承継割合を前提として，遺留分の侵害額の算定を行うべきことにつき，最高裁として初めての判断を示したものであり，理論的にも実務的にも重要な意義を有する。

　なお，本件は，相続分指定の効力と遺留分侵害額との関係を問題にした事例であるが，包括遺贈についても，原則として同様の基準が妥当するものと考えられる。

(2) 実務上の課題
　なお，本判決は，遺留分権利者が相続債権者から相続債務について法定相続分に応じた履行を求められてこれに応じた場合，相続債務を承継した相続人に対して求償し得るにとどまるとして，内部的に相続人間において求償することにより解決すべき問題であるとの判断を示している。

　しかし，このように相続人間における求償により調整することとした場合，求償時に相続債務を承継した相続人が無資力に陥っている可能性も否定できず，相続債権者に債務を履行した遺留分権利者が，他の相続人の無資力のリスクを負担することになり得る。そのため，遺産分割の実務においては遺留分権利者保護の観点も考慮した柔軟で妥当な遺産分割ができるような解釈・運用が期待される。

【池田　大介】

〔注〕
・　本判例については，本書【42】でも記載。

[50] 持戻し免除がある場合の算定方法

最決平成24年1月26日（平成23年(許)第25号）
判例時報2148号61頁，判例タイムズ1369号124頁

☞ 概　　要

■ 問題点

1　相続分の指定が遺留分減殺請求により減殺された場合の効果

2　特別受益たる贈与についてされた持戻し免除の意思表示が遺留分減殺請求により減殺された場合における具体的相続分の算定方法

決定の内容

■ 事案の概要

1　被相続人Aの相続人は，前妻との間の子であるXら3名，妻Y₁，AとY₁との間の子であるY₂，Y₃の合計6名である。

Aは，公正証書遺言により，Y₁の相続分を2分の1，Y₂及びY₃の相続分を各4分の1，Xらの相続分をいずれも零とする相続分の指定をした（以下「本件相続分の指定」という）。また，Aは，生前，Y₂に対し，生計の資本（民903条1項）としての贈与をし（以下「本件贈与」という），本件贈与につき，持戻し免除の意思表示（被相続人が，特別受益にあたる贈与について，当該贈与にかかる財産の価額を相続財産に算入することを要しない旨の意思表示（同条3項）。以下「本件持戻し免除の意思表示」という）をした。

Aの死後，Xらは，Yらに対して，遺留分減殺請求をし，遺産分割調停の申立てをして，これが審判手続に移行した。

なお，遺産分割の対象となるAの遺産（以下「本件遺産」という）の相続開始時における評価額は14億円余であり，本件贈与のそれは4億円余であった

が，本稿では便宜上各々14億円及び4億円とし，相続開始後の変動も考慮しない。

2　1審（大阪家審平21・9・14金判1393号44頁）は，被相続人が相続人の一部に対して相続分の指定をした場合には，特段の事情のない限り，法定相続分を超過した指定相続分を受けた相続人が，遺留分を侵害された指定もれの相続人に対し，法定相続分の割合に応じて補填させるべきであるとした（各相続人の相続分は，Y_1が2分の1，Y_2・Y_3が各40分の7，Xらが各20分の1に修正される）。

なお，Xらは1審で特別受益の主張をしていなかったため，本件贈与は認定されていない。

3　原審（大阪高決平23・2・21金判1393号40頁）は，Y_2への本件贈与，それが特別受益にあたること，本件贈与についてのAの持戻し免除の意思表示をそれぞれ認定した上で，Xらの遺留分減殺請求により，①本件相続分の指定が減殺され，法定相続分を超える相続分を指定された相続人（Y_2及びY_3）の指定相続分が，その法定相続分の割合に応じて修正されるという1審と同様の考え方をとった。そして，②本件持戻し免除の意思表示は，Xらの遺留分を侵害する合計20分の3の限度で失効するとした上，本件遺産の価額に本件贈与に係る財産の価額を20分の3の限度で加算したもの（$14 + 4 \times 3/20 = 14.6$（億円））を相続財産とみなし，これに上記①のとおり修正された各自の相続分の割合を乗じ，Y_2の相続分からは特別受益の持戻し分の価額（$4 \times 3/20 = 0.6$（億円））を控除して，Xら及びYらの各具体的相続分を算定した。

■ 決定要旨

1　本決定は，原決定を破棄し，次のとおり判断して原審に差し戻した。

2　遺留分減殺請求により相続分の指定が減殺された場合には，遺留分割合を超える相続分を指定された相続人の指定相続分が，その遺留分割合を超える部分の割合に応じて修正される（その結果，Y_1は52分の23，Y_2・Y_3は各260分の53，Xらは各20分の1となる）。

3　遺留分減殺請求により特別受益にあたる贈与についてされた持戻し免除の意思表示が減殺された場合，当該意思表示は遺留分を侵害する限度で失

効する。

4　持戻し免除の意思表示が遺留分減殺請求により減殺された場合，当該贈与に係る財産の価額は，当該意思表示が遺留分を侵害する限度で，遺留分権利者である相続人の相続分に加算され，当該贈与を受けた相続人の相続分から控除される。

解　　説

1　相続分の指定が減殺された場合の効果

(1)　相続分の指定と遺留分減殺請求

相続分の指定は「遺留分に関する規定に違反することができない。」と規定されているが（民902条1項但書），遺留分を侵害する相続分の指定が当然に無効となるものではなく，遺留分権利者の減殺請求の意思表示によりその効力を失うというのが通説である（中川善之助＝泉久雄『相続法〔第4版〕』254頁等）。本決定もこの立場を前提にしている。

(2)　指定相続分の修正割合

本件では，相続分の指定が遺留分減殺請求された結果，複数の遺留分侵害者がいる場合に，遺留分権利者の相続分割合（本件事案においては20分の1×3）を確保するために，相続人の間で指定相続分がどのように修正されるかが問題になった。

1審及び原審は，この点につき，法定相続分を超過する相続分指定を受けた者の指定相続分が，その法定相続分の割合に応じて修正されるとした。

しかし，本決定は，遺留分割合を超過する相続分指定を受けた者の指定相続分が，その遺留分割合を超える部分の割合に応じて修正される旨判示した。この点について直接明示した最高裁判例はなかったが，本決定は，特定の遺産を特定の相続人に相続させる遺言（いわゆる相続させる遺言）を減殺する場合に，遺贈の目的の価額のうち受遺者の遺留分額を超える部分のみが民法1034条にいう目的の価額にあたるとした最高裁平成10年2月26日判決（民集52巻1号274頁，判時1635号55頁等）を引用して，上記のように判断したものである。本件事案に当てはめると，1審及び原審での考え方によると指定相続

分と法定相続分が等しい妻Y_1の指定相続分は修正されず，Y_2とY_3の指定相続分のみが修正されて，$X_{1~3}$の遺留分割合を確保することになるのに対し，本決定では，$X_{1~3}$の遺留分割合を確保するための指定相続分の修正にあたり，Y_1，Y_2及びY_3が5：4：4の割合で負担し合うことになる（●図表8参照）。

2 特別受益としての贈与と遺留分算定の基礎財産について

(1) 特別受益としての贈与

遺留分算定の基礎財産に算入される贈与について規定した民法1030条は，相続開始1年前にした贈与であるか，当事者双方が遺留分権利者に損害を加えることを認識していたことを要求している。しかし，受贈者が相続人である特別受益としての贈与は，特段の事情のない限り，相続開始1年前であるか否か，損害を加えることの認識があったか否かを問わず，民法1044条，同法903条の規定により遺留分算定の基礎財産に含まれると解されている（最判平10・3・24民集52巻2号433頁，判タ973号138頁等）。

(2) 持戻し免除の意思表示のある特別受益としての贈与

●図表8　指定相続分の修正

		X_1	X_2	X_3	Y_1	Y_2	Y_3
	指定相続分	0	0	0	1/2	1/4	1/4
	法定相続分	1/10	1/10	1/10	1/2	1/10	1/10
	遺留分割合	1/20	1/20	1/20	1/4	1/20	1/20
1審及び原審	指定相続分−法定相続分	—	—	—	0	3/20	3/20
	指定相続分が修正される割合	—	—	—	0 :	1 :	1
	修正された相続分	1/20	1/20	1/20	1/2	1/4−3/20×1/2=7/40	1/4−3/20×1/2=7/40
本決定	指定相続分−遺留分割合	—	—	—	1/4	1/5	1/5
	指定相続分が修正される割合	—	—	—	5 :	4 :	4
	修正された相続分	1/20	1/20	1/20	1/2−3/20×5/13=23/52	1/4−3/20×4/13=53/260	1/4−3/20×4/13=53/260

では，特別受益としての贈与につき持戻し免除の意思表示（民903条3項）がある場合であっても，遺留分算定の基礎財産に算入されるか。この点について明確に判断した最高裁判例はこれまで見当たらなかった。

「意思表示は，遺留分に関する規定に違反しない範囲内で，その効力を有する。」との民法903条3項の文言等から，持戻し免除の意思表示がある特別受益としての贈与も，当然に遺留分算定の基礎に算入されるとの説が通説であり，同旨の高裁レベルの裁判例はあったが（大阪高判平11・6・8判タ1029号259頁），本決定は，最高裁として，持戻し免除の意思表示がある生前贈与も遺留分算定の基礎財産に算入されることを明確にしたという意義がある。

3　持戻し免除の意思表示が減殺された場合の具体的相続分の算定方法

一般的な遺留分減殺請求において，持戻し免除がない特別受益としての贈与がある場合は，この特別受益全部を持ち戻して遺留分算定の基礎財産を確定し，各自の遺留分割合を乗じて具体的遺留分を算定する。

しかし，特別受益に対する持戻し免除の意思表示が遺留分減殺請求された場合の効果について，本決定は，「持戻し免除の意思表示は，遺留分を侵害する限度で失効」するとしているが，このように効果を限定的に捉えた結果，どのように具体的相続分を算定するかが一義的に明らかではない。

原審は，Xらが遺留分減殺請求をしたことにより生じた相続分20分の1×3の範囲で，Y_2への本件贈与（$4 \times 3/20 = 0.6$（億円））を減殺し，民法903条1項の規定により，その価額を本件遺産の価額に加算したものを相続財産とみなした（$14 + 0.6 = 14.6$（億円））。そして，このみなし相続財産に対して，$X_{1\sim 3}$及び$Y_{1\sim 3}$のそれぞれの修正された相続分割合を乗じたため，遺留分を侵害される限度で持ち戻された価額が，遺留分権利者であるXらだけでなく，Yらに対しても分配されてしまうことになった。そうすると当然，遺留分権利者において遺留分相当額の財産を確保し得ないこととなってしまう。

これに対し本決定は，本件持戻し免除の意思表示は，遺留分を侵害する限度（20分の3）で失効し，本件贈与に係る財産の価額をその限度で（$4 \times 3/20 = 0.6$（億円）），遺留分権利者であるXらの相続分に加算すると同時に，Y_2の相続分から控除して，それぞれの具体的相続分を算定するとした。

4　実務への影響

本件は，相続分の指定及び持戻し免除の意思表示のある生前贈与が，相続分を零と指定された相続人の遺留分を侵害しているとして遺留分減殺請求されたという比較的稀な事例で，本決定で取り上げられた問題はこれまで十分には検討されてこなかったため，本決定は，その処理方法を最高裁として示した「貴重な判例」であると評されている（田中壯太・NBL985号90頁）。それ故，相続分の指定が遺留分減殺請求により減殺された場合の効果や，持戻し免除の意思表示が遺留分減殺請求により減殺された場合における具体的相続分の算定方法について本決定で示された処理方法は，実務で活用されていくものと思われる。

【生方　麻理】

〔参考判例〕
- 最判平10・2・26民集52巻1号274頁，判時1635号55頁等
- 最判平10・3・24民集52巻2号433頁，判タ973号138頁等

〔参考文献〕
- 中川善之助＝泉久雄『相続法〔第4版〕』254頁
- 田中壯太・NBL985号90頁
- 潮見佳男・金法1952号62頁
- 金子敬明・ジュリ1453号87頁
- 本山敦・金判1413号8頁

第4 遺留分減殺請求の順序・割合

51 遺留分減殺請求の相手方が複数人いる場合の減殺額の算定方法

最判平成10年2月26日（平成9年（オ）第802号）
最高裁判所民事判例集52巻1号274頁，判例時報1635号55頁，判例タイムズ972号129頁

☞ 概　　要

■ 問題点

遺留分権利者が，遺贈等を受けた共同相続人に対して遺留分減殺請求をするとき，その対象は，遺贈等の全額か，遺贈等のうち遺留分を超える部分のみか。

判決の内容

■ 事案の概要

Aの相続人は，妻X，四女Yのほか，相続開始前に死亡した長男Bの代襲相続人B_1・B_2・B_3・B_4，長女C，次女D，三女E，五女Fの合計10名である。Aは，遺言により，相続人全員に対してすべての遺産を分割して相続させ，又は遺贈したが，Xの取得額が少なく，その遺留分に満たなかった。

本件において，Xは，遺留分減殺請求権を行使し，Yが本件相続させる遺言により相続した財産のうち，遺留分減殺請求の結果Xに帰属した持分についての所有権確認と移転登記手続を求めた。なお，Y以外の共同相続人との間ではXの遺留分を回復する趣旨の合意が成立し，紛争は生じていない。

■ 判決要旨

相続人に対する遺贈が遺留分減殺の対象となる場合においては，右遺贈の目的の価額のうち受遺者の遺留分額を超える部分のみが，民法1034条にいう目的の価額にあたるものというべきである。けだし，右の場合には受遺者も遺留分を有するものであるところ，遺贈の全額が減殺の対象となるものとすると減殺を受けた受遺者の遺留分が侵害されることが起こり得るが，このような結果は遺留分制度の趣旨に反すると考えられるからである。そして，特定の遺産を特定の相続人に相続させる趣旨の遺言による当該遺産の相続が遺留分減殺請求の対象となる場合においても，以上と同様に解すべきである。

解　説

1　問題の所在とその原因

本件で問題となるのは，「遺留分権利者が，遺贈等を受けた共同相続人に対して遺留分減殺請求をするとき，その対象は，遺贈等の全額か，遺贈等のうち遺留分を超える部分のみか」という問題である。問題は，さらに，(i)相手方たる相続人が遺贈等により取得した財産の価額がその者の遺留分に満たない場合においても減殺を受けるのか，(ii)民法1034条の適用上，相手方たる相続人は，①遺贈の全額の割合に応じた減殺を受けるのか，②遺贈から遺留分を控除した残額の割合に応じた減殺を受けるのか，という2点である。

2　学説の状況

(1) 第1説（遺贈価額説）

減殺の対象となる遺贈や贈与の価額は，遺留分を超過することを要しないし，複数の遺贈が減殺の対象となる場合の民法1034条にいう「目的の価額」は遺贈の全額であるとする説である。民法1034条の文言には忠実である。

(2) 第2説（遺留分超過額説）

減殺の対象となる遺贈や贈与は，その価額が遺留分を超過するものに限り（遺留分を下回る額の遺贈，贈与しか受けていない共同相続人は遺留分減殺請求を受けない），複数の遺贈が減殺の対象となる場合の民法1034条にいう「目的の価

額」は遺留分を超過する額のみであるとする説である。本判決も，この説を採用している。

(3) 第3説（折衷説）

減殺の対象となる遺贈や贈与は，その価額が遺留分を超過するものに限るとし（この点においては遺留分超過額説をとる），複数の遺贈が減殺の対象となる場合の民法1034条にいう「目的の価額」は原則として遺贈の全額としつつ（この点においては遺贈価額説をとる），減殺を受けた相続人の取得額が遺留分を下回る結果となる減殺を禁じる，とする説である。

3 各学説に基づく計算方法

相続人は子であるＡ・Ｂ・Ｃ・Ｄの4名で遺産総額4000万円，被相続人は，次のとおり，全財産を遺贈しというケース（判例の事案とは異なる）で検討する。

　　第三者甲に1500万円　　（遺留分なし，遺留分超過額1500万円）
　　相続人Ａに1500万円　　（遺留分500万円，遺留分超過額1000万円）
　　相続人Ｂに510万円　　　（遺留分500万円，遺留分超過額10万円）
　　相続人Ｃに490万円　　　（遺留分500万円，遺留分侵害額10万円）
　　相続人Ｄには遺贈せず　（遺留分500万円，遺留分侵害額500万円）

(1) 遺贈価額説

減殺の対象となるのは，甲・Ａ・Ｂ・Ｃ

Ｄからの減殺につき，甲・Ａ・Ｂ・Ｃは次の額の減殺を受ける。

　　甲は，500×1500／4000＝187万5000円（減殺後の取得額1312万5000円）
　　Ａは，500×1500／4000＝187万5000円（減殺後の取得額1312万5000円）
　　Ｂは，500×510／4000＝63万7500円（減殺後の取得額446万2500円）
　　Ｃは，500×490／4000＝61万2500円（減殺後の取得額428万7500円）
　　（減殺後のＢ・Ｃの取得額は遺留分を下回ることになる）

(2) 遺留分超過額説

減殺の対象となるのは，甲・Ａ・Ｂのみ

Ｄからの減殺につき，甲・Ａ・Ｂは次の額の減殺を受ける。

なお，遺留分超過額は1500万円＋1000万円＋10万円＝2510万円である。

　　甲は，500×1500／2510＝298万8048円（減殺後の取得額1201万1952円）

Aは，500×1000／2510＝199万2032円（減殺後の取得額1300万7968円）
Bは，500×10／2510＝1万9920円（減殺後の取得額508万0080円）
（Cは，0円　減殺後の取得額490万円）

(3) **折衷説**

まず，甲・A・Bについて遺贈の全額の割合に応じて減殺額を出す。

甲は，500×1500／3510＝213万6752円（減殺後の取得額1286万3248円）
Aは，500×1500／3510＝213万6752円（減殺後の取得額1286万3248円）
Bは，500×510／3510＝72万6496円（減殺後の取得額437万3504円）

上記による減殺後のBの取得額は遺留分額を下回るから，Bについては，遺留分額を上回る10万円の限度でしか減殺を認めず，残りの490万円について，甲・Aは，遺贈の価額割合に応じた減殺を受ける。

甲は，490×1500／3000＝245万円（減殺後の取得額1255万円）
Aは，490×1500／3000＝245万円（減殺後の取得額1255万円）
Bは，10万円（減殺後の取得額500万円）
Cは，0円（減殺後の取得額490万円）

4　本判決の考え方

(1) **本判決の基本的な考え方**

本判決は，遺留分制度は遺留分を侵害されていない受遺者・受贈者に対しても，その者の遺留分額を正当に保持し得ることを保障するものであり，かつ遺留分を侵害された者からの遺留分減殺請求により，減殺を受けた受遺者の遺留分が侵害されることは，このような遺留分制度の趣旨に反すると考えて，第2説（遺留分超過額説）を採用した。基準が明確で分かりやすい説である。また，民法1034条の文言から離れる点については，現行民法の遺留分規定は共同相続人に対する遺贈を予定していないのであるから，共同相続人間の遺留分減殺についてはその特質に応じた解釈をすることも許されるという説明が十分に可能である。

(2) **本判決の意義①**

本判決の事実は，遺留分を下回る額の遺贈，贈与しか受けていない共同相続人はXだけであったため，本判決は自己の遺留分の額を下回る遺贈・贈与しか受けていない相続人に対しては遺留分減殺請求をすることができないこ

とを明示的には判示していない。

　しかし，本判決は，その者の遺留分額を下回る額の遺贈・贈与しか受けていない共同相続人に対して遺留分減殺請求をすることはできないということを当然の前提とするものであり，この点においても重要性を有するものである。

(3) 本判決の意義②

　いわゆる相続させる遺言による相続については，最高裁平成3年4月19日判決（民集45巻4号477頁）が，その傍論において遺留分減殺の対象となる旨の説示をしていた。本判決は，いわゆる相続させる遺言による相続も遺留分減殺の対象となることを，主論において明示的に認めた判例としても重要性を有するものである。

(4) 本判決の意義③

　また，本件事案は，遺贈価額説によって計算しても（民法1034条にいう目的の価額を遺贈の全額（遺留分額を控除しない額）として計算しても）減殺の結果遺留分を侵害される者は生じないという事案であるが，このような事案においても遺留分超過額説（民法1034条にいう目的の価額は遺留分額を超過する額として計算する）を採用するべきことを本判決は示している。遺贈価額説を採用しても減殺の結果遺留分を侵害される者が生じないような場合に，本件の問題点に気づかずに遺贈価額説によって計算してしまうことのないように注意する必要があろう。

【宮田　百枝】

52 死因贈与・生前贈与・遺贈の遺留分減殺の順序

東京高判平成12年3月8日（平成11年(ネ)第4965号）
判例時報1753号57頁，判例タイムズ1039号294頁

☞ **概　　要**

■ 問題点

死因贈与がある場合の遺留分減殺の対象となるべき順序

判決の内容

■ 事案の概要

　Aの相続人は，長男B，長女Y，二女X_1，三女X_2，養子（Yの夫）であった亡Cの子D・E（代襲相続人）の6人である。Aは，死亡当時，甲物件（土地建物），乙物件（借地権付建物），預貯金（約900万円）を所有していた。

　ところで，Aは，生存中に，Yとの間で，乙物件を死因贈与する契約を締結し，Aの死亡を始期とする所有権移転仮登記を経由していた。

　また，Aは，当該死因贈与契約の9日後の日付で，「長男Bに甲物件を，長女Yに乙物件を，二女X_1・三女X_2に預貯金を等分して相続させる」という遺言を残していた。

　Xらの遺留分は各10分の1であるところ，Aの死後，Xらが，B・Yらに対し，遺留分減殺請求の意思表示をし，提訴した。

　具体的には，Xらは，遺贈と死因贈与がある場合，同順位で遺留分減殺請求の対象となると主張した上，Yらに対し，遺留分減殺を原因として甲物件及び乙物件建物の持分の一部の所有権移転登記手続と乙物件借地権の準共有持分の一部確認を求めた（●**図表9**も参照）。

　1審（横浜地判平11・8・20判時1753号60頁）は，死因贈与は，贈与者の死亡

●図表9　相続関係図

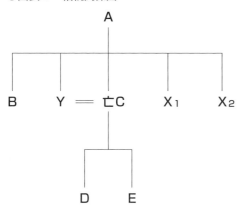

①A→Y　乙物件死因贈与
②A「相続させる旨」の遺言
③Xら→B・Y　遺留分減殺

によって効力を生ずる点で遺贈と同じであり，民法554条が，死因贈与は遺贈に関する規定を準用していることを理由に，死因贈与も遺贈と同順序で減殺されるとして，Xらの請求を認めた。

これに対し，Yのみが控訴した。

※　なお，Aの死後，D・Eはその各相続分をYに譲渡していたが，Aの「相続させる遺言」には，D・Eに対して特定の遺産を与える旨の記載がなく，D・Eには当初から相続分はなかった。

■　判決要旨

死因贈与も，生前贈与と同じく契約締結によって成立するものであるという点では，贈与としての性質を有していることは否定すべくもないのであるから，死因贈与は，遺贈と同様に取り扱うよりはむしろ贈与として取り扱うのが相当であり，ただ民法1033条及び1035条の趣旨にかんがみ，通常の生前贈与よりも遺贈に近い贈与として，遺贈に次いで，生前贈与より先に減殺の対象とすべきものと解するのが相当である。そして，特定の遺産を特定の相続人に相続させる旨の遺言（以下「相続させる遺言」という）による相続は，右の関係では遺贈と同様に解するのが相当であるから，本件においては，まず，原審相被告Bに対する相続させる遺言による相続が減殺の対象となるべきものであり，それによって被控訴人ら（Xら）の遺留分が回復されない場

合に初めて，控訴人（Y）に対する死因贈与が減殺の対象になるというべきである。

解　説

1　遺留分減殺の順序

本判決は，死因贈与・生前贈与・遺贈等の遺留分減殺の順序について判断したものであるが，初めに遺留分減殺の順序についての民法の規定を概観しておく。

(1)　贈与と遺贈の遺留分減殺の順序（民1033条）

民法1033条は，「贈与は，遺贈を減殺した後でなければ，減殺することができない。」と規定し，遺贈と贈与が複数あるときは，まず遺贈から減殺し，それでも遺留分を回復するのに足りないときに贈与を減殺することとしている。

(2)　複数の遺贈（民1034条）

民法1034条は，「遺贈は，その目的の価額の割合に応じて減殺する。ただし，遺言者がその遺言に別段の意思を表示したときは，その意思に従う。」と規定し，遺贈が複数あるときは，遺贈の価額の割合に応じて減殺することとし，ただし，遺言者が遺言で別段の意思を表示したときは，その意思が優先するものとする。

(3)　複数の贈与（民1035条）

民法1035条は，「贈与の減殺は，後の贈与から順次前の贈与に対してする。」と規定し，複数の贈与があるときは，後の贈与（相続開始時に近い贈与）から順次前の贈与に遡って減殺することとしている。

2　死因贈与

上記のとおり，民法1033条，民法1035条は，遺贈と贈与についての遺留分減殺の順序について規定する。しかし，死因贈与については，民法に明文の規定がないため，遺贈と贈与のいずれに準じて減殺すべきかが問題となる。

(1)　学　説

①　贈与説　　死因贈与を贈与として取り扱い，遺贈を減殺した後に死因

贈与を減殺すべきとする見解。

　贈与説は，現行民法では死因贈与は贈与の節に置かれていること，死因贈与は契約によって成立し，既に契約上の拘束力があること等を根拠とする。

② 遺贈→死因贈与→生前贈与の順で減殺すべきとする説　　死因贈与の贈与としての効力を認めつつ，贈与相互間では最後の贈与として，遺贈→死因贈与→生前贈与の順で減殺すべきとして，遺贈と生前贈与の中間的な取扱いをする見解。

　近時の多数説である。本判決もこの説に従う。

③ 遺贈説　　死因贈与を遺贈と同順位で減殺すべきとする見解。

　遺贈説は，民法554条が，死因贈与は遺贈に関する規定を準用していること，死因贈与が贈与者の死亡によって効力を生ずる点で遺贈と共通すること等を根拠とする。

　かつての多数説である。

(2) **裁 判 例**

死因贈与の減殺の順序に関する裁判例としては，本件以前には明確に判示したものはない（ただ，東京家審昭47・7・28判時676号55頁が傍論として，死因贈与を「遺贈」に準じて取り扱う必要があると述べ，かつての多数説である③遺贈説に立脚した判断を示していた）。

　(a) 原 判 決

原判決は，死因贈与は，贈与者の死亡によって効力を生ずる点で遺贈と同じであり，民法554条が，死因贈与は遺贈に関する規定を準用していることを理由に，死因贈与も遺贈と同順序で減殺されるとした。③遺贈説に従ったものである。

　(b) 本 判 決

これに対し，本判決は，②の見解に立脚するものである。本判決はその理由として，「死因贈与も，生前贈与と同じく契約締結によって成立するものであるという点では，贈与としての性質を有していることは否定すべくもないのであるから，死因贈与は，遺贈と同様に取り扱うよりはむしろ贈与として取り扱うのが相当」であるとした上，「民法1033条及び1035条の趣旨〔注：

一般に，遺留分権利者の保護と法律関係の安定の調和といわれる〕にかんがみ，通常の生前贈与よりも遺贈に近い贈与として，遺贈に次いで，生前贈与より先に減殺の対象とすべき」としたものである。

先例のなかった問題についての東京高裁での判断であり，実務への影響も大きいと考えられる。

3　補足——特定の遺産を特定の相続人に相続させる旨の遺言

なお，本件の遺言は，「特定の遺産を特定の相続人に相続させる旨」の遺言（以下，単に「相続させる旨の遺言」という）であったが，本判決は，遺留分減殺の順序の関係では，「相続させる旨の遺言」を遺贈と同様に解している。

〔本判決による遺留分減殺の順序〕

本判決による減殺順序を図示すると，下記のようになる。

【岩井　婦妃】

第5 価額弁償

53 価額弁償における目的物の評価基準時

最判昭和51年8月30日（昭和50年(オ)第920号）
最高裁判所民事判例集30巻7号768頁，判例時報826号37頁，判例タイムズ340号155頁

☞ 概　　要

■ 問題点

価額弁償における目的物の価額算定の基準時

判決の内容

■ 事案の概要

被相続人Aには，Xら（長女，二女），亡長男の代襲相続人，二男Yの共同相続人がいたが，Aが所有不動産全部をYに遺贈するとの公正証書遺言をしていたことから，XらがYに対して遺留分減殺の意思表示をし，土地について共有持分権の確認と持分移転登記手続を求めて訴訟提起した。

1審（神戸地判昭41・11・17民集30巻7号773頁）はXらの請求を一部認容。Xら，Y双方控訴。

Yが原審係属中に一部の土地を第三者に売却し，民法1041条1項に基づく価額弁償の意思表示をしたことから，Xらは，売却された土地については不法行為に基づく損害賠償を請求し，他の土地については価額弁償を求めた。

原審は，価額弁償における価額算定の基準時につき，事実審口頭弁論終結時として，Xらの請求を一部認容。Y上告。

■ **判決要旨**

上告棄却

民法1041条1項が目的物の価額を弁償することによって目的物返還義務を免れ得るとして，目的物を返還するか，価額を弁償するかを義務者である受贈者又は受遺者の決するところに委ねたのは，価額の弁償を認めても遺留分権利者の生活保障上支障をきたすことにはならず，一方これを認めることによって，被相続人の意思を尊重しつつ，既に目的物の上に利害関係を生じた受贈者又は受遺者と遺留分権利者との利益の調和をもはかることができるとの理由に基づくものと解されるが，それ以上に，受贈者又は受遺者に経済的な利益を与えることを目的とするものと解すべき理由はないから，遺留分権利者の叙上の地位を考慮するときは，価額弁償は目的物の返還に代わるものとしてこれと等価であるべきことが当然に前提とされているものと解されるのである。このようなところからすると，価額弁償における価額算定の基準時は，現実に弁償がされる時であり，遺留分権利者において当該価額弁償を請求する訴訟にあっては現実に弁償がされる時に最も接着した時点としての事実審口頭弁論終結の時であると解するのが相当である。

解　説

1　問題の所在

民法1041条1項は，「受贈者及び受遺者は，減殺を受けるべき限度において，贈与又は遺贈の目的の価額を遺留分権利者に弁償して返還の義務を免れることができる。」として価額弁償を認めているが，どの時点で価額を算定するかについて規定していないことから，価額算定の基準時が問題となる。

2　従来の判例の対立

価額算定の基準について，学説は，相続開始時とする説と事実審口頭弁論終結時とする説が対立していた。

相続開始時説は，①民法1029条1項が遺留分算定の基準時を相続開始時としていること，②民法1044条が特別受益における贈与の価額の算定の基準時

を相続開始時とする民法904条を準用していることを理由とする。

事実審口頭弁論終結時説は，①価額弁償は，共同相続人間の遺産配分の終了を意味するから，遺産分割の場合に，遺産分割の割合の算定基準時を相続開始時，現実に遺産分割する際の価額算定基準時を遺産分割時としていることと均衡を図るべきである，②受贈者・受遺者が価額弁償を選択したとしても，現実に価額弁償しない限り，現物返還義務は免れないから（最判昭54・7・10民集33巻5号562頁），目的物の引渡しとともに，引渡しが履行不能の時の履行に代わる損害賠償を請求する場合に，賠償額が事実審口頭弁論終結時の目的物の価額による（最判昭30・1・29民集9巻1号22頁）とされていることと均衡を図るべきである，③相続開始時とすると，受贈者・受遺者が目的物の価額が高騰している場合に価額弁償をし，価額が下落している場合に現物返還をすることにより，遺留分権利者の損失において利益を得，又は，損失を免れることになって不当であることを理由とする。

3　本判決の立場

この問題について，相続開始時とする下級審判決（福島地判昭39・7・20下民集15巻7号1842頁）もあったが，本判決は，事実審口頭弁論終結時説をとることを明らかにした。

本判決後は，学説も最高裁判決を支持している。

なお，本判決は，遺留分減殺請求権の性質について，形成権・物権説を前提とし，同説からは，目的物は相続開始時から遺留分権利者に帰属するから，目的物の価額も相続開始時を基準に算定すると考えられなくもない。

しかし，相続開始時に遺留分権利者に帰属するのは観念的な割合としての所有権にすぎないから，権利が現実化される時点で価額を算定するのが合理的であり，このことが形成権・物権説と矛盾するとはいえないとされ，遺留分減殺請求権の性質とは関連しないとされている。

【三ツ村英一】

〔参考判例〕
- 最判平10・3・10民集52巻2号319頁

54 目的物返還を免れるための価額弁償の履行の程度

最判昭和54年7月10日（昭和53年(オ)第907号）
最高裁判所民事判例集33巻5号562頁，判例時報942号46頁，判例タイムズ399号137頁

☞ 概　　要

■ 問題点

1　民法1041条の規定により受遺者が遺贈の目的物の返還義務を免れるためにすべき価額弁償の意義

2　民法1041条の規定により受遺者が遺贈の目的物の返還義務を免れるための価額弁償の方法

判決の内容

■ 事案の概要

　Xは，被相続人Aの長女，YはAの甥である。なお，Aの死亡時における相続人は，Xのみであった。

　昭和29年3月，Aは，「Xに対し現金15万円を，Yに対し建物（以下「本件建物」という。）をそれぞれ遺贈する。」との内容の公正証書遺言を作成した。Aは昭和46年8月死亡し，上記公正証書遺言により，本件建物についてはY名義へと所有権移転登記手続がなされた。

　これに対し，Xは，上記公正証書遺言の無効を主張するとともに（主位的請求），仮に有効であるとしてもXの遺留分を侵害するものであるから本件建物の2分の1の共有持分を有するとして（予備的請求），訴訟を提起した。

　なお，本件では，予備的請求である遺留分減殺請求権の点についてのみ論じる。

■ 判決要旨

1 本件の1審（大阪地判昭51・9・24民集33巻5号569頁）は，遺留分減殺請求権の行使を原因として，Xが本件建物の2分の1の持分権を有することの確認をするとともに，遺留分減殺を原因とする持分権移転登記手続をせよとの判決を言い渡した。

2 控訴審（大阪高判昭53・4・27民集33巻5号575頁）では，Yは，口頭弁論期日において民法1041条1項に基づき本件建物の価額の2分の1をXに弁償する旨の意思表示をしたから，これによりXの本件建物に対する持分権は消滅したと主張した。

これに対し，控訴審判決は，「民法1041条第1項は，受贈者または受遺者に対し目的物を返還するか，価額を弁償するかの選択権を認めているが，遺留分権利者の目的物の返還請求権は，受贈者や受遺者において価額弁償の意思表示をしただけでは消滅せず，価額弁償が現実になされてはじめて消滅するものと解するのが相当」であるとして，Yの控訴を棄却した。

3 これに対し，Yが上告したが，本判決は，以下のとおり述べて上告を棄却した。

特定物の遺贈につき履行がされた場合において民法1041条の規定により受遺者が返還の義務を免れる効果を生ずるためには，受遺者において遺留分権利者に対し価額の弁償を現実に履行し又は価額の弁償のための弁済の提供をしなければならず，単に価額の弁償をすべき旨の意思表示をしただけでは足りない。

本件では，Yは単に弁償の意思表示をしただけで，価額弁償を現実に履行し又は価額弁償のため弁済の提供をしたことについては主張立証をしていない。

したがって，Xは遺留分減殺請求権を行使したことにより本件建物の2分の1の持分権を有しているというべきである。

解　説

1　遺留分減殺請求における価額弁償の意義

(1)　遺留分減殺請求権の効果

遺留分減殺請求権が行使された場合の効力について，判例通説はこれを形成権であり，物権的な効果を生じるものであると解している。

この説によれば，遺留分減殺請求権が行使された場合，贈与・遺贈は遺留分を侵害する程度において当然に失効し，目的物の所有権は遺留分権利者に帰属することとなる。具体的には，遺留分減殺請求権が行使された場合，遺留分権利者は，具体的に算定した割合に基づいて所有権等の権利を取得し，その取得分について，物権的請求権として返還請求権ないし移転登記請求権を取得することになる（最判昭51・8・30民集30巻7号768頁）。

(2)　価額弁償の意義

このように，遺留分減殺請求権の行使により，受贈者・受遺者（以下「受贈者等」という）は，目的物自体を返還する義務を負うことになるが，民法1041条は，受贈者等が，価額弁償をすることによって現物返還を免れるとしている。

受贈者等が弁償すべき価額について履行の提供をした場合には，減殺請求によりいったん遺留分権利者に帰属した権利が，再び受贈者等に移転し，遺留分権利者は受贈者等に対して，弁償すべき価額に相当する金銭の支払の請求権を取得することになるのである（前掲最判昭51・8・30。もっとも，最判平4・11・16判時1441号66頁は，所得税に関する判断ではあるものの，遺留分減殺の対象となる財産は，初めから受贈者等に帰属していたという扱いをしている）。

民法1041条が価額弁償による目的物の返還義務の免除を認めた趣旨は，①価額の弁償を認めても，遺留分制度の目的である遺留分権利者の生活保障という点から支障を来すことにはならないこと，②価額弁償を認めることにより，被相続人の意思を尊重しつつ，既に目的物の上に利害関係を生じた受贈者等と遺留分権利者との利益の調和を図ることができることと考えられている。また，分割によって経済的・社会的価値を喪失することを防ぐという意味もあると考えられている。

2　価額弁償の方法
(1)　問題の所在
　民法1041条により，受贈者等は「贈与又は遺贈の目的の価額を遺留分権利者に弁償して返還の義務を免れることができる。」ことになるが，この「弁償して」というのはどの程度の履行をすることが必要となるかが問題となる。具体的には，弁償の意思表示をもって足りるのか，それとも現実に履行の提供までをする必要があるかという問題である。

(2)　裁判例の経過と本判決
　この点について，本判決以前には，双方の判決が示されていた。

　仙台高裁昭和49年11月27日判決（高民集27巻7号944頁）は，遺留分権利者の目的物返還請求権は物権的に保護されているのに対し，受贈者等の価額弁償の意思表示により，これが消滅し，金銭債権である価額弁償請求権に変わるとすれば，民法上価額弁償請求権に優先的効力を与える旨の規定がないため，遺留分権利者は，他の一般債権者と同じく単に債権的な保護しか与えられるにすぎず，不当な結論となることを理由に，価額弁償の意思表示だけでは足りないと述べた（同様の判断をしたものとして福岡地小倉支判昭38・9・30下民集14巻9号1913頁，大阪高判昭53・4・27下民集29巻1＝4号273頁）。

　他方，福島地裁昭和39年7月20日判決（下民集15巻7号1842頁）は，当事者間に争いのある場合において，弁償すべき額は受贈者に必ずしも明らかではなく，裁判所の判定によってはじめて明らかになる場合が少なくないから，この場合に現実に弁償しないといけないとすれば，受贈者に不能を強いることになりかねないことを理由に，民法1041条1項の「弁償して」というためには，価額弁償をする旨の意思表示をすることで足りると判示した。

　このような中で出された本判決は，上記のとおり，価額弁償の意思表示だけでは足りず，価額の弁償を現実にするか，あるいは弁済の提供をする必要があると判示した。

　その理由について，本判決は，単に弁済の意思表示をしたのみで受遺者をして返還の義務を免れさせるものとすることは，1041条1項の規定の体裁に合わないこと，遺留分権利者に対して，弁償されるべき価額を現実に手中に収める道を保障しないまま減殺の請求をされた目的物の受遺者への帰属の効

果を確定する結果となり，遺留分権利者と受遺者との権利の調整上公平を失し，ひいては遺留分の制度を設けた法意に沿わないこととなることを理由に挙げている。

(3) 弁償すべき価額の評価

もっとも，このように解する場合，前掲福島地判が指摘するように，目的物の価額について当事者間に争いがあると，受贈者等は，現実に価額弁償をして，目的物の返還義務を免れることが，現実的に困難な状況となるおそれがある。例えば，受贈者等が相当と考える価額の弁償をしたとしても，後の裁判で提供した額が本来提供すべき額よりも低いと判断されると，せっかく多額の現金を支出したとしても，価額弁償の効果が生じないことになってしまうのである。

この問題に対して，学説においては，受贈者等が価額弁償の抗弁を主張した場合には，裁判所が価額評価の中間判決（民訴245条）をできることとし，受贈者等は，この中間判決に示された価額の弁償ないし供託をすることで目的物の返還義務を免れることができるとするものなどがあった。

家裁実務においては，かかる問題点を解消すべく，最高裁平成9年2月25日判決（民集51巻2号448頁）が，受贈者等が価額弁償の意思表示のみならず，裁判所に対して弁済額を確定されたときはこれを速やかに支払う意思があることを表明した場合には，これを適式な抗弁として認め，判決主文において支払うべき価額を明示し，その支払をしないときは目的物の返還をせよとの対応を講じた（最判平9・7・17判時1617号93頁）。

これにより，受贈者等において，支払うべき金額がわからず，1041条1項により目的物の返還義務を免れることが現実的ではないとの問題に対する対処をすることができることとなった。

3　現在の実務

現在の実務においては，価額弁償をしたいと考える受贈者等は，価額弁償の抗弁を主張し，判決が出された後には速やかにこれを支払う旨述べれば，裁判所は，これを適式な価額弁償の抗弁と認め，審理を進めている。そのため，実務においては，判決後，速やかに価額弁償ができるように事前に用意をしておくことが，価額弁償の抗弁を主張するに際して必要となろう。

他方，受贈者等が価額弁償の抗弁を主張した場合，その履行又は履行の提供がない限りは，遺留分権利者は遺留分減殺に基づく現物返還請求権もそれに代わる価額弁償請求権も行使できるとするのが最高裁（最判平20・1・24民集62巻1号63頁）及び実務である。
　遺留分減殺請求訴訟における主張・立証において実務上極めて重要な点である。

【佐々木好一】

〔参考判例〕
- 最判昭51・8・30民集30巻7号768頁
- 仙台高判昭49・11・27高民集27巻7号944頁
- 大阪高判昭53・4・27下民集29巻1＝4号273頁
- 最判平9・2・25民集51巻2号448頁

〔参考文献〕
- 中川善之助＝加藤永一編『新版注釈民法(28)』
- 片岡武＝管野眞一編著『家庭裁判所における遺産分割・遺留分の実務〔新版〕』
- 久貫忠彦編『遺言と遺留分(2)遺留分〔第2版〕』
- 矢尾和子「遺留分減殺の効力と価額賠償」判タ1100号500頁

55 遺留分減殺請求訴訟における価額弁償を命ずる判決主文の内容

最判平成9年7月17日（平成5年(オ)第342号）
最高裁判所裁判集民事183号995頁，判例時報1617号93頁，判例タイムズ953号108頁

☞ **概　　要**

■ **問題点**

1　遺留分減殺請求に対する価額弁償の効果
2　遺留分減殺請求に対して，受遺者から価額弁償の意思表示がなされた場合の判決主文の記載方法

判決の内容

■ **事案の概要**

　被相続人Aは，全財産を受遺者Yに遺贈する旨の遺言をした後，死亡した。
　X₁，X₂は，Aの子であり，その相続分はいずれもいずれも10分の1である。Aは遺産として本件土地の持分2分の1を有していた。
　Xらは，Yに対して遺留分減殺請求権を行使し，それぞれ本件土地の持分40分の1の移転登記請求を求めた。
　Yは，Xらの遺留分減殺請求に対し，民法1041条の価額弁償の意思表示を行った。本件土地の持分40分の1の価額は241万4750円である。
　原審（東京高判平4・10・28（平3（ネ）4056号・同4083号））の判示した主文は以下のとおりである。
　①　Yは，Xら各自に対し，本件土地の各共有持分40分の1ずつについ

て，平成元年7月31日遺留分減殺を原因とする所有権一部移転登記手続をせよ。
② Yは，Xら各自に対し，前項の各共有持分権の代価として，各金241万4750円を支払うときは，同項の登記手続義務を免れることができる。
③ Xらのその余の請求を棄却する。
Xら上告。

■ 判決要旨

上告審は，原審の認定判断に誤りはないとした上で，以下のとおり判示した。

減殺請求をした遺留分権利者が遺贈の目的物の返還を求める訴訟の事実審口頭弁論終結前において，受遺者が，裁判所が定めた価額により民法1041条の規定に基づく価額の弁償をする旨の意思表示をした場合には，裁判所は右訴訟の事実審口頭弁論終結時を算定の基準時として弁償すべき額を定めた上，受遺者が右の額を支払わなかったことを条件として，遺留分権利者の目的物返還請求を認容すべきである。そして，YがXらに価額弁償としてそれぞれ裁判所の定めた額を支払わなかったことを条件として，Xらの移転登記手続を認容すべきであるが，これと異なる原審の判決主文には法令の解釈適用を誤った違法があるとして，原審判決の主文を次のとおり変更した。

① Yは，X_1に対し，YがX_1に対して241万4750円を支払わなかったときは，本件土地の持分各40分の1について，平成元年7月31日遺留分減殺を原因とする所有権移転登記手続をせよ。
② Yは，X_2に対し，YがX_2に対して241万4750円を支払わなかったときは，本件土地の持分各40分の1について，平成元年7月31日遺留分減殺を原因とする所有権移転登記手続をせよ。

▍解　　説

1 遺留分減殺請求に対する価額弁償の効果

(1) 遺留分減殺請求の法的性質・効果

遺留分減殺請求権が行使されると，減殺の対象物について，所有権ないしは共有持分権を取得した上で，当該取得分について，物権的請求権としての返還請求ないしは移転登記請求権を有することになると解されている（形成権＝物権的効果説，野山宏・最高裁判所判例解説民事篇平成9年度(上)265頁参照）。最高裁判所の判断も，形成権＝物権的効果説で固まっている（最判昭41・7・14民集20巻6号1183頁，最判昭51・8・30民集30巻7号768頁，最判平8・1・26民集50巻1号132頁）。

この見解によると，いったんは受遺者・受贈者に帰属した権利が，遺留分権利者が減殺請求をすることにより，遺留分権利者に遺留分の割合に従って帰属することになる。具体的には，遺贈・贈与が履行済みの場合には，遺留分権利者が受遺者・受贈者に対し，履行済みの遺贈・贈与について，移転登記請求や引渡請求をすることになる（東京高判昭58・6・28判タ502号100頁参照）。

なお，遺贈・贈与が未履行の場合には，受遺者・受贈者が相続人や遺言執行者に対して，未履行の遺贈・贈与について，移転登記請求・引渡請求をすることになる（東京高判昭62・8・26判タ661号222頁参照）。これに対し，遺留分権利者が減殺請求の抗弁を主張した場合には，当該遺留分を害さない範囲で受遺者・受贈者の請求が認容されることになろうが，この場合も観念的には，遺贈・贈与の効力発生時（被相続人の死亡時）に，いったんは受遺者・受贈者に帰属した権利が，減殺請求の抗弁の主張により，遺留分権利者に遺留分割合の範囲で権利が帰属する結果，遺留分を害さない範囲での請求が認められるにとどまると考えることが，遺贈・贈与が履行済みである場合と整合性を有するものと考える。

(2) **価額弁償の法的性質・効果**

次に，遺留分減殺請求に対し，民法1041条の価額弁償の主張がなされたのみでは，受遺者・受贈者の遺留分権利者に対する現物返還義務は消滅せず，実際に価額弁償がされるか，又はその現実の提供がなされた場合に初めて遺留分権利者の現物返還請求を免れるというのが，現在の判例・通説である（最判昭54・7・10民集33巻5号562頁）。そして，価額弁償又はその現実の提供がなされた場合には，遺留分減殺請求によって，いったん遺留分権利者に帰属

した持分は，再度受遺者に物権的に帰属することになると解されている（野山・前掲266頁参照）。

また，遺贈・贈与が未履行の場合においても，民法1041条は適用されるものと解されており（前掲東京高判昭62・8・26参照），受遺者・受贈者が履行請求を求めた場合において，遺留分権利者から遺留分減殺の抗弁が出されたことに対し，受遺者・受贈者から価額弁償又はその現実の提供の再抗弁が主張されることにより，遺留分減殺請求の抗弁によりいったんは遺留分権利者に帰属した所有権や持分権が，価額弁償の再抗弁により受遺者・受贈者に物権的に復帰すると理論的に整理される。

そして，遺留分減殺請求に対して価額弁償の意思表示がなされた場合，遺留分権利者の目的物引渡請求権等は，裁判所の定めた弁償すべき価額の支払を解除条件として認められる条件付き権利であると解されている（最判平9・2・25民集51巻2号448頁）。

2 遺留分減殺請求に対して，受遺者から価額弁償の意思表示がなされた場合の判決主文の記載方法

（以下において引用する文献にある民事執行法173条は，平成15年法改正（平成16年4月1日施行）により，民事執行法174条となっているため，以下は174条として示す）

(1) 従前の判例の動向

受遺者に対する遺留分減殺請求に対して，価額弁償の主張がなされた場合の判決主文については，前掲東京高裁昭和58年6月28日判決において，「受遺者は，遺留分権利者に対し，引渡し・移転登記手続をせよ。受遺者が遺留分権利者に対して金○○円を支払うときは，引渡義務・登記手続義務を免れることができる。」との判決主文が示され，以後，同趣旨の下級審判例が続いた（名古屋地判平3・8・12判タ777号198頁，大阪高判平6・4・22民集51巻2号489頁，本判決の原審である前掲東京高判平4・10・28）。

このような判決主文は，遺留分減殺請求に対して価額弁償の主張がなされた場合の遺留分権利者の権利を，価額弁償を解除条件とする条件付き権利であるとする理論と非常に整合性を有するものといえる。

しかしながら，この判決主文については，技術上の問題点があった。例えば遺留分権利者から，減殺請求として不動産の所有権移転登記手続を請求

された場合には，裁判所は，所有権移転登記手続という意思表示を命ずる判決を言い渡すことになる。そうすると，債務者（受遺者・受贈者）は，当該判決が確定したときに移転登記手続をする旨の意思表示をしたものとみなされ（民執174条1項），債権者（遺留分権利者）は，判決正本と確定証明書を法務局に持参することで移転登記手続を行うことができることになる。この場合，登記官は価額弁償の有無を調査することができないから，登記申請までに価額弁償又はその現実の提供がなされても，移転登記手続がなされてしまうことになる。また，意思表示を命ずる判決の執行力の排除を求める請求異議訴訟は不適法とされていることから（通説，西口元「平成9年度主要民事判例解説」判タ978号151頁），債務者（受遺者・受贈者）は，遺留分権利者の判決による移転登記手続を阻止できないという不利益を被るおそれがあった。

(2) **最高裁の判断**

前掲最高裁平成9年2月25日判決（第三小法廷）は，減殺請求をした遺留分権利者が遺贈の目的である不動産の移転登記手続を求める訴訟で価額弁償の意思表示がなされた場合には，前掲東京高裁昭和58年6月28日判決の流れを継いだ原審の判決主文を，以下の判決主文に訂正すべきであるとした。

「被上告人は，上告人に対し，被上告人が上告人に対して民法1041条所定の遺贈の目的の価額の弁償として2272万8231円を支払わなかったときは，第1審判決添付第一目録記載の各不動産の原判決添付目録記載の持分につき，所有権移転登記手続をせよ。」

この判決主文は，遺留分減殺請求が，価額弁償がなされることを解除条件とするものであることを捉え，民事執行法174条3項を用い，価額弁償の事実を債務者（価額弁償を主張する者）に証明責任を負わせつつ，上記のとおり従前の見解で生じる債務者の不利益に配慮したものである。この場合，債権者（遺留分権利者）から執行文の付与の申立てがあったときは，裁判所書記官は，債務者に対し一定の期間を定めてその事実を証明する文書を提出すべき旨を催告し，債務者がその期間内にその文書を提出しないときに限り，執行文を付与することができることになる。

そして，本判決（最判平9・7・17，第一小法廷）の判断が待たれたが，同判決においても第三小法廷の判決に倣い，前掲東京高裁昭和58年6月28日判決

の流れを継いだ原審の判決主文を，「Yは，X_1に対し，YがX_1に対して241万4750円を支払わなかったときは，……土地の持分各40分の1について，平成元年7月31日遺留分減殺を原因とする所有権移転登記手続をせよ。Yは，X_2に対し，YがX_2に対して241万4750円を支払わなかったときは，本件土地の持ち分各40分の1について，平成元年7月31日遺留分減殺を原因とする所有権移転登記手続をせよ。」と訂正する判決を言い渡した。

これにより，第一小法廷も第三小法廷の判決を支持することとなり，遺留分減殺請求に対して価額弁償の意思表示がなされた場合の判決主文についての最高裁の見解はほぼ固まったものといえるだろう（ただし，このような判決主文の変更が，不利益変更禁止の原則に違反しないかどうかは，慎重に考える必要がある。野山・前掲275〜276頁参照）。

(3) 判決主文の記載方法についての検討

前掲最高裁平成9年2月25日判決の主文には，「民法1041条所定の遺贈の目的の価額の弁償として」と支払うべき金銭の性質が記載されているが，本最高裁平成9年7月17日判決にはこのような記載はない。この点については，支払うべき対価の性質が何であるかは重要ではなく，対価の支払をすることにより遺留分権利者の権利行使を妨げることができるという効果が重要であるのだから，私見としてはかかる記載は不要であると考える。なお，当該記載がなされていたとしても，判決自体に瑕疵が生じるものではなかろう（判タ953号108頁参照）。

次に，本最高裁平成9年7月17日判決の判決主文には登記原因として「平成元年7月31日遺留分減殺を原因とする」との記載があるが，前掲最高裁平成9年2月25日判決にはこのような記載がない。この点については，遺留分減殺請求による移転登記を求める場合，登記申請書には「平成○年○月○日遺留分減殺」と記載することになるのだから，私見としては登記原因を明示することが登記手続上望ましいと考える。

したがって，私見では，平成9年に言い渡された上記2判例については，本最高裁平成9年7月17日判決の判決主文に倣うことが望ましいと考える。

なお，遺留分権利者からの請求が移転登記請求などの意思表示を内容とするものではなく，物の引渡請求である場合には，民事執行法174条の適用が

なく，別の問題が生じ得る。この場合には，「判決確定の二週間後において受遺者が○○円を支払わなかったときは」などの確定期限付きの条件付き判決をするなどの工夫が必要であろう（野山宏・ジュリ1117号176頁）。

【村松聡一郎】

〔参考判例〕
- 最判平9・2・25民集51巻2号448頁
- 東京高判昭58・6・28判タ502号100頁
- 東京高判昭62・8・26判タ661号222頁

〔参考文献〕
- 野山宏・最高裁判所判例解説民事篇平成9年度(上)256頁
- 野山宏・ジュリ1117号175頁
- 西口元「平成9年度主要民事判例解説」判タ978号150頁

56 目的物を第三者に譲渡した場合の価額弁償の額の算定

最判平成10年3月10日（平成8年(オ)第20号）
最高裁判所民事判例集52巻2号319頁，家庭裁判月報50巻8号52頁，判例時報1636号49頁，判例タイムズ972号142頁，金融・商事判例1045号37頁，金融法務事情1516号34頁

☞ 概　　要

■ 問題点

遺留分減殺請求を受けるよりも前に遺贈の目的を譲渡した受遺者が遺留分権利者に対してすべき価額弁償の額の算定基準

判決の内容

■ 事案の概要

原告Xら4名と被告Yは，被相続人Aの子である。Aは，昭和60年5月24日に死亡した。Aは唯一の財産の借地権持分を有していたが（持分割合2分の1），これをYに遺贈する旨の遺言をした。この事実をXらは知らなかった。

Yは平成2年3月，不動産業者であるB社に遺贈を受けた借地権持分と，自分の有する借地権持分をあわせて代金2億8829万9960円で売却した。

Xらは，平成3年に本訴訟を提起。当初は売却された借地権はすべてAの財産であり，Xらは法定相続分である各5分の1の割合で相続したとして売却代金の5分の1の額の各自への支払を求めた。

Xらは審理中の平成3年11月26日，遺贈の事実を知り，平成4年2月10日，Yに対し遺留分減殺請求の意思表示をなし，予備的に，減殺請求により

XらはAの財産につき各10分の1の割合による権利を取得すべきであったとして，これについて価額弁償を求める主張を追加した。

係争地付近の地価はYが借地権処分をした頃がピークであって，その後下落している。なお，本訴の口頭弁論は平成7年5月15日に終結している。

■ 判決要旨

1 1審（横浜地判平7・2・9民集52巻2号329頁），2審（東京高判平7・9・20民集52巻2号338頁）判決とも，YがB社に対して借地権全体を売却した際の代金は当時のいわゆる相場に照らして相当ということができるとした上，予備的請求を，各Xにつき借地権全体（なお，Aの持分割合は2分の1）の売却代金に20分の1を乗じた1441万4998円及びこれに対する遺留分減殺請求の意思表示の日以後年5分の割合による金員の支払を命ずる限度で認容した。

2 Yは上告理由において，民法1040条1項の類推適用による価額弁償についても，同法1041条1項により受遺者が口頭弁論終結時まで減殺請求の対象となる財産を有していた場合における目的物の返還に代わる価額弁償の抗弁につき価額算定の基準時を口頭弁論終結時と解すべきものとした最高裁昭和51年8月30日判決（民集30巻7号768頁）の判示したところが適用されるべきと主張した。

3 上告棄却。

遺留分権利者が，減殺請求権を行使するよりも前に，減殺を受けるべき受遺者が遺贈の目的を他人に譲り渡した場合には，民法1040条1項の類推適用により，譲渡の当時譲受人が遺留分権利者に損害を加えることを知っていたときを除き，遺留分権利者は受遺者に対してその価額の弁償を請求し得るにとどまるものと解すべきである（最判昭57・3・4民集36巻3号241頁）。そして，弁償すべき額の算定においては，遺留分権利者が減殺請求権の行使により当該遺贈の目的につき取得すべきであった権利の処分額が客観的に相当と認められるものであった場合には，その額を基準とすべきものと解するのが相当である。

解　　説

1　遺贈に対する民法1040条1項の類推適用

　民法1040条1項は，遺留分減殺請求の対象となるべき贈与について，受贈者が減殺請求を受けるより前に贈与の目的を譲渡した場合に関し，取引の安全を考慮して譲受人が悪意の場合を除いて遺留分権利者の追求を制限し，遺留分権利者との間で清算を行わせることとしたものである。前掲最高裁昭和57年3月4日判決は同規定を遺贈の場合に類推適用すべきものとした（なお立法者意思は違う）。

2　価額弁償の算定時期

　上記価額弁償の算定につき，古くはこれを減殺請求の対象の相続開始時の評価額を基準として行うことで，格別の疑問はなかったようである。遺留分減殺請求を行うにあたり，遺留分算定の基礎となる財産に関しては，これを相続開始時の評価額に換算すべきものとされていることに照らし，当然の結論と考えられていた。

　しかし，相続開始後長期間を経た後に遺留分侵害を知り，しかもその間に急激な社会経済事情の変化があり，その間に減殺請求の対象を処分したという場合には，価格弁償の算定をするにあたって相続開始時の評価を用いるのではなく，利益享受に最も近い時点である価額弁償時を基準とすることも考えられる。

　しかるに，本判決は，このような場合について，その処分額が客観的に相当と認められるときには，処分額を基準とするとした。現物による取り戻しを原則とする遺留分減殺が，目的である権利が処分されたために価額弁償とならざるを得ない場合，処分額が基準となるのは，自然な発想である。また，目的である権利の価額が下落傾向にあるとき，被減殺者が高値での処分によって利得を得ながら，下落した時価に基づいて弁償させるのは不公平という実質的判断もあると思われる。

3　贈与，死因贈与について

　本判決は，相続開始後に遺贈の目的が譲渡されたという事案だが，本判決の判示内容は，死因贈与，贈与にかかる財産が相続開始後に譲渡された場合

にも同様に当てはまるといわれている（判例時報などの各コメント多数）。

4 残された課題
(1) 鑑定の必要性の有無
　本判決は，譲渡の価額がその当時において客観的に相当と認められるものであるか否かを考慮すべきものとしているが，財産譲渡は，その時点におけるいわば相場に従って行われるのが通常なので，本判決の考えをとっても，譲渡の価額の相当性を鑑定等で決することが必要とはならないと思われる。

(2) 処分額の相当性の証明責任
　しかし本判決は，譲渡の価額がその当時において客観的に相当と認められるものでなかった場合（無償譲渡の場合を含む）には触れていない。
　処分額の客観的相当性の証明責任は価額弁償の主張者，基本的には遺留分減殺の相手方の受遺者であろうという説がある（右近健男・法教217号115頁）。

(3) 相続開始前の譲渡の場合
　本判決は，生前贈与にかかる財産が相続開始前に譲渡された場合に関し触れていない。例えば目的物が相続開始前に当時の時価の5000万円で売却されたが，相続開始時の評価額は7000万円だった場合，遺留分侵害額は相続開始時の7000万円を基準に考えられるが，価額弁償の額を譲渡時の5000万円を基準とすると，遺留分権利者は，法の原則に従えば得られるはずの価値を回復しないことになる。

5 本判決の意義
　本判決は遺留分関係の基本問題である価額弁償額の算定基準について明らかにしたものであり，重要な判決である。

【小松　雅彦】

〔参考文献〕
- 八木一洋・ジュリ1137号105頁
- 伊藤昌司・判評478号38頁
- 右近健男・法教217号114頁
- 佐藤義彦・法教222号別冊付録23頁

（なお，事案の概要で遺贈を受けた者について誤記がある論文が多いのに注意）

57 価額弁償の対象目的物の選択の可否

最判平成12年7月11日（平成11年（受）第385号）
最高裁判所民事判例集54巻6号1886頁，判例時報1724号36頁，
判例タイムズ1041号149頁

☞ 概　　要

■ 問題点

遺留分減殺の対象とされた贈与等の目的である各個の財産について価額弁償をすることの可否

判決の内容

■ 事案の概要

上記問題点に関して整理すると，被相続人Aは，昭和59年10月27日に死亡した。Aは，東京都内の宅地（合計約1110㎡）及び事務所兼居宅（3階建），居宅（2階建），倉庫兼共同住宅（4階建）等の建物，神奈川県足柄下郡箱根町仙石原の宅地（合計約4350㎡。ただし，一部は共有持分）及び牧場（合計約3560㎡），静岡県熱海市の山林（合計約3万700㎡）及び原野（合計約1万9000㎡），静岡市梅ヶ島の宅地（約363㎡），山林（約1万3300㎡）及び保安林（合計約3万6200㎡）の不動産の他，上場株式に加え，同族会社の株式（628株）等を有していたところ，遺言公正証書により，上記不動産，株式を含む財産全部をY（二男：被告・控訴人・上告人）に包括して遺贈する旨遺言して死亡した。

Xら（長女，二女及び三男：原告・被控訴人・被上告人）は，遺留分減殺請求権を行使して共有物分割等を請求する本件訴訟を提起したところ，Yは，当初，上記不動産，株式を含む全部の財産につき価額弁償を申し出たようであるが，最終的には上記株式のうち同族会社の株式のみ価額弁償を主張した。

原審は，分割された不動産の価額の合計がＸらの共有持分合計とＹの持分との比率である３対５になるように不動産を現物分割した上，「贈与又は遺贈を受けた者において任意に選択した特定の財産についての遺留分のみにつき価額による弁償請求権を行使することは，遺留分減殺請求権を行使した者の承諾があるなど特段の事情がない限り許されない」として，株式につき各株式を銘柄ごとに３対５の割合により分割した結果，同族会社の株式628株は，Ｘらが236株を共有し，Ｙが392株を取得することとされた。
　これに対し，Ｙが上告した。

■ 判決要旨

　1　本判決は，次のとおり判断して原判決を破棄，差し戻した。
　2　「受贈者又は受遺者は，民法1041条１項に基づき，減殺された贈与又は遺贈の目的たる各個の財産について，価額を弁償して，その返還義務を免れることができるものと解すべきである。」
　「なぜならば，遺留分権利者のする返還請求は権利の対象たる各財産について観念されるのであるから，その返還義務を免れるための価額の弁償も返還請求に係る各個の財産についてなし得るものというべきであり，また，遺留分は遺留分算定の基礎となる財産の一定割合を示すものであり，遺留分権利者が特定の財産を取得することが保障されているものではなく（民法1028条ないし1035条参照），受贈者又は受遺者は，当該財産の価額の弁償を現実に履行するか又はその履行の提供をしなければ，遺留分権利者からの返還請求を拒み得ないのであるから（最高裁昭和53年（オ）第907号同54年７月10日第三小法廷判決・民集33巻５号562頁），右のように解したとしても，遺留分権利者の権利を害することにはならないからである。このことは，遺留分減殺の目的がそれぞれ異なる者に贈与又は遺贈された複数の財産である場合には，各受贈者又は各受遺者は各別に各財産について価額の弁償をすることができることからも肯認できるところである。そして，相続財産全部の包括遺贈の場合であっても，個々の財産についてみれば特定遺贈とその性質を異にするものではないから（最高裁平成３年（オ）第1772号同８年１月26日第二小法廷判決・民集50巻１号132頁），右に説示したことが妥当するのである。」

解　　説

1　学説及び裁判例

　遺留分減殺請求を受けた受贈者又は受遺者（以下「受遺者等」という）は、減殺を受けるべき限度において、目的財産の価額を弁償して返還義務を免れることができるが（民1041条1項），減殺された財産につき受遺者等が任意に特定の財産を選択して特定の財産のみ価額弁償することが許されるかどうかについては，学説においてあまり論じられていなかったようである。

　原審（東京高判平10・11・25民集54巻6号1957頁）は，「民法1041条1項の『贈与又は遺贈の目的の価額』とは，その目的とされた財産全体を指すものと解するのが相当であり，贈与又は遺贈を受けた者において任意に選択した特定の財産についての遺留分のみにつき価額による弁償請求権を行使することは，遺留分減殺請求権を行使した者の承諾があるなどの特段の事情がない限り許されない」としていた。その理由は，受遺者が，包括遺贈の目的とされた全財産についての共有物分割の手続を経ないで，遺留分権利者の意思にかかわらず特定の財産を優先的に取得することができることとなることが，遺留分権利者の利益を不当に害することになるからというものであった。

　本件の関連訴訟においても同旨の下級裁判例がある。

2　審判説と訴訟説

　かつて，遺留分減殺請求者が共同相続人である包括受遺者に対して遺留分減殺請求権を行使した場合の共有関係につき，「遺産の共有」であり家庭裁判所における遺産分割審判の対象となる説（いわゆる審判説）と，「通常の共有」であり通常裁判所における共有物分割訴訟の対象となる説（いわゆる訴訟説）があり，下級裁判所の見解も分かれていた。

　審判説からは，遺留分権利者には，減殺により遺産に復帰した財産についても他の遺産と同様に遺産分割を求める利益があるため，民法1041条1項の価額弁償は減殺対象財産全体についてすべきであり，受遺者等において任意に選択した特定の財産についての遺留分のみにつき価額による弁償請求権を行使することは許されないという見解になじみやすく，訴訟説からは，遺留分権利者の取得した権利は各個の財産の所有権又は共有権であり，受遺者等

が任意に選択した特定の財産について価額弁償をすることも許されるという見解になじみやすい。

最高裁は、「遺言者の財産全部についての包括遺贈に対して遺留分権利者が減殺請求権を行使した場合に遺留分権利者に帰属する権利は、遺産分割の対象となる相続財産としての性質を有しないと解するのが相当である。」（最判平8・1・26民集50巻1号132頁）として訴訟説に立って判例を統一し、個別財産に対する価額弁償の可否につき、本判決において、「受贈者又は受遺者は、民法1041条1項に基づき、減殺された贈与又は遺贈の目的たる各個の財産について、価額を弁償して、その返還義務を免れることができるものと解すべきである。」とした。

3 実務への影響

本判決においても引用されているが、受遺者等が価額弁償をして返還義務を免れるためには、単に価額の弁償をすべき旨の意思表示をしただけでは足りず、価額の弁償を現実に履行するか、又は、価額弁償のための弁済の提供をしなければならないと解されている（最判昭54・7・10民集33巻5号562頁）。

本件事案は、被相続人が多種多様な財産を有しており、1審（東京地判平9・11・25民集54巻6号1924頁）・原審において不動産だけで10億円を超える評価をされる中、同族会社の株式のみ価額弁償することの可否が争われた事案である。減殺の対象となった贈与又は遺贈の目的たる財産全体について価額弁償を行うことが困難であり、かつ、財産の中に同族会社の株式のような受遺者等にとって代替性のない財産が含まれていることは現実にあり得ることであり、受遺者等が任意に選択した特定の財産についてのみ価額弁償を希望する事案に対して柔軟な解決方法を示したことになる。

なお、遺留分権利者が複数の対象財産から任意に特定の財産を選択して減殺請求をすることはできないと解されている（東京地判昭61・9・26判時1214号116頁）。

【佐藤　正章】

58 価額弁償請求権の取得時期と遅延損害金の起算点

最判平成20年1月24日（平成18年(受)第1572号）
最高裁判所民事判例集62巻1号63頁，判例時報1999号73頁，ジュリスト1388号93頁

概　要

■ 問題点

遺留分権利者が遺贈の目的物について価額賠償請求権を確定的に取得する時期及び遅延損害金の起算日

判決の内容

■ 事案の概要

被相続人Aには，法定相続人として，妻B，実子X₁，Y₁及びY₂並びに養子X₂（X₁の夫）及びC（Y₂の夫）がいた。

平成7年，Aは，Aの遺産すべてをB及びYら（Y₁，Y₂）に相続させる旨の公正証書遺言をした。

平成8年2月9日，Aが死亡し，相続が開始し，Xら（X₁，X₂）は，同年8月18日Yら及びBに対して遺留分減殺請求権を行使した（Xらの遺留分は，各20分の1である）。

平成9年11月19日，Xらは，遺留分減殺請求訴訟を提起し，遺留分減殺を原因とする不動産の持分移転登記手続等を求めた（Bに対する訴えは後に取り下げられた）。

Yらは，それぞれ1審の口頭弁論手続期日（Y₁は，平成15年8月5日，Y₂は平成16年2月27日）においてXらに対し価額弁償をする旨の意思表示をした。

これに対し，Xらは，1審の口頭弁論期日である平成16年7月16日において，訴えを交換的に変更して価額弁償請求権に基づく金員の支払を求めるとともに，その附帯請求として，相続開始の日である平成8年2月9日から支払済みまで民法所定の年5分の割合による遅延損害金の支払を求めた。

1審（名古屋地判平16・11・5民集62巻1号71頁）は，遅延損害金については，XらがYらに対し遺留分減殺請求をした日の翌日である平成8年8月19日からの分を認容したのに対し，控訴審（名古屋高判平18・6・6民集62巻1号119頁）は，遅延損害金については，判決確定の日の翌日からの分を認容した。

これに対して，Xらが上告をした。

■ **判決要旨**

最高裁は，以下のように判示して，価額弁償請求に係る遅延損害金につき，Xらが訴えを変更した日の翌日である平成16年7月17日からの分の限度において，Xらの請求を認容した。

「上記遺留分権利者が受遺者に対して価額弁償を請求する権利を行使する旨の意思表示をした場合には，当該遺留分権利者は，遺留分減殺によって取得した目的物の所有権及び所有権に基づく現物返還請求権をさかのぼって失い，これに代わる価額弁償請求権を確定的に取得すると解するのが相当である。したがって，受遺者は，遺留分権利者が受遺者に対して価額弁償を請求する権利を行使する旨の意思表示をした時点で，遺留分権利者に対し，適正な遺贈の目的の価額を弁償すべき義務を負うというべきであり，同価額が最終的には裁判所によって事実審口頭弁論終結時を基準として定められることになっても（前掲最高裁昭和51年8月30日第二小法廷判決参照），同義務の発生時点が事実審口頭弁論終結時となるものではない。そうすると，民法1041条1項に基づく価額弁償請求に係る遅延損害金の起算日は，上記のとおり遺留分権利者が価額弁償請求権を確定的に取得し，かつ，受遺者に対し弁償金の支払を請求した日の翌日ということになる。」

解　説

1　遺留分減殺請求権に関する判例の考え方

　遺留分減殺請求権については，過去の判例において基本的な考え方が示されており，本判例もその基本的な考え方を踏襲している。

　まず，遺留分減殺請求権の性質については，最高裁は，形成権＝物権的効果説すなわち減殺請求権を私法上の形成権と構成し，その行使により減殺の対象である贈与又は遺贈の全部又は一部が当然に失効し，目的物は遺留分権利者に移転するとの物権的効果が生じると解する立場であり，本判決もこれを引用している。これによれば，遺留分減殺請求の意思表示により，減殺の対象物につき，具体的に算定した割合に基づいて所有権又は物権法上の共有持分権を取得し，その取得分につき，物権的請求権としての返還請求権ないし移転登記請求権を有することになる。

　さらに，本判決は，以下の遺留分に関する基本的な考え方を示した判例を上記判旨において参照している。

① 　受遺者が民法1041条１項に基づき目的物の価額を弁償して返還の義務を免れるためには，価額の弁償をする旨の意思表示をしただけでは足りず，価額の弁償を現実に履行するか又はその履行の提供をしなければならない（最判昭54・7・10民集33巻5号562頁）。

② 　受遺者が弁償すべき価額について履行の提供をした場合には，減殺請求によりいったん遺留分権利者に帰属した権利が再び受遺者に物権的に帰属する反面，遺留分権利者は受遺者に対して弁償すべき価額に相当する額の金銭の支払を求める権利を取得する（最判平9・2・25民集51巻2号448頁）。

③ 　受遺者において価額弁償の意思があることを表示した場合には，遺留分権利者は，価額弁償を訴求することができる（前掲最判昭54・7・10）。

　上記の判例によれば，受遺者が価額賠償をする旨の意思表示をした場合，遺留分権利者が価額弁償を請求する権利を取得するが，その権利の内容や根拠等は明確ではなかった。民法1041条は，受贈者又は受遺者は「贈与又は遺贈の目的の価額」を遺留分権利者に弁償して返還の義務を免れることができ

る旨規定しているが，遺留分権利者がいつどのような内容の価額賠償請求権を取得するかについては民法にも定めがなく，解釈の余地が残されていた。

2 本判決における検討及び意義

本判例の事案では，受遺者から民法1041条1項の規定による価額弁償の意思表示を受けた遺留分権利者が受遺者に対し価額弁償を請求する旨の意思表示をした場合において，その価額賠償請求権の遅延損害金の起算日が争われ，価額賠償請求権の発生根拠，時期，内容が問題となった。

これについて，本判決は，上記①，②の判例を参照して，「受遺者が遺留分権利者から遺留分減殺に基づく目的物の現物返還請求を受け，遺贈の目的の価額について履行の提供をした場合には，当該受遺者は目的物の返還義務を免れ，他方，当該遺留分権利者は，受遺者に対し，弁償すべき価額に相当する金銭の支払を求める権利を取得する」とした。

さらに，③の判例を参照し，「受遺者が遺贈の目的の価額について履行の提供をしていない場合であっても，遺留分権利者に対して遺贈の目的の価額を弁償する旨の意思表示をしたときには，遺留分権利者は，受遺者に対し，遺留分減殺に基づく目的物の現物返還請求権を行使することもできるし，それに代わる価額弁償請求権を行使することもできる」とした。

その上で，遺留分権利者が価額弁償請求権を確定的に取得するのは，遺留分権利者が受遺者に対して価額弁償を請求する権利を行使する旨の意思表示をしたときとし，当該意思表示の時点で価額弁償請求権が確定的に発生するとの考え方を示した。

そして，上記意思表示の時点で，受遺者は，目的の価額を弁償すべき義務を負うべきことになるから，民法1041条1項に基づく価額弁償請求に係る遅延損害金の起算日は，遺留分権利者が価額弁償請求権を確定的に取得し，かつ，受遺者に対して弁償金の支払を請求した日の翌日と判示された。

なお，価額弁償請求訴訟における価額算定の基準時を事実審の口頭弁論終結時とした最高裁昭和51年8月30日判決（民集30巻7号768頁）との整合性については，「同義務〔注：受遺者の価額弁償義務〕の発生時点が事実審口頭弁論終結時となるものではない。」として，その違いを明確にした。

本判決は，それまでの判例において明確とは言えなかった遺留分権利者

が取得する価額弁償請求権の性質について，上記遺留分権利者が価額弁償を請求する権利を行使する旨の意思表示をした時点で価額弁償請求権を確定的に発生させる法律効果が付与されるべきであるとして，価額弁償請求権の内容，発生時期についての考え方を示した点で，重要な意義を有する。

【長濱　晶子】

59 価額弁償の額の確定を求める訴えの適法性

最判平成21年12月18日（平成21年(受)第35号）
最高裁判所民事判例集63巻10号2900頁，判例時報2069号28頁

☞ 概　　要

■ 問題点

受遺者等からの弁済すべき額の確定を求める訴えの確認の利益

判決の内容

■ 事案の概要

Xが被相続人Aの公正証書遺言に基づきAの遺産を取得したことから，Y₁及びY₂は，Xに対し，遺留分減殺の意思表示をした。

Xは，価額弁償をする旨の意思表示をしたものの，価額弁償の履行の提供はしておらず，Y₁及びY₂も，現物返還請求も価額弁償請求もしていなかった。

このような段階で，Xは，Y₁に対し，Y₁の遺留分減殺請求権は2770万3582円を超えて存在しないことを，Y₂に対し，Y₂が遺留分減殺請求権を有しないことの確認等を求めて訴訟を提起した。

■ 判決要旨

1　1審判決（東京地判平20・1・10民集63巻10号2909頁）は，確認の利益については判断することなく実体判断をし，Y₁に対する遺留分減殺請求権は3935万2065円を超えて存在しないこと及びY₂は遺留分減殺請求権を有しないことを確認する旨の判決をした。

しかし，原審（東京高判平20・9・18民集63巻10号2932頁）は，Yらが価額弁償

請求権を行使する旨の意思表示をしていない時点では、価額弁償請求権が確定的に発生しているとはいえず、価額弁償請求権の存否又はその金額の確定を求める訴えは、現在の権利関係の確認を求める訴えということはできないなどとして、Xの訴えは確認の利益を欠き不適法であると判断した。

2　これに対し、本判決は、Y₁に対する訴えについては、「遺留分権利者から遺留分減殺請求を受けた受遺者等が、民法1041条所定の価額を弁償する旨の意思表示をしたが、遺留分権利者から目的物の現物返還請求も価額弁償請求もされていない場合において、弁償すべき額につき当事者間に争いがあり、受遺者等が判決によってこれが確定されたときは速やかに支払う意思がある旨を表明して、弁償すべき額の確定を求める訴えを提起したときは、受遺者等においておよそ価額を弁償する能力を有しないなどの特段の事情がない限り、上記訴えには確認の利益があるというべきである。」として、破棄差し戻した。

また、Y₂に対する訴えについては、XがAの遺言に基づき取得した財産につき、遺留分減殺請求によってもY₂が持分権を取得することはないとしてY₂が持分権を有していないことの確認を求める趣旨の訴えであると理解することが可能であり、そのような趣旨の訴えであれば確認の利益が認められることが明らかであるにもかかわらず、そのような趣旨をいうものであるかについて釈明権を行使しなかったとして、破棄差し戻した。

解　説

1　確認の利益

確認の利益とは、権利又は法律関係等の確認を求める確認の訴えにおける訴えの利益のことである。確認の訴えは、執行力をもたない点で紛争の実効的解決に役立たない場合が多い上に、確認の対象は論理的には無限定である。そこで、原則として、確認の対象は現在の法律関係に限定され、かつ、原告の権利や地位に現実的な不安・危険が生じており確認判決を直ちに得る利益（即時確定の利益）がある場合で、確認訴訟以外の訴訟類型では当該不安・危険を除去できない場合に限り、確認の利益が認められ、確認の訴えが

許されることになる。

2 価額弁償の意義

遺留分減殺請求がなされた場合，減殺の対象となった贈与や遺贈等は遺留分の限度で効力が失われ，遺留分権利者に目的物の権利が帰属する（形成権・物権的効果説，最判昭41・7・14民集20巻6号1183頁，最判昭51・8・30民集30巻7号768頁）。

したがって，遺留分減殺請求権の行使により，遺留分権利者には，直ちに現物返還請求権が発生することになる。

もっとも，遺贈等にかかる目的物件につき既に利害関係を形成するにいたっている受遺者等の利益を保護するため，遺留分減殺請求を受けた「受贈者及び受遺者は，減殺を受けるべき限度において，贈与又は遺贈の目的の価額を遺留分権利者に弁償して返還の義務を免れることができる。」（民1041条1項）。

このように，遺留分権利者と受遺者等との利益の調整のために設けられたのが価額弁償の制度である。

3 価額弁償請求権の発生時期

(1) 現物返還との関係

価額弁償は，条文の規定から明らかなとおり，現物返還請求を受けた受遺者等が現物返還を免れる手段として選択し得るものであり，受遺者等が価額弁償を選択しない限り，遺留分権利者に価額弁償請求権が発生することはない。

したがって，価額弁償請求権の発生には，少なくとも受遺者等からの価額弁償の意思表示が必要となる。

受遺者等が価額弁償の意思表示をした段階にとどまる場合は，遺留分権利者は，受遺者に対し，遺留分減殺に基づく目的物の現物返還請求権を行使することもできるし，それに代わる価額弁償請求権を行使することもできる（前掲最判昭51・8・30）。

(2) 遺留分権利者からの価額弁償請求の意思表示がある場合

受遺者等からの価額弁償の意思表示に対し，「遺留分権利者が受遺者に対して価額弁償を請求する権利を行使する旨の意思表示をした場合には，当該

遺留分権利者は，遺留分減殺によって取得した目的物の所有権及び所有権に基づく現物返還請求権をさかのぼって失い，これに代わる価額弁償請求権を確定的に取得する」（最判平20・1・24民集62巻1号63頁）。

逆にいえば，受遺者等から価額弁償の意思表示がなされたものの遺留分権利者からは価額弁償請求の意思表示がない場合には，遺留分権利者は価額弁償請求権を確定的には取得しないということになる。

(3) **遺留分権利者からの価額弁償請求の意思表示がない場合**

この場合でも，「受遺者が弁償すべき価額について履行の提供をした場合には，減殺請求によりいったん遺留分権利者に帰属した権利が再び受遺者に移転する反面，遺留分権利者は受遺者に対して弁償すべき価額に相当する額の金銭の支払を求める権利を取得する」（最判平9・2・25民集51巻2号448頁）。

したがって，遺留分権利者からの価額弁償請求がない場合には，受遺者等が履行の提供をしない限り，遺留分権利者の価額弁償請求権は確定的には発生しない。

(4) **ま と め**

以上を整理すると，受遺者等による価額弁償の意思表示があることを前提に，①遺留分権利者による価額弁償請求がなされるか，②受遺者等による価額弁償の履行の提供がなされた場合に，価額弁償請求権が確定的に発生することになる。

本件は，①も②もないため，価額弁償請求権が確定的に発生している事案とはいえないということになる。

4　価額弁償の額の確認を求める訴えの確認の利益

(1) **原審の判断**

上記のようなこれまでの最高裁の判断を前提に，原審は，①Yらは価額弁償請求権を行使していないことから，Yらの価額弁償請求権は確定的に発生しておらず，Xの各確認の訴えは，将来の権利の確定を求めるものであり，現在の権利関係の確定を求める訴えということはできない，②仮に，Xにより価額弁償をする旨の意思表示があったことにより，潜在的にYらがXに対して価額弁償請求権を行使することが可能な状態になったことを根拠として，本件各確認の訴えをもって現在の権利関係の確定を求める訴えである

と解する余地があるとしても，受遺者又は受贈者が価額弁償をして遺贈又は贈与の目的物の返還義務を免れるためには現実の履行又は履行の提供を要するのであって，潜在的な価額弁償請求権の存否又はその金額を判決によって確定しても，それが現実に履行されることが確実であると一般的にはいえない。そして，その金額は，事実審の口頭弁論終結時を基準として確定されるものであって，口頭弁論終結時と上記金額を確認する判決の確定時に隔たりが生ずる余地があることをも考慮すると，本件各確認の訴えは，現在の権利義務関係を確定し，紛争を解決する手段として適切とはいえないとして，確認の利益を否定した。

(2) 本判決の判断

(a) 現在の法律関係であること

本判決は，上記原審の判断①の点については，「遺留分権利者が受遺者等に対して遺留分減殺請求権を行使したが，いまだ価額弁償請求権を確定的に取得していない段階においては，受遺者等は，遺留分権利者に帰属した目的物の価額を弁償し，又はその履行の提供をすることを解除条件として，上記目的物の返還義務を負うものということができ，このような解除条件付きの義務の内容は，条件の内容を含めて現在の法律関係というに妨げなく，確認の対象としての適格に欠けるところはないというべきである。」と判示した。

本件は，価額弁償請求権が確定的に発生しているとはいえない事案のため，単に価額弁償請求権の額の確定を求めるものと捉えるならば現在の法律関係の確認を求めるものとはいえないことになる。

本判決は，価額弁償の額の確認を求める訴えそのものとしてではなく，Xの訴えを，目的物返還義務を免れるための解除条件である価額弁償の内容を確認するものであると捉え，目的物返還義務の存否は現在の法律関係であることから，現在の法律関係たる目的物返還義務の解除条件の内容もまた確認の対象となると理解するものである。

(b) 即時確定の利益

さらに，原審の指摘する②の点については，「受遺者等が弁償すべき額が判決によって確定されたときはこれを速やかに支払う意思がある旨を表明し

て，上記の額の確定を求める訴えを提起した場合には，受遺者等がおよそ価額を弁償する能力を有しないなどの特段の事情がない限り，通常は上記判決確定後速やかに価額弁償がされることが期待できるし，他方，遺留分権利者においては，速やかに目的物の現物返還請求権又は価額弁償請求権を自ら行使することにより，上記訴えに係る訴訟の口頭弁論終結の時と現実に価額の弁償がされる時との間に隔たりが生じるのを防ぐことができるのであるから，価額弁償における価額算定の基準時は現実に弁償がされる時であること……を考慮しても，上記訴えに係る訴訟において，この時に最も接着した時点である事実審の口頭弁論終結の時を基準として，その額を確定する利益が否定されるものではない。」と判示した。

　本判決は，価額弁償の額は現実に弁償がなされるときに確定することを前提としつつも，口頭弁論終結時と現実になされる価額弁償の時期とに大きな隔たりが生じないであろうことから，なお，即時確定の利益を認めたものである。

　　(c)　本判決の背景

　本判決が比較的柔軟に確認の利益を認めた背景には，「遺留分減殺請求を受けた受遺者等が民法1041条所定の価額を弁償し，又はその履行の提供をして目的物の返還義務を免れたいと考えたとしても，弁償すべき額につき関係当事者間に争いがあるときには，遺留分算定の基礎となる遺産の範囲，遺留分権利者に帰属した持分割合及びその価額を確定するためには，裁判等の手続において厳密な検討を加えなくてはならないのが通常であり，弁償すべき額についての裁判所の判断なくしては，受遺者等が自ら上記価額を弁償し，又はその履行の提供をして遺留分減殺に基づく目的物の返還義務を免れることが事実上不可能となりかねないことは容易に想定されるところである。弁償すべき額が裁判所の判断により確定されることは，上記のような受遺者等の法律上の地位に現に生じている不安定な状況を除去するために有効，適切であり，受遺者等において遺留分減殺に係る目的物を返還することと選択的に価額弁償をすることを認めた民法1041条の規定の趣旨にも沿うものである。」と本判決が述べるとおり，価額弁償の額に争いが生じた場合には，Xが提起したような訴え以外に価額弁償額の確定を求める方法が事実上存在し

ないという事情があると考えられる。

5 価額弁償額の確定を求める訴えの請求の趣旨

　一般的な債務不存在確認訴訟は,「原告の被告に対する債務が○○円を超えて存在しないことを確認する」といった請求の趣旨になると考えられるが,価額弁償は,目的物返還義務の解除条件であることを前提に確認の利益が認められている。

　そのため,「被告（遺留分権利者）が被相続人の相続について原告（受遺者等）に対してした遺留分減殺請求にかかる目的物につき,原告が民法1041条の規定によりその返還義務を免れるために支払うべき額が○○円であることを確認する」といった請求の趣旨があり得ると指摘されており（市川多美子・最高裁判所判例解説民事篇平成21年度(下)1037頁）,本判決が,目的物返還義務の解除条件として,価額弁償の額を確認する確認の利益を認めた趣旨からして,このような請求の趣旨が妥当であると考えられる。

　　　　　　　　　　　　　　　　　　　　　　　　【髙橋　幸一】

〔参考判例〕
　・最判昭54・7・10民集33巻5号562頁

第6　遺留分減殺請求権の消滅時効

60　遺留分減殺請求権の消滅時効の起算点

最判昭和57年11月12日（昭和54年（オ）第907号）
最高裁判所民事判例集36巻11号2193頁，家庭裁判月報35巻9号56頁，金融・商事判例669号20頁

☞ 概　　要

■ 問題点

1　民法1042条にいう「減殺すべき贈与又は遺贈があったことを知った時」の意義

2　遺留分権利者が贈与等の無効を訴訟上主張している場合における「減殺すべき贈与等があったことを知った時」

▍判決の内容

■ 事案の概要

　Xは，昭和27年に被相続人Aと婚姻し，A所有の本件土地建物にて同居したが，昭和33年6月頃にAは，養女訴外Bを連れて家を出て，Y₁宅にて同人と同棲生活を開始した。Aは，同4月にはXに対し離婚調停を申し立て，同6月に不調に終わると，離婚訴訟を提起するが，Y₁と妾関係にあるとされ棄却された。しかし，AY₁の同棲は，Aが昭和49年に80歳で死亡するまで継続し，Y₁は自らの資産・収入で生活を維持するとともに，Aが失明してからは，Aの監護一切を行った。また，昭和43年，Aは本件土地建物につき，Y₁とBに対し，持分各2分の1の割合で贈与し，即日登記を経由

したが，Y₁は，その後，Y₂信用組合との間で，同持分につき極度額3000万円とする根抵当権設定契約を締結，登記を経由した。Aの死亡後XはY₁への贈与は公序良俗に反し無効であると主張し，Y₁に対しては所有権移転登記の，Y₂に対しては根抵当権設定登記の各抹消登記を求めて訴訟を提起した。1審（横浜地判昭50・12・26民集36巻11号2211頁）で，Y₁は，妾関係維持が贈与の目的としても，不法原因給付であり民法708条によりAの相続人Xは本件土地建物の返還を求められないと主張し，これが容れられ，Xの請求棄却。そこで，Xは控訴審で予備的に遺留分減殺請求の意思表示を行った。原審（東京高判昭54・5・30民集36巻11号2203頁）は，同1042条の「知った時」とは減殺し得べきものと知った時であり，Y₁の同708条の主張時にはXは減殺すべきと知り得べきであったが，減殺の意思表示はそれから1年以上後であるから減殺請求権は時効消滅しているとした。Xは，時効の起算点は1審判決言渡期日であるとして上告。

■ **判決要旨**

1　本判決は，次のとおり判示し，原判決を維持した。

2　民法1042条の「減殺すべき贈与又は遺贈があったことを知った時」とは，贈与の事実及びこれが減殺できるものであることを知った時と解すべきであり，遺留分権利者が贈与の無効を信じて訴訟上抗争しているような場合，贈与の事実を知っただけで直ちに減殺できる贈与があったことまでを知っていたと断定することはできないが，民法が遺留分減殺請求権につき特別の短期消滅時効を規定した趣旨にかんがみれば，遺留分権利者が訴訟上無効の主張をしさえすれば，それが根拠のない言いがかりにすぎない場合であっても時効は進行を始めないとするのは相当でなく，被相続人の財産のほとんど全部が贈与されていることを認識しているという場合，無効の主張について，一応，事実上及び法律上根拠があり，遺留分権利者が右無効を信じているため遺留分減殺請求権を行使しなかったことがもっともと首肯し得る特段の事情が認められない限り，右贈与が減殺できるものであることを知っていたものと推認するのが相当である。

3　本件では，贈与無効の主張自体根拠を欠く上，減殺請求権を行使しな

かったことについて首肯すべき特段の事情は認め難く，遅くともY₁が民法708条の抗弁を提出した頃には本件贈与が減殺し得る贈与であることを知っていたと推認するのが相当である。

解　説

1　本判決以前の裁判例・学説

　遺留分減殺請求権の時効の起算点はいつか，すなわち，民法1042条にいう「減殺すべき贈与又は遺贈があったことを知った時」の意義について，本判決以前に，次のような裁判例・学説があった。

(1)　裁判例

　大審院においては，「減殺すべき贈与又は遺贈があったことを知った」というには，単に遺留分権利者が，①贈与又は遺贈のあったこと，を知っただけでは足りず，②その贈与等が減殺できるものであること，を知ることが必要としてきた。具体的には，「未タ相続財産ノ実額ヲ確知セサルカ為メニ其贈与ニ付キ減殺権アルコトヲ知ラサル」ときは時効の進行を始めることができない（大判明38・4・26民録11輯611頁），「減殺スヘキ遺贈アリタルコトヲ知リタル時トハ当該遺贈ヲ目的トスル遺言カ真正ニ成立シ其ノ内容カ遺留分ヲ侵スモノナルコトヲ認識シタル時ヲ意味スルモノニシテ」，「遺留分権利者カ遺言書ノ作成アリタルコトヲ知」ったとしても，それが「偽造ナルコトヲ信シ其ノ成立ヲ争」っている場合，減殺すべき遺贈があることを知ったものとは直ちに断じ得ない（大判昭13・2・26民集17巻275頁）とした。

　その後の下級審裁判例も，認識の対象について，大審院同様に①及び②であると解している（東京高判昭40・6・22判タ179号145頁など）。

(2)　学説

(a)　客観説

　これに対し，「知った」対象を大審院が示したように解すると，「知った」か否かが遺留分権利者の主観に大きく左右され，「知った時」の判断が極めて困難になること，時効期間を徒過した者でも贈与等の無効確認訴訟を提起して敗訴すればその敗訴判決時が相殺すべき贈与等の存在を知った時になる

という濫用を招くおそれがあること，遺留分減殺についての法的知識を欠く者にはいつまでも時効が開始しないということになりかねないことなどを理由として，①贈与又は遺贈のあったことの認識だけで足りるとする学説も有力である。

  (b) 遺留分侵害認識必要説
　もっとも，多くの学説は，贈与等の事実を知ったのみで遺留分減殺請求権の時効が進行することになるとすると，同請求についての法的知識を欠く者にとってあまりに酷であること，相続では多くの関係者が登場し遺留分の計算や減殺の順番など複雑な問題が生じ得るところ，時効の起算点を余り早期に設定するのは妥当でないなどとして，大審院同様，②贈与等が減殺できるものであることを知っていることを要するとしつつ，客観説の指摘する不都合，すなわち，遺留分権利者が善意を装って贈与無効確認訴訟等の濫用を防ぐ方策を模索すべきとし，これが通説的見解である。しかし，どのような事実についてどの程度知っていれば贈与等が減殺できるものであることを知っているといえるかについては次のような見解の対立がある。

　(ア) 的確説（主観説）　大審院の示した考え方を支持する立場である。すなわち，贈与等の事実及びこれが減殺し得べきものであることの認識を必要とするものであり，かかる認識の有無を遺留分権利者の主観に即して，これを的確に認識していることを要するという見解である。もっとも，かかる見解でも，贈与等の効力が争われている場合に遺留分権利者が右贈与等を減殺し得べきものであることを知った時というのは，これを有効とする判決等が確定した時ではなく，1審判決言渡しの時とする見解が多い。

　(イ) 具体的探究説　贈与等の事実及びこれが減殺し得べきものであることの認識を要するという点では的確説と同様であるが，そのままでは濫用のおそれがある，また，贈与等の無効を信じていただけで時効の進行が阻止されるというのは法律関係の確定や取引の安全保護のため短期の消滅時効を定めた法の趣旨が没却されるとし，遺留分権利者が贈与等の無効を信じていたのかどうかを具体的に探究するべきであるという考え方である。

　(ウ) 未必説　時効の起算点としての「知る」とは，権利者にとっては権利行使が可能な程度に事実を認識すること，客観的には権利者の権利行使

を期待することが無理でない程度の認識をもつことを意味するとし，そうだとすれば，贈与等の事実及びこれが減殺し得べきものであることの的確な認識までは必要なく，遺留分を侵害するものであることを未必的に知ったことで足りるとする。

　(エ)　推認説　　上記の各説が民法1042条の解釈問題として，贈与等が減殺し得べきものであることについての認識の程度を問題としているのに対し，遺留分権利者の右認識の存否を事実認定の面で問題にする見解である。具体的には，贈与等の認識について挙証された場合には，遺留分侵害の事実についても認識していたものと事実上の推定が生じ，遺留分権利者が反証をもってこれを覆さない限り時効の進行が開始するという考えである。

2　本判決の考え方

　本判決は，「減殺すべき贈与又は遺贈があったことを知った」とは，①贈与等の事実及び②これが減殺することのできるものであることを知った時をいうとし，最高裁は，大審院以来の裁判例・通説同様に遺留分侵害についての認識が必要であるとの立場を明らかにした。

　もっとも，遺留分権利者が贈与の無効を信じて訴訟上争っている場合，贈与の事実を知っただけで直ちに減殺できる贈与があったことまでを知っていたと断定することはできないものの，遺留分減殺請求権が特別の短期消滅時効に服する法の趣旨にかんがみれば，遺留分権利者が訴訟上無効の主張をしさえすれば，時効は進行を始めないとするのは相当でなく，被相続人の財産のほとんど全部が贈与されていることを認識しているという場合には，遺留分権利者が無効を信じているため遺留分減殺請求権を行使しなかったことがもっともと認められる特段の事情がない限り，その贈与が減殺できるものであることを知っていたものと推認するのが相当であるとした。したがって，かかる部分については，主要事実である贈与が減殺し得べきものであることの認識の事実認定の問題について，反証がない限り，認識していたと推定されるという推認説に立った上，遺産のほとんどすべてが贈与されていることを認識していれば推認できるとしたものということができよう。しかし，減殺することができる贈与であると知っていたと推認することができるのはどのような場合なのか，すなわち，遺留分権利者が具体的に何を知っている必

要があるのかについては,「少なくとも被相続人の相続財産のほとんど全部が贈与されていて遺留分権利者が右事実を認識している場合」以外,どのような場合があるのかについては,本判決だけでは明らかでない。

3 その後の裁判例

その後の下級審裁判例も,本判決の理論構成に従っている。大阪高裁平成7年8月24日判決(判時1559号53頁)は,「減殺すべき贈与があったことを知った時」とは,贈与の事実及びこれが減殺できることを知った時と解されるが,「知った」とは的確に知ったことを要するものではなく,遺留分権利者が減殺請求権を行使することを期待することが無理でない程度の認識をもつことを意味すると解すべきであるとする。また,東京高裁平成12年7月13日判決(判タ1053号224頁)も,遺留分権利者が贈与の無効を信じたため減殺請求権を行使しなかったことがもっともと首肯し得る特段の事情が認められない限り当該遺贈が減殺可能であると知っていたものと推認すべきとするものの,時効起算点は当該遺贈にかかる遺言の無効確認の別訴1審敗訴判決送達時とした。

このような裁判例からすると,「知った」といえるか否かは,右大阪高判のように,具体的な事案ごとにそれぞれの事情に応じて,減殺請求権行使を期待することが無理か否かという観点から,個別的に判断しているものと推測される。

【日原聡一郎】

判 例 索 引

【大審院・控訴院】

〔明治〕

大判明38・4・26民録11輯611頁 …………………………………………… 347

〔大正〕

大阪控判大6・5・24新聞1285号23頁 …………………………………… 176
大判大7・3・9刑録24輯197頁 …………………………………………… 174
大判大8・7・8民録25輯1287頁 …………………………………………… 176
大判大9・7・16民録26輯1108頁 …………………………………… 281, 283
大判大10・10・20民録27輯1807頁 ………………………………………… 16
大決大15・8・3民集5巻679頁 …………………………………………… 16

〔昭和〕

大決昭5・4・14評論19巻民法672頁 ………………………………… 156, 161
大判昭5・6・16民集9巻550頁 …………………………………………… 109
大判昭5・6・16民集9巻8号550頁 ……………………………………… 225
大判昭6・7・10民集10巻736頁 …………………………………………… 183
大判昭6・11・27民集10巻12号1125頁 …………………………………… 177
大判昭8・12・6新聞3666号10頁 ………………………………………… 224
大判昭9・7・10民集13巻1341頁 …………………………………… 176, 198
大判昭9・9・15新聞3801号9頁 …………………………………………… 280
大判昭10・8・21大審院判決全集1輯21号15頁 ………………………… 224
大判昭13・2・23民集17巻259頁 …………………………………………… 224
大判昭13・2・26民集17巻275頁 …………………………………………… 347
大判昭13・9・28新聞4335号10頁 ………………………………………… 176
大判昭13・12・14民集17巻2396頁 …………………………………… 23, 25
大判昭14・5・24民集18巻10号623頁 …………………………………… 224
大判昭18・3・19民集22巻185頁 …………………………………………… 213

【最高裁判所】

〔昭和〕

最判昭29・4・8民集8巻4号819頁 ………………………… 121, 129, 133
最判昭29・12・24民集8巻12号2310頁 …………………………………… 15
最判昭30・1・29民集9巻1号22頁 ……………………………………… 311

最判昭30・5・10民集9巻6号657頁 ……………………………………………… 156, 161
最判昭30・5・31民集9巻6号793頁 ……………………………………………… 121, 146
最判昭30・7・5民集9巻9号1002頁 ………………………………………………………48
最三小判昭33・10・14（昭31（オ）1022号）集12巻14号3111頁 …………………… 223
最判昭34・2・12民集13巻2号91頁 ……………………………………………………… 50
最判昭34・6・19民集13巻6号757頁 ……………………………………………… 251, 290
最二小判昭38・2・22（昭35（オ）1197号）民集17巻1号235頁
　　　　　　　　　　　　　　　　　　………………… 54, 55, 79, 118, 224, 237, 239, 241
最判昭39・3・6（昭36（オ）338号）民集18巻3号437頁 ……………… 222, 237, 241, 271
最三小判昭40・2・2（昭36（オ）1028号）民集19巻1号1頁, 判時404号52頁, 判タ175号
　103頁 ………………………………………………………………………………… 21, 67, 285
最判昭41・7・14（昭40（オ）1084号）民集20巻6号1183頁 ……………… 262, 320, 340
最判昭42・1・20民集21巻1号16頁 ……………………………………………………53, 55
最判昭42・7・21民集21巻6号1643頁 …………………………………………… 280, 283
最判昭43・12・20民集22巻13号3017頁 ………………………………………… 177, 199
最判昭44・12・18民集23巻12号2476頁 ………………………………………… 281, 283
最判昭45・1・22民集24巻1号1頁 ……………………………………………… 130, 133
最判昭45・10・21民集24巻11号1560頁 ……………………………………………………48
最判昭46・1・26（昭45（オ）398号）民集25巻1号90頁, 判時620号45頁, 判タ259号153頁
　　　　　　　　　　　　　　　　　　　　　…………………………… 51, 137, 138, 237, 241
最判昭46・11・16民集25巻8号1182頁 …………………………………………… 240, 241
最判昭47・3・17（昭46（オ）678号）民集26巻2号249頁 ……………… 192, 194, 195
最判昭48・6・29民集27巻6号737頁 ………………………………………………………25
最判昭48・11・22金法708号31頁 ……………………………………………………… 121
最判昭49・9・20民集28巻6号1202頁 ………………………………………………… 270
最判昭49・12・24民集28巻10号2152頁 ……………………………………………… 190
最判昭50・11・7民集29巻10号1525頁, 判タ329号115頁 ……………………………80, 84
最判昭51・1・16（昭50（オ）859号）裁判集民117号1頁, 家月28巻7号25頁 …… 172, 200
最判昭51・3・18民集30巻2号111頁 ……………………………………… 274, 276, 278
最判昭51・7・1家月29巻2号91頁 …………………………………………………………15
最二小判昭51・8・30（昭50（オ）920号）民集30巻7号768頁, 判時826号37頁, 判タ340号
　155頁 ………………………………………… 262, 309, 314, 317, 320, 326, 334, 336, 340
最判昭52・4・19家月29巻10号132頁 ………………………………………………… 186
最判昭52・6・14家月30巻1号69頁 …………………………………………………… 175
最判昭52・9・19家月30巻2号110頁 …………………………………………… 123, 142
最判昭52・11・21（昭52（オ）696号）家月30巻4号91頁, 金法851号45頁, 金判538号16頁
　　　　　　　　　　　　　　　　　　　　　…………………………………………………… 185

判例索引　*353*

最判昭52・11・29家月30巻4号100頁 ………………………………………………… 186
最判昭53・6・16判時897号62頁 ………………………………………………… 41, 42
最判昭53・7・13（昭52(オ)1171号）判時908号41頁，金判559号21頁，金法878号27頁
　…………………………………………………………………………………………… 77
最判昭54・2・22（昭50(オ)736号）裁判集民126号129頁，家月32巻1号149頁，判時923
　号77頁，判タ395号56頁，金判570号19頁 ……………………………………… 123, 140
最判昭54・5・31判時930号64頁 ……………………………………………………… 186
最判昭54・7・5裁判集民127号161頁，判時942号44頁 ………………………… 177, 199
最三小判昭54・7・10（昭53(オ)907号）民集33巻5号562頁，判時942号46頁，判タ399号
　137頁 ……………………………………………………… 311, 312, 320, 330, 332, 335, 344
最一小判昭55・11・27（昭54年(オ)1289号）民集34巻6号815頁 ……………… 33, 35, 37
最判昭56・4・3民集35巻3号431頁 ……………………………………………………… 5
最判昭56・12・18（昭56(オ)360号）民集35巻9号1337頁，家月34巻6号23頁，判時1030
　号36頁，判タ467号93頁 ……………………………………………………………… 191
最判昭57・3・4（昭53(オ)190号）民集36巻3号241頁，判時1038号285頁，判タ468号
　102頁 …………………………………………………………………………… 261, 326, 327
最判昭57・11・12（昭54(オ)907号）民集36巻11号2193頁，家月35巻9号56頁，金判669号
　20頁 ……………………………………………………………………………………… 345
最二小判昭58・3・18（昭55(オ)973号）裁判集民138号277頁，家月36巻3号143頁，判時
　1075号115頁，判タ496号80頁 ………………………………………………… 153, 158, 161
最判昭58・9・8民集37巻7号918頁 ……………………………………………………… 25
最判昭58・10・14判時1124号186頁 …………………………………………………… 35, 36, 37
最決昭59・3・22家月36巻10号79頁 ……………………………………………………… 10
最判昭59・4・27（昭57(オ)82号）民集38巻6号698頁，判時1116号29頁，判タ528号81頁
　…………………………………………………………………………………………… 13
最判昭60・1・31（昭59(オ)320号）裁判集民144号75頁，家月37巻8号39頁 ……… 32
最判昭61・3・13民集40巻2号389頁 …………………………………………………… 116
最判昭61・11・20（昭61(オ)946号）民集40巻7号1167頁，判時1216号25頁，判タ624号89
　頁 ………………………………………………………………………………………… 211
最判昭62・3・3家月39巻10号61頁 …………………………………………………… 36, 37
最大判昭62・4・22（昭59(オ)805号）民集41巻3号408頁 …………………………… 85
最判昭62・4・23民集41巻3号474頁 …………………………………… 109, 225, 238, 241, 271
最判昭62・10・8（昭58(オ)733号）民集41巻7号1471頁，裁判集民152号23頁，家月40巻
　2号164頁，判時1258号64頁，判タ654号128頁 ……………………………………… 168, 179

〔平成〕

最判平元・2・9（昭59(オ)717号）民集43巻2号1頁，家月41巻5号31頁，判時1308号
　118頁，判タ694号88頁 ………………………………………………………………… 95, 147

最判平元・2・16（昭62（オ）1137号）民集43巻2号45頁，家月41巻5号47頁，判時1306号3頁，判タ694号82頁 ··· 188
最判平2・9・27民集44巻6号995頁 ··· 99, 100
最二小判平3・4・19（平元（オ）174号）民集45巻4号477頁，判時1384号24頁，判タ756号107頁 ·· 105, 162, 225, 231, 237, 238, 239, 240, 241, 244, 250, 303
最判平4・3・13民集46巻3号188頁 ··· 31
最判平4・4・10裁判集民164号285頁 ·· 123
最判平4・11・16判時1441号66頁 ·· 314
最判平5・1・19民集47巻1号1頁 ·· 163
最二小判平5・7・19（平元（オ）714号）裁判集民169号243頁 ······················· 237, 239, 241
最判平5・9・7民集47巻7号4740頁 ·· 28, 29, 31
最判平5・12・16（平2（オ）1828号）裁判集民170号757頁，判時1489号114頁，判タ842号124頁 ·· 101
最判平6・6・24家月47巻3号60頁 ··· 190
最判平6・12・16判タ870号105頁 ·· 5
最判平7・6・9判タ885号154頁 ··· 264
最決平7・7・5民集49巻7号1789頁 ·· 60
最二小判平8・1・26（平3（オ）1772号）民集50巻1号132頁 ·············· 320, 330, 332
最判平8・10・31（平3（オ）1380号）判タ931号148頁 ·· 85
最判平8・11・26民集50巻10号2747頁 ··· 251, 290, 291
最判平9・1・28（平6（オ）804号）民集51巻1号184頁，家月49巻6号24頁，裁時1188号5頁，判時1594号53頁，判タ933号94頁，金判1016号3頁 ··· 3
最三小判平9・2・25民集51巻2号448頁 ············· 316, 317, 321, 322, 323, 324, 335, 341
最判平9・3・25（平6（オ）1593号）民集51巻3号609頁，判タ937号96頁 ················ 38
最判平9・7・17（平5（オ）342号）裁判集民183号995頁，判時1617号93頁，判タ953号108頁 ·· 316, 318, 322, 323
最判平9・11・13（平7（オ）1866号）民集51巻10号4144頁，判時1621号92頁，判タ958号105頁 ·· 163, 253
最判平10・2・26（平9（オ）802号）民集52巻1号274頁，判時1635号55頁，判タ972号129頁 ·· 295, 298, 299
最判平10・3・10（平8（オ）20号）民集52巻2号319頁，家月50巻8号52頁，判時1636号49頁，判タ972号142頁，金判1045号37頁，金法1516号34頁 ····························· 311, 325
最判平10・3・24（平9（オ）2117号）民集52巻2号433頁，判時1638号82頁，判タ973号138頁 ·· 272, 287, 296, 298
最判平11・4・23判時1711号29頁 ·· 241
最判平11・6・11民集53巻5号898頁 ·· 271
最判平11・6・24（平8（オ）2292号）民集53巻5号918頁，判時1687号70頁，判タ1010号

241頁 ……………………………………………………………………… 279
最判平11・9・14（平9（オ）2060号）裁判集民193号717頁，裁時1252号1頁，判時1693号68頁，金判1083号3頁，判タ1017号111頁 ……………………… 196
最判平11・12・16民集53巻9号1989頁 …………………………… 50, 239
最判平12・1・27裁判集民196号251頁 ……………………………………… 62
最決平12・3・10（平11（許）18号）民集54巻3号1040頁，家月52巻10号81頁，判時1716号60頁，判タ1037号107頁 ………………………………………… 88
最判平12・7・11（平11（受）385号）民集54巻6号1886頁，判時1724号36頁，判タ1041号149頁 …………………………………………………………… 329
最決平12・9・7（平12（許）13号）家月54巻6号66頁 ……………………… 144
最判平12・9・7（平12（受）135号）金法1597号73頁 ……………………… 227
最三小判平13・3・13（平10（オ）936号）裁判集民201号345頁，家月53巻9号34頁，判時1745号88頁，判タ1059号64頁 ……………………… 157, 158, 159
最決平13・10・30家月54巻4号70頁，判時1970号30頁 …………………… 16
最判平13・11・22（平10（オ）989号）民集55巻6号1033頁，判時1775号41頁，判タ1085号189頁 …………………………………………………………… 266
最判平14・4・26家月55巻11号113頁，判時1838号26頁 ……………………… 16
最判平14・6・10（平11（受）271号）裁判集民206号445頁，家月55巻1号77頁，判時1791号59頁，判タ1102号158頁 ……………………………… 225, 236, 271
最判平14・11・5（平11（受）1136号）民集56巻8号2069頁，判時1804号17頁，判タ1108号300頁 ………………………………………………… 65, 67, 284
最判平15・3・17判時1866号20頁 …………………………………………… 118
最判平15・3・28裁判集民209号347頁 ……………………………………… 63
最判平15・3・31裁判集民209号397頁 ……………………………………… 63
最判平16・4・20裁判集民214号13頁 ……………………………………… 122
最決平16・6・8金法1721号44頁 …………………………………………… 199
最判平16・10・14裁判集民215号253頁 ……………………………………… 63
最決平16・10・29（平16（許）11号）民集58巻7号1979頁，判時1884号41頁 ……… 64, 287
最判平17・7・22家月58巻1号83頁 ………………………………………… 164
最判平17・9・8（平16（受）1222号）民集59巻7号1931頁，判時1913号62頁，判タ1195号100頁 …………………………………………………………… 134
最決平17・10・11（平17（許）14号）民集59巻8号2243頁，判時1914号80頁，判タ1197号100頁 …………………………………………………………… 113
最判平20・1・24（平18（受）1572号）民集62巻1号63頁，判時1999号73頁，ジュリ1388号93頁 …………………………………………………… 317, 333, 341
最判平21・1・22民集63巻1号228頁 ………………………………………… 122
最判平21・3・24（平19（受）1548号）民集63巻3号427頁，家月61巻9号93頁，判時2041

号45頁，判タ1295号175頁，金法1871号46頁 ················· 248, 288
最判平21・6・2（平19(受)1349号）判時2050号151頁 ················ 30, 31
最判平21・6・2（平21(受)226号）民集63巻5号953頁，判時2050号148頁，判タ1302号
　　105頁 ··· 25, 26
最決平21・9・30裁判集民231号753頁 ·· 63
最判平21・12・18（平21(受)35号）民集63巻10号2900頁，判時2069号28頁 ············ 338
最判平22・10・8民集64巻7号1719頁 ··································· 122, 130, 133
最判平22・12・16（平21(受)1097号）民集64巻8号2050頁，裁時1522号1頁 ············ 45
最判平23・2・22（平21(受)1260号）民集65巻2号699頁，裁時1526号7頁，判タ1344号
　　115頁 ··· 242
最決平24・1・26（平23(許)25号）判時2148号61頁，判タ1369号124頁 ·············· 293
最決平25・9・4（平24(ク)984号・同985号）判時2197号10頁，判タ1393号64頁 ········ 59
最判平25・11・29（平22(許)2355号）民集67巻8号1736頁，裁時1593号2頁，判時2206号
　　79頁，判タ1396号150頁，金判1434号14頁，金法1995号100頁 ············ 80, 82, 123
最判平26・2・25（平23(受)2250号）民集68巻2号173頁，判時2222号53頁，判タ1401号
　　153頁 ·· 122, 127
最判平26・12・12判時2251号35頁 ·· 123

【高等裁判所】

〔昭和〕

福岡高判昭35・12・26民集18巻3号443頁 ··· 223
高松高決昭36・1・8家月14巻7号62頁 ·· 136, 142
東京高決昭36・6・28民集19巻1号10頁 ··· 23
東京高決昭39・10・21高民集17巻6号445頁 ··· 142
東京高決昭39・12・23東高民時報15巻12号268頁 ···································· 175
大阪高判昭40・4・22家月17巻10号102頁 ··· 136
東京高判昭40・6・22判タ179号145頁 ··· 347
高松高判昭43・1・30判タ216号141頁 ·· 49
名古屋高決昭43・1・30家月20巻8号47頁 ··· 271
広島高判昭45・1・28民集25巻1号98頁 ·· 52
東京高判昭45・3・17判タ248号129頁 ··· 5
大阪高判昭46・10・28判タ271号193頁 ·· 84
大阪高決昭48・3・13家月25巻11号96頁 ·· 17
仙台高判昭49・11・27高民集27巻7号944頁 ··································· 315, 317
東京高判昭50・4・30家月32巻1号152頁 ·· 140
仙台高判昭50・6・11家月28巻7号26頁 ··· 173
大阪高判昭51・9・10家月29巻7号43頁 ·· 17

東京高決昭51・10・26判タ350号313頁 …………………………………………… 17
東京高判昭52・3・22金判538号17頁 ……………………………………………… 186
名古屋高判昭52・6・13判タ359号256頁 ………………………………………… 110, 111
広島高岡山支判昭52・8・29（昭48（ネ）129号） ………………………………… 78
東京高判昭52・10・13判時877号58頁 …………………………………………… 204
名古屋高判昭52・10・31民集36巻3号263頁 …………………………………… 262
東京高決昭53・4・7家月31巻8号58頁 …………………………………………… 148
大阪高判昭53・4・27民集33巻5号575頁，下民集29巻1＝4号273頁 ……… 313, 315, 317
広島高岡山支決昭53・7・6家月31巻4号76頁 …………………………………… 116
大阪高判昭54・3・22判時938号51頁 ……………………………………………… 17
東京高判昭54・5・30民集36巻11号2203頁 ……………………………………… 346
福岡高判昭55・6・26家月36巻3号154頁 ………………………………………… 154
東京高判昭56・1・28高民集34巻2号114頁 ……………………………………… 192, 195
大阪高判昭56・2・24判時1010号52頁 …………………………………………… 17
大阪高判昭57・3・31判時1056号188頁 …………………………………………… 176
東京高判昭57・5・31判時1049号41頁 …………………………………………… 175
大阪高判昭57・11・30家月36巻1号139頁 ………………………………………… 90
大阪高判昭58・3・16判タ506号186頁 …………………………………………… 180
東京高判昭58・6・28判タ502号100頁 …………………………………… 320, 321, 322, 324
大阪高判昭59・3・30民集43巻2号34頁 …………………………………………… 96
東京高判昭59・9・19判時1131号85頁 …………………………………………… 103
東京高判昭60・8・27家月38巻5号59頁 …………………………………………… 290
東京高判昭60・9・26金法1138号37頁 …………………………………………… 285
大阪高判昭61・1・14判時1218号81頁 …………………………………………… 5
東京高判昭61・2・27民集40巻7号1203頁 ……………………………………… 213
東京高判昭62・5・27民集43巻2号55頁 ………………………………………… 188
東京高判昭62・5・27判時1239号54頁，判タ653号128頁 ……………………… 189
東京高判昭62・8・26判タ661号222頁 ………………………………………… 320, 321, 324
東京高決昭63・1・14家月40巻5号142頁 ………………………………………… 136
東京高判昭63・4・26判時1278号81頁 …………………………………………… 168
名古屋高判昭63・4・28判時1294号41頁，判タ676号190頁 …………………… 189
東京高決昭63・5・11家月41巻4号51頁 …………………………………………… 137
東京高判昭63・7・11民集45巻4号507頁 ………………………………………… 233

〔平成〕

名古屋高金沢支決平2・5・16家月42巻11号37頁 ……………………………… 11
高松高判平2・9・27家月46巻8号51頁 …………………………………………… 101
広島高松江支決平3・8・28家月44巻7号58頁 ………………………………… 139

仙台高秋田支決平3・8・30家月44巻1号112頁 …………………………………… 175
広島高決平3・9・27家月44巻5号36頁 ……………………………………………… 162
大阪高決平4・2・20家月45巻1号120頁 ……………………………………………… 90
仙台高判平4・9・11判タ813号257頁 ……………………………… 214, 215, 216
東京高決平4・10・14家月45巻5号74頁 ……………………………………………… 11
東京高判平4・10・28（平3（ネ）4056号・同4083号） ……………… 318, 321
東京高決平4・12・11判時1448号130頁 ……………………………………………… 10
東京高判平5・3・23判タ854号265頁 ……………………………………………… 186
名古屋高判平5・6・29判時1473号62頁 …………………………………………… 204
東京高判平5・9・14判時1501号112頁, 判タ847号271頁 …………………… 184
大阪高判平6・4・22民集51巻2号489頁 …………………………………………… 321
高松高判平7・6・26民集51巻10号4168頁 ………………………………………… 254
大阪高判平7・8・24判時1559号53頁 ……………………………………………… 350
東京高判平7・9・20民集52巻2号338頁 …………………………………………… 326
名古屋高判平8・7・17民集53巻5号948頁 ………………………………………… 279
福岡高決平8・8・20（平8（ラ）97号）判タ939号226頁 …………………… 120
東京高決平8・9・2（平8（ラ）301号）家月49巻2号153頁 ……………… 8, 10
東京高決平9・11・12判タ980号246頁 ……………………………………………… 163
東京高判平9・12・10金判1122号16頁 ……………………………………………… 160
東京高判平10・2・5判時1653号114頁 ……………………………………… 267, 269
広島高判平10・9・4判時1684号70頁 ……………………………………………… 177
東京高判平10・11・25民集54巻6号1957頁 ………………………………………… 331
東京高判平11・2・17（平10（ネ）3864号）金判1068号42頁 ………………… 107
高松高決平11・3・12民集54巻3号1066頁 …………………………………………… 89
大阪高判平11・6・8判タ1029号259頁 …………………………………………… 297
福岡高判平11・6・30民集56巻8号2085頁 ………………………………………… 285
大阪高決平12・1・25家月54巻6号71頁 …………………………………………… 145
東京高判平12・3・8（平11（ネ）4965号）判時1753号57頁, 判タ1039号294頁 … 304
東京高判平12・3・16判時1715号34頁 ……………………………………………… 204
東京高判平12・7・13判タ1053号224頁 …………………………………………… 350
東京高判平12・10・26（平12（ネ）1389号・同3451号）判タ1094号242頁 ……… 165
大阪高判平13・2・27金判1127号30頁 ………………………………………………… 6
東京高決平14・2・15家月54巻8号36頁 …………………………………………… 124
東京高判平14・8・29判タ1114号264頁 …………………………………………… 164
名古屋高判平14・12・11（平23（ネ）376号） …………………………………… 204
大阪高決平15・3・11家月55巻8号66頁 …………………………………………… 117
大阪高決平15・3・27家月55巻11号116頁 …………………………………………… 12

広島高決平15・5・9最高裁判所判例解説民事篇平成16年度(下)625頁 …………………… 69
東京高判平15・12・17金法1708号46頁 ……………………………………… 177
大阪高判平16・4・9民集59巻7号1946頁 …………………………………… 135
大阪高決平16・5・10民集58巻7号1986頁 …………………………………… 65
大阪高決平17・2・28 ………………………………………………………… 114
東京高判平17・6・22判タ1195号220頁 ……………………………………… 157
東京高決平17・10・27家月58巻5号94頁 ……………………………………68, 69
名古屋高決平18・3・27家月58巻10号66頁 …………………………………68, 69
名古屋高判平18・6・6民集62巻1号119頁 …………………………………… 334
東京高判平18・6・29判時1949号34頁 ………………………………………… 245
大阪高判平19・4・26判時1979号75頁 ……………………………………176, 204
福岡高判平19・6・21民集63巻3号446頁 ………………………………249, 289
名古屋高決平19・6・25家月60巻1号97頁 …………………………………… 17
東京高決平19・8・10家月60巻1号102頁 …………………………………… 17
東京高判平20・9・18民集63巻10号2932頁 ………………………………… 338
大阪高決平20・11・27（平19（ネ）1835号）判例集未登載 ………………… 169
大阪高判平21・3・11民集63巻8号2063頁 …………………………………… 46
東京高判平21・4・15民集65巻2号717頁 …………………………………… 243
東京高判平21・8・6（平19（ネ）5482号）判タ1320号228頁 ……………… 206
東京高決平22・5・20（平21（ラ）617号）判タ1351号207頁 ……………… 70
東京高判平22・7・15判タ1336号241頁 ……………………………………… 204
東京高判平22・8・31民集67巻8号1749頁 …………………………………… 86
大阪高決平23・2・21金判1393号40頁 ………………………………………… 294
東京高決平23・5・9家月63巻11号60頁 ……………………………………… 11
福岡高判平23・8・26民集68巻2号186頁 …………………………………… 128
東京高決平24・6・22民集67巻6号1352頁 …………………………………… 59
東京高判平25・3・6（平24（ネ）6567号）判時2193号12頁、判タ1395号256頁 ……… 202
大阪高判平26・3・20金法2026号83頁 ………………………………………… 121
東京高決平26・3・27判時2229号21頁 ………………………………………… 17

【地方裁判所】

〔大正〕
水戸地下妻支判大11・3・28評論11巻(上)民法259頁 ……………………………… 268
〔昭和〕
福岡地判昭35・6・18民集18巻3号441頁 …………………………………… 223
東京地判昭36・1・31民集19巻1号6頁 ……………………………………… 22
津地判昭36・11・18下民集12巻11号2768頁 ……………………………256, 258

福岡地小倉支判昭38・9・30下民集14巻9号1913頁‥‥‥‥‥‥‥‥‥‥‥‥‥‥‥‥‥ 315
東京地判昭39・4・13下民集15巻4号774頁‥‥‥‥‥‥‥‥‥‥‥‥‥‥‥‥‥‥‥‥ 50
福島地判昭39・7・20下民集15巻7号1842頁‥‥‥‥‥‥‥‥‥‥‥‥‥‥‥‥ 311, 315
神戸地判昭41・11・17民集30巻7号773頁‥‥‥‥‥‥‥‥‥‥‥‥‥‥‥‥‥‥‥‥ 309
東京地判昭41・12・17判時476号43頁‥‥‥‥‥‥‥‥‥‥‥‥‥‥‥‥‥‥‥‥‥‥‥ 5
山口地判昭43・4・16民集25巻1号95頁‥‥‥‥‥‥‥‥‥‥‥‥‥‥‥‥‥‥‥‥‥ 52
東京地判昭44・11・19判時594号79頁‥‥‥‥‥‥‥‥‥‥‥‥‥‥‥‥‥‥‥‥‥‥ 176
東京地判昭45・2・26判タ248号260頁‥‥‥‥‥‥‥‥‥‥‥‥‥‥‥‥‥‥‥‥‥‥ 37
静岡地判昭48・8・31（昭45（ワ）190号）‥‥‥‥‥‥‥‥‥‥‥‥‥‥‥‥‥‥‥ 140
岡山地判昭48・10・25（昭41（ワ）306号）‥‥‥‥‥‥‥‥‥‥‥‥‥‥‥‥‥‥‥ 78
仙台地判昭50・2・27判時804号78頁‥‥‥‥‥‥‥‥‥‥‥‥‥‥‥‥‥‥‥ 194, 195
横浜地判昭50・12・26家月30巻4号92頁‥‥‥‥‥‥‥‥‥‥‥‥‥‥‥‥‥‥‥‥ 186
横浜地判昭50・12・26民集36巻11号2211頁‥‥‥‥‥‥‥‥‥‥‥‥‥‥‥‥‥‥ 346
大阪地判昭51・9・24民集33巻5号569頁‥‥‥‥‥‥‥‥‥‥‥‥‥‥‥‥‥‥‥‥ 313
名古屋地判昭51・9・28民集36巻3号244頁‥‥‥‥‥‥‥‥‥‥‥‥‥‥‥‥‥‥ 262
長崎地判昭54・11・29（昭53（ワ）446号）‥‥‥‥‥‥‥‥‥‥‥‥‥‥‥‥‥‥ 154
東京地判昭55・1・29民集35巻9号1343頁‥‥‥‥‥‥‥‥‥‥‥‥‥‥‥‥‥ 192, 195
大阪地判昭56・3・30民集41巻7号1486頁‥‥‥‥‥‥‥‥‥‥‥‥‥‥‥‥‥‥‥ 180
京都地判昭58・3・9民集43巻2号10頁‥‥‥‥‥‥‥‥‥‥‥‥‥‥‥‥‥‥‥‥‥ 96
大阪地判昭58・4・25家月36巻8号126頁‥‥‥‥‥‥‥‥‥‥‥‥‥‥‥‥‥‥‥ 142
浦和地判昭58・8・29判タ510号139頁‥‥‥‥‥‥‥‥‥‥‥‥‥‥‥‥‥‥‥‥‥ 189
東京地判昭59・12・19判時553号187頁‥‥‥‥‥‥‥‥‥‥‥‥‥‥‥‥‥‥‥‥ 213
大阪地判昭61・4・24判タ645号221頁‥‥‥‥‥‥‥‥‥‥‥‥‥‥‥‥‥‥‥‥‥ 204
新潟地長岡支判昭61・7・17判時1207号110頁‥‥‥‥‥‥‥‥‥‥‥‥‥‥‥‥‥ 189
東京地判昭61・9・26判時1214号116頁‥‥‥‥‥‥‥‥‥‥‥‥‥‥‥‥‥‥‥‥ 332
東京地判昭62・2・9民集43巻2号49頁‥‥‥‥‥‥‥‥‥‥‥‥‥‥‥‥‥‥‥‥‥ 188
名古屋地判昭62・7・20判時1259号77頁‥‥‥‥‥‥‥‥‥‥‥‥‥‥‥‥‥‥‥‥ 189
東京地判昭62・9・25判タ663号153頁‥‥‥‥‥‥‥‥‥‥‥‥‥‥‥‥‥‥‥‥‥ 177
東京地判昭62・11・18民集45巻4号500頁‥‥‥‥‥‥‥‥‥‥‥‥‥‥‥‥‥‥‥ 232
東京地判昭63・4・25判時1274号30頁‥‥‥‥‥‥‥‥‥‥‥‥‥‥‥‥‥‥‥‥‥ 177
東京地判昭63・5・31判タ683号181頁‥‥‥‥‥‥‥‥‥‥‥‥‥‥‥‥‥ 110, 111
東京地判昭63・11・14判時1318号78頁，判タ735号188頁‥‥‥‥‥‥‥‥‥‥ 214
〔平成〕
横浜地判平元・9・7判時1341号120頁‥‥‥‥‥‥‥‥‥‥‥‥‥‥‥‥‥‥‥‥‥ 175
東京地判平2・6・26判時1377号74頁‥‥‥‥‥‥‥‥‥‥‥‥‥‥‥‥‥‥‥‥‥ 269
名古屋地判平3・8・12判タ777号198頁‥‥‥‥‥‥‥‥‥‥‥‥‥‥‥‥‥‥‥‥ 321
東京地判平4・6・19家月45巻4号119頁‥‥‥‥‥‥‥‥‥‥‥‥‥‥‥‥‥‥‥ 204

宮崎地日南支判平5・3・30家月46巻5号60頁	204
東京地判平5・5・25判時1490号107頁	175
高松地観音寺支判平6・9・27民集51巻10号4157頁	254
東京地判平6・11・10金法1439号99頁	112
横浜地判平7・2・9民集52巻2号329頁	326
富山地判平7・4・20民集53巻5号930頁	279
東京地判平7・12・26判時1576号120頁	170
東京地判平8・2・23金法1445号60頁	121
東京地判平8・4・23金判1122号19頁	159
東京地判平9・5・28判タ985号261頁	125
東京地判平9・6・24判タ954号224頁	168, 169
浦和地判平9・6・26	267
東京地判平9・10・24判タ979号202頁	204
東京地判平9・11・25民集54巻6号1924頁	332
東京地判平10・6・29判時1669号90頁	204
東京地判平10・7・31金判1059号47頁	107
福岡地判平11・1・18民集56巻8号2081頁	285
東京地判平11・1・22判時1685号51頁	103
横浜地判平11・8・20判時1753号60頁	304
東京地判平11・9・16判時1718号73頁	175
東京地判平11・11・26判時1720号157頁	204
東京地判平12・2・25(平10(ワ)13889号)	166
東京地判平13・6・28判タ1086号279頁	112
名古屋地判平14・12・20判タ1133号191頁	250
大阪地判平15・9・26民集59巻7号1940頁	135
東京地平16・1・30LLI/DB 判例秘書 L05930427	216
東京地判平16・7・7判タ1185号291頁	204, 210
名古屋地判平16・11・5民集62巻1号71頁	334
東京地判平17・5・19(平15(ワ)6301号・同19246号)	103, 105
東京地平17・7・28LLI/DB 判例秘書 L06032677	218
東京地判平18・7・4判タ1224号288頁	204
東京地判平18・7・14金法1787号54頁	121
大阪地判平18・7・21金法1792号58頁	132, 133
横浜地判平18・9・15判タ1236号301頁	201, 204
東京地判平18・12・26判タ1255号307頁	184
福岡地判平19・2・2民集63巻3号437頁	249, 289
東京地判平19・3・16判例集未登載	170

東京地判平19・6・11（平17（ワ）24856号）……………………………………184
さいたま地判平19・9・28（平17（ワ）2581号，平18（ワ）704号）………………206
東京地判平20・1・10民集63巻10号2909頁……………………………………338
和歌山地判平20・10・30民集64巻8号2054頁……………………………………47
東京地判平20・11・12民集65巻2号709頁……………………………………242
東京地判平20・11・13判時2032号87頁……………………………………175, 201
東京地判平21・2・12（平18（ワ）21044号）……………………………………103
東京地判平21・7・9（平20（ワ）470号）……………………………………104
熊本地判平21・7・28金法1903号97頁……………………………………132
東京地判平21・8・28民集67巻8号1743頁……………………………………86
宇都宮地判平22・3・1金法1904号136頁……………………………………175
東京地判平22・5・28（平20（ワ）36724号）……………………………………184
東京地判平22・9・14（平21（ワ）20205号・平22（ワ）21650号）…………104
東京地平22・9・22LLI/DB判例秘書L06530554……………………………218
熊本地判平22・10・26民集68巻2号179頁……………………………………128
東京地平22・11・1ウエストロー・ジャパン2010WLJPCA11018003……220
福岡地判平23・6・10金法1934号120頁……………………………………132, 133
横浜地横須賀支判平24・9・3判時2193号23頁……………………………………202
東京地判平24・9・7（平22（ワ）46928号）……………………………………184
東京地判平24・12・10（平23（ワ）39386号）……………………………………184
東京地平25・6・21ウエストロー・ジャパン2013WLJPCA06218012……220
東京地判平26・8・25（平23（ワ）15618号）……………………………………105
東京地判平27・5・19（平26（ワ）24450号）……………………………………104

【家庭裁判所】

〔昭和〕

東京家審昭34・9・14家月11巻12号109頁……………………………………90
京都家審昭38・8・2家月15巻11号124頁……………………………………142
福井家審昭40・8・17家月18巻1号87頁……………………………………142
佐賀家審昭40・9・3家月18巻2号98頁……………………………………142
福岡家審昭40・10・5家月18巻5号70頁……………………………………142
大阪家審昭40・11・4家月18巻4号104頁……………………………………142
長崎家島原支審昭40・11・20家月18巻5号75頁……………………………………136
新潟家審昭42・8・3家月20巻3号81頁……………………………………136
東京家審昭44・2・24家月21巻8号107頁……………………………………142
神戸家姫路支審昭44・3・29家月21巻11号144頁……………………………………142
東京家審昭47・6・2家月25巻5号50頁……………………………………17

東京家審昭47・7・28判時676号55頁	307
大阪家審昭51・11・25家月59号6号27頁	69
大阪家審昭53・9・26月31巻6号33頁	37
佐賀家審昭54・5・10家月31号9号38頁	17
東京家審昭55・2・12家月32巻5号46頁	136, 285
大阪家審昭58・3・23家月36号6号51頁	90
東京家審昭61・3・24家月38号11号110頁	116, 118

〔平成〕

宇都宮家栃木支審平2・12・25	69
大阪家審平3・3・25家月45巻1号124頁	90
東京家八王子支審平3・10・31家月45巻5号86頁	11
神戸家審平4・11・27家月54号6号78頁	145
大分家杵築支審平8・4・26（平6（家）14号）	120
東京家審平9・2・28家月49巻11号144頁	116
高松家審平10・5・15民集54巻3号1057頁	89
神戸家伊丹支審平15・8・8金判1241号38頁	65
和歌山家審平16・8・30	114
釧路家北見支審平17・1・26家月58巻1号105頁	11
福島家審平19・10・31家月61巻4号101頁	12
京都家審平20・2・28家月61巻4号105頁	11
水戸家龍ヶ崎支審平21・3・4（平20（家）91号・同92号）	70
大阪家審平21・9・14金判1393号44頁	294
東京家審平24・3・26民集67巻6号1345頁	59

■編集者紹介

仲　　隆（なか　たかし）
浦岡　由美子（うらおか　ゆみこ）

相続・遺言
判例ハンドブック

2016年2月12日　初版第1刷印刷
2016年2月24日　初版第1刷発行

| 廃検 |
| 止印 |

Ⓒ編者　仲　　隆
　　　　浦岡　由美子
発行者　逸見　慎一

発行所　東京都文京区本郷6丁目4の7　株式会社　青林書院
振替口座　00110-9-16920／電話03(3815)5897〜8／郵便番号113-0033
http://www.seirin.co.jp

印刷・星野精版印刷㈱／落丁・乱丁本はお取替え致します。
Printed in Japan　ISBN978-4-417-01676-2

JCOPY 〈(社)出版者著作権管理機構 委託出版物〉
本書の無断複写は著作権法上での例外を除き禁じられています。複写される場合は，そのつど事前に，(社)出版者著作権管理機構（電話 03-3513-6969，FAX 03-3513-6979，e-mail:info@jcopy.or.jp）の許諾を得てください。